AUSREISE
ANTRAG

Trauernde Magdeburg — Allegorische Gestalt aus dem 13. Jahrhundert, Johannis-Kirche Magdeburg

Waltraud Krüger

AUSREISE
ANTRAG

Bildnachweis: Jürgen Ost Europa Photo 18 (Seiten 17 unten, 37 unten, 45, 95 oben und unten, 103, 117 unten, 127, 146 oben und unten, 164, 165, 181, 187 oben, 194, 198, 215, 235); Kurt E. R. Wiemann 7 (Einband, 2, 108 unten, 228 oben und unten, 229 unten, 230); Bernd Liebl 2 (232, 233 oben); Thomas Ammerpohl 1 (234); Rainer Krauße 4 (108 oben, 229 oben, 231, 233 unten); Waltraud Krüger Privatarchiv 5 (Rückseite, 20, 26, 43, 53); Claus P. Clausen Privatarchiv 2 (224, 226/227); Gesamtdeutsches Institut 8 (30, 37 oben, 56, 71, 76, 98, 142, 187 unten); Landesbildstelle Berlin 2 (17 oben, 117 oben)

ISBN 3-910146-01-5
© 1989 Markus Verlagsgesellschaft mbH, Köln
© 1990 imPULS Verlag, Magdeburg
1. Auflage
Umschlag, Grafik, Bildtext: Ernst Albert, Thomas Baecke
Technische Bearbeitung: Judith Nußbaum
Druck und Bindearbeit: Druckzentrum Berlin
Printed in the German Democratic Republic
01150

Vorwort

Im Jahre 1980 erhielt ich einen Text von einer Frau, die aus der DDR-Haft entlassen worden war und mich um meine journalistische Unterstützung für die Ausreise ihrer Familie bat. Ich erwähnte diesen Fall — und andere auch — in meinen Zeitungsartikeln. Es mag geholfen haben. Es ist wissenswert, daß Frau Krüger acht Jahre hindurch in Magdeburg versucht hat, zusammen mit ihrer Familie legal aus der DDR ausreisen zu dürfen, und dafür — neben vielen anderen Demütigungen und Verletzungen ihrer Menschenwürde — auch Gefängnishaft, ja Zwangseinweisung in eine psychiatrische Anstalt des DDR-Staatssicherheitsdienstes erleiden mußte. Daß sie freigelassen wurde und schließlich die Ausreiseerlaubnis erhielt, verdankte sie der Anteilnahme der Öffentlichkeit, auch international. Amnesty International, die Internationale Gesellschaft für Menschenrechte, das ZDF-Magazin, der Verein ,,Hilferufe von drüben" müssen in diesem Zusammenhang erwähnt werden.

Ich konnte nicht so viel über ihr besonders tragisches Schicksal berichten, wie ich es gerne getan hätte, da Zeitungen einen begrenzten Druckraum haben. Ihr Text war lebendig, spannend und detailreich. Ich empfahl ihr, ihn auszubauen und daraus ein Buch zu machen. Das ist nun geschehen. Das Buch schildert exemplarisch die in der DDR noch herrschenden Zustände.

Ich werde mit diesem Vorwort meiner Verantwortung für meine damalige Anregung gerecht, weiterzuschreiben. Ich bin um so mehr bereit, es zu tun, als das Buch von Frau Krüger offensichtlich keine Abrechnung mit einem System ist, worunter sie ungerechtfertigterweise gelitten hat. Immer wieder, selbst in Szenen aus ihrer Kindheit und Jugend, kommt die Neigung zur Versöhnung, zur Verzeihung zum Vorschein. Sie war im Grunde genommen immer bereit, sich ,,mit den Leuten zu vertragen", wenn man es ihr nicht so schwergemacht hätte. Es ist auch begrüßenswert, daß sie die — kleinen — Hilfen derjenigen erwähnt, die selbst im Dienst solch menschlich unwürdiger Staatspraktiken stehen, die aber der Stimme ihres Gewissens folgen. Keine gute Tat wird ausgeklammert. Hier geht es nicht um Rache, sondern um Berichterstattung, um Dokument.

Es hat Zeiten gegeben, in denen Verlage sich nur noch wenig für die sogenannte Haft-Literatur interessierten. Man sah von der Publikation von solchen „Relikten des Kalten Krieges" ab. Es schien mir eben deshalb wichtig, diesen Lebensbericht zu veröffentlichen, damit unsere ach! so glücklichen Zeitgenossen im Westen sich ein Bild von dieser ganz anderen Gewaltherrschaft jenseits der Elbe und der Spree machen, die noch Strafkolonien unterhält und von der Teilung lebt. Auch Frau Krügers Schicksal ist eine Folge des Krieges: Elternverlust, Entwurzelung, Hineinwachsen in die Unfreiheit, wo die Dummen und Anpasser das Wort führen.

Man muß das außergewöhnliche Gedächtnis der Autorin, ihre Aufmerksamkeit für Details und ihre Fähigkeit loben, die populäre Umgangssprache exakt wiederzugeben. Sie schreibt, „wie ihr der Schnabel gewachsen ist", sie wäre eine gute „schreibende Arbeiterin" geworden. Dem Regime zuleid sind aber die klügeren Werktätigen in der Opposition.

Einiges würde banal, einige Darstellungen würden langatmig scheinen, einige Details wären überflüssig — vielleicht aber nur für männliche Leser —, wenn nicht das erlebte Schicksal der Autorin so dramatisch gewesen wäre. Hier wird Geschichte aus der Sicht eines ganz normalen, einfachen, aber in seinem Innersten zutiefst gedemütigten und herausgeforderten Menschen dargestellt — und das ist spannend. Dieser Bericht enthält eine wichtige Dimension dadurch, daß westliche Politiker und westliche Diplomatie sich in Wien auf der KSZE-Folgekonferenz und in Moskau für die Entlassung der politischen Häftlinge aus sowjetischen Gefängnissen einsetzen. Zwar ist deren Zahl ungleich größer als die vom sowjetischen Außenminister E. Schewardnadse zugegebenen zwei Dutzend Fälle. Aber eine gewisse Hoffnung besteht, daß der Kreml hier Zugeständnisse machen muß. Frau Krügers Buch kann dazu beitragen, daß diese Tragödie auch in der DDR mehr ins Licht der Öffentlichkeit gerät, damit ein Stück Inhumanität mitten in Europa abgebaut wird.

Jean-Paul Picaper
LE FIGARO, Paris

Inhalt

Warum habe ich keine Eltern ?

Von den ersten Jahren meiner Kindheit weiß ich nur wenig.
1942 wurde ich in Kade bei Genthin geboren. So steht es auf
meiner Geburtsurkunde, die ich erst mit vierzehn Jahren vom
Magdeburger Jugendamt bekam. Vorher wußte niemand so
recht, wann und wo ich geboren wurde.
Genau weiß ich: Mit drei Geschwistern wohnten wir auf dem
Lande. Es muß ein großer Bauernhof gewesen sein, denn meine
Geschwister und ich, wir liefen den ganzen Tag auf dem Hof
zwischen Tieren umher.
Hinter dem großen verschlossenen Tor standen Panzer. Immer wieder kamen Männer in Uniform. Eine Frau, vermutlich
meine Mutter, kochte und wusch Wäsche für die Soldaten. Ob es
Deutsche oder Russen waren, ich weiß es nicht. Hin und wieder
gaben sie uns Kindern Zucker und Schokolade. Einer dieser
Männer hob mich oft auf seine Schultern und tobte mit mir
durch das Haus. Es war nicht mein Vater, denn der soll in Polen
gefallen sein. So jedenfalls sagte es mir später das Jugendamt.
An der Hand einer Frau, die nicht meine Mutter war, wurde
ich im Herbst 1945 nach Haldensleben in ein evakuiertes Krankenhaus gebracht. Ich hatte Typhus. Mit dem Zug konnten wir
nicht fahren. Wir mußten ihn wohl verpaßt haben. So liefen wir,
die Frau und ich, zu Fuß. Eine Strecke saß ich auf dem Gepäckträger eines Fahrrades. Mitten in der Nacht kamen wir im Krankenhaus an. Dort wurde ich von einer Schwester übernommen.
Sie trug eine Haube mit einem großen roten Kreuz.
Ich muß fürchterlich geschrien haben. Die Schwester trug
mich auf dem Arm in ein kleines Zimmer. Sie sprach ganz ruhig
auf mich ein. Ich wurde ausgezogen und gebadet. Dann brachte
mich die Schwester in einen großen Saal und legte mich in eines
der vielen Betten. Später muß sich meine Krankheit so ver-

schlechtert haben, daß ich in ein kleineres Zimmer kam. Dort war jedes Bett durch einen Vorhang vom anderen Bett abgetrennt. Wie lange ich in diesem Krankenhaus geblieben bin, weiß ich nicht. Nach meiner Entlassung kam ich nach Ziesar.

Das war wenige Tage vor Weihnachten. In langen Baracken hausten hier Kinder, die ohne Eltern irgendwo auf den Straßen, in den Wäldern oder in Scheunen aufgefunden worden waren. Hier sollten diese Kinder, zu denen nun auch ich gehörte, betreut und erzogen werden.

Am Heiligen Abend richteten uns die Betreuer ein Fest, so gut es eben möglich war. Alle Kinder saßen rechts und links im Raum auf langen Bänken. Vor uns standen zusammengeschobene Tische. Die Tür wurde von draußen aufgemacht, und zwei Männer in Uniform brachten einen großen Essenkübel herein. Hunger hatte jeder von uns.

Die Betreuer stellten vor jedes Kind einen Teller. Teilweise waren die Teller beschädigt oder gar zerbrochen. So bekam manches Kind nur einen halben Teller oder nur eine Scherbe. Wichtig schien nur, etwas zu haben, auf dem man uns den Quark zuteilen konnte.

Die Uniformierten griffen in den Kübel und legten die Pellkartoffeln lose, in kleinen Häufchen, auf die Mitte des Tisches. Ich starrte die Kartoffeln an, den Quark wollte ich nicht. Als die Erlaubnis kam zu essen, stürzten sich die großen Kinder sofort auf die Kartoffeln. Ich wurde zur Seite geschoben, erwischte dennoch eine Kartoffel, die allerdings völlig zerdrückt in meiner Hand blieb. Sie war sehr heiß, meine Hand brannte wie Feuer. Ich schrie wie am Spieß, wollte die Kartoffel aber nicht hergeben. Erst als mir eine Betreuerin half, beruhigte ich mich. Ich bekam an einem anderen Tisch neue Kartoffeln, ganz allein für mich. Keines von den Kindern wagte es, sie mir zu klauen. Als wäre es heute, weiß ich noch sehr genau, wie schnell ich zu dieser Betreuerin Vertrauen fand. Wie ein Hund seinem Herrchen, so lief ich überall der Betreuerin nach.

Die Nächte verbrachten wir in Baracken. Ein Raum war für die Jungen, ein anderer für die Mädchen. In den Schlafsälen standen dicht aneinandergereiht Feldbetten. Wir froren sehr. Eines der großen Mädchen kam auf die Idee, daß wir uns immer zu zweit in ein Bett legten, um uns zu wärmen.

Am Tage spielten wir auf einem eingezäunten Gelände. Hinaus durften wir nicht, denn überall in den Wäldern und im etwas entfernten Dorf lagen noch Granaten und Blindgänger von Bomben. Ich hatte zu dieser Zeit keine Ahnung, was unter dem Wort

Krieg oder Nachkriegszeit zu verstehen war. Wie alle anderen Kinder war ich eben in diesem Sammellager, das später Heim genannt wurde, um eine richtige Erziehung zu bekommen.

Lange konnte ich hier aber nicht erzogen werden, denn ich erkrankte an Tuberkulose. So brachte man mich wieder nach Haldensleben ins Krankenhaus, von wo ich später nach Burg verlegt wurde. Das war Mitte 1947. Im Krankenhaus Burg versuchten die Ärzte und Schwestern, die offene Tuberkulose zu bekämpfen. Als ihnen dies bei mir wohl weitgehend gelungen war, transportierte man mich mit einem Pferdewagen in den sogenannten „Bierkeller". Das war eine Lungenheilstätte, in der auf der einen Seite die Erwachsenen untergebracht waren, auf der anderen die Kinder.

Das Leben in dieser Heilstätte war recht erträglich. Wir erhielten richtige Butter und jeden Tag Milch. Von dem Obst aus dem großen Garten bekamen wir auch genügend. Den Vormittag verbrachte ich zur Liegekur auf einer Terrasse, auch am Nachmittag war ich viel an der Luft.

In dieser Heilstätte waren nicht nur die sogenannten Heimkinder. Es waren auch Kinder da, die ein richtiges Elternhaus hatten. Wenn Besuchszeit war, wurden wir in zwei Gruppen getrennt. Ein Mädchen, mit dem ich oft spielte, bekam regelmäßig Besuch von seinen Eltern. Ich dagegen war immer allein.

Trotz der Mühe der Schwestern und der guten Verpflegung dauerte meine Gesundung sehr lange. Oft vertrieb ich mir die Zeit, indem ich mich an den Zaun schlich, der zwischen den Erwachsenen und uns Kindern war. Dort am Zaun sang ich alle Lieder, die ich kannte. Es war für mich das schönste Geschenk, wenn eine Frau an den Zaun kam und mir ein Bonbon, einen Keks oder auch mal einen Apfel gab. Obwohl ich hart bestraft wurde, rückte ich immer wieder aus. Ich kroch auch unter dem Zaun hindurch und lief in die Zimmer der Frauen. Nicht selten bekam ich hinterher den Hintern so versohlt, daß ich kaum sitzen konnte. Dann heulte ich eine Weile, versprach Besserung und war doch am nächsten Tag wieder verschwunden.

Im Spätherbst 1949 konnte ich die Heilstätte verlassen. Ich war sieben Jahre alt, ohne eine Schule besucht zu haben. Wieder brachte mich eine Betreuerin vom Roten Kreuz von Burg aus nach Lüttgenziatz, einem kleinen Ort in der Nähe von Burg. Zum erstenmal konnte ich mit einer Eisenbahn fahren. Immer wieder sagte die Betreuerin: „Nun kommst du in ein Heim, das wird dein Zuhause sein." Ich freute mich.

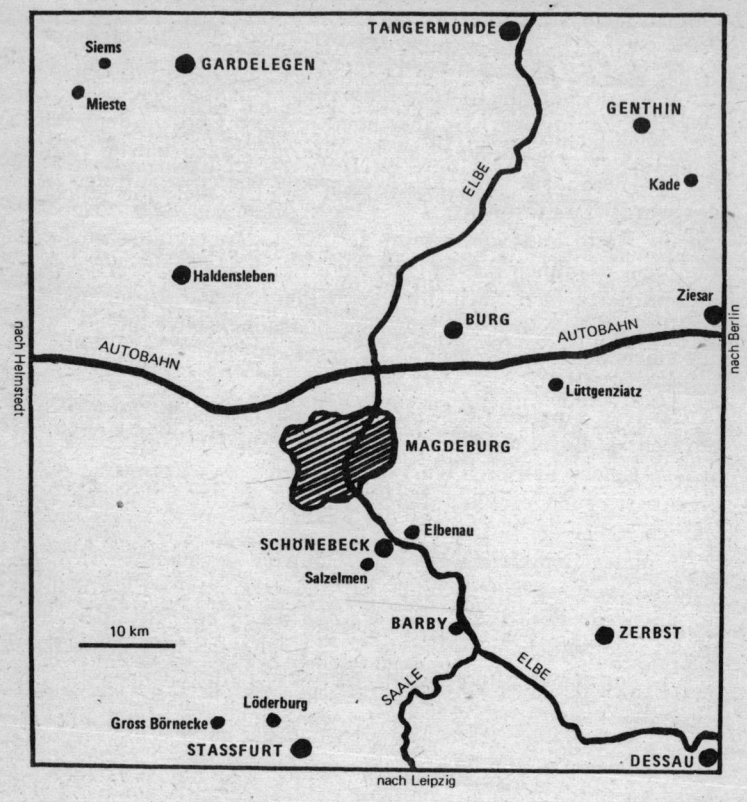

Geboren wurde Waltraud Krüger 1942 in Kade bei Genthin. Aber ehe sie das später vom Jugendamt erfuhr und sie mit 16 Jahren in der Elbestadt Magdeburg eine Heimat fand — jedenfalls für über zwei Jahrzehnte —, wurden ihre Kindheit und erste Jugend durch den Aufenthalt in Heimen an ganz unterschiedlichen Orten im Bezirk Magdeburg geprägt: Es gab viele elternlose Kinder damals im Nachkriegsdeutschland, im Westen wie im Osten. Und dennoch ist der Weg von Waltraud Krüger in besonders dramatischer Weise verlaufen.

In Lüttgenziatz wartete bereits ein Pferdewagen am provisorisch wieder aufgebauten Bahnhof. Als der Wagen in das Haupttor des Heimes fuhr, wurden meine Augen immer größer: Vor mir stand, mitten in einem großen Park, ein richtiges Schloß. Tatsächlich gehörte das Haus noch vor wenigen Monaten einem Großgrundbesitzer. So nannte die Heimleiterin den eigentlichen Eigentümer. Er sei vertrieben worden, weil er viele Menschen ausgebeutet habe.

Ich wurde einer Gruppe, der Kleinen Gruppe, zugeteilt. Da im Dorf eine Schule war, zwei Kilometer weit weg, mußte ich schon am nächsten Tag mit zur Schule. Die anderen Kinder in der 1. Klasse waren schon ganz schön weit mit Lesen, Rechnen und Schreiben. Ich mußte also täglich im Heim zusätzlich lernen. Dazu wurde mir aus der Großen Gruppe ein Mädchen zugeteilt, das mir helfen mußte. Ich hatte aber keine Lust zu üben, wenn die anderen Kinder im Park spielten.

Über Tage und Wochen schwitzte ich über den zusätzlichen Aufgaben. Dann kam der Tag der Rache. Wie immer saßen die Große und ich über dem Lesebuch. Das Mädchen, das sonst klug und fleißig war, schien keine richtige Lust zu haben. Sie wollte mich aber zwingen, einen Absatz aus dem Buch zu lesen. Ich wollte es nicht. Jedenfalls griff mich die Große am Arm und zog mich durch den Tagesraum, machte einen Wandschrank auf und sperrte mich da ein. Ich brüllte, trat gegen die Tür und trommelte mit den Fäusten. Nichts half. Im Wandschrank war es dunkel und es roch modrig.

Da rief mir das Mädchen zu: „Wenn du ruhig bist und lernen willst, lasse ich dich wieder raus!"

Ich war wütend und schwor, mich zu rächen, sobald ich aus diesem Schrank raus könnte. Nach einer Weile wurde der Schrank geöffnet. Wie ein geölter Blitz sprang ich das Mädchen an und biß es kräftig in die Nase.

Wenige Minuten später bezog ich eine tüchtige Tracht Prügel. Die Erzieherin zog mich an den Haaren aus dem Tagesraum und schlug auf mich ein. Dann sperrte sie mich in die Wäschekammer. Am Abend wurde mir vorgeführt, was ich angerichtet hatte. Die Große lag mit verbundener Nase im Krankenzimmer. Da wir bis 1952 gemeinsam in diesem Haus blieben, wurde ich drei Jahre lang täglich daran erinnert, wie das Mädchen zu den kleinen Narben rechts und links an der Nase gekommen war.

Nach und nach ordnete ich mich ins Heimleben ein. Auch in der Schule lernte ich jetzt gut. Jeden Tag freute ich mich auf die erste große Pause. Alle Heimkinder bekamen ein großes Brötchen mit frischer Wurst. Eine Köstlichkeit, die uns den weiten Fußweg zur Schule vergessen ließ.

Weder die Lehrer noch die Erzieher in Lüttgenziatz drängten uns Politik auf. Natürlich wurden hin und wieder eine rote Fahne und die schwarzrotgoldene Fahne rausgehängt, aber wir waren zu jung, um zu erfassen, was das für eine Bedeutung hatte. Einmal mußten wir während des Unterrichtes eine Schweigeminute einlegen. Stalin war gestorben. Wir standen alle in der Klasse vor unseren Bänken, draußen heulten die Sirenen. Der Lehrer erklärte, Stalin habe uns mit seinen Soldaten vom Faschismus befreit.

Im Heim fühlte ich mich wohl, denn wir konnten uns frei bewegen. Die Parkanlagen, der nahe Wald und die Teiche waren im Sommer wie im Winter immer Anziehungspunkte. An Eltern dachte ich nie, denn in diesem Heim waren nur Kinder, die keine Eltern hatten oder deren Eltern noch gesucht wurden.

Ich erinnere mich noch sehr gut an einen Fall, als über das Deutsche Rote Kreuz ein Junge aus unserem Heim seine Eltern wiederfand: Wie immer mußten wir auch an diesem Sommertag nach dem Essen Mittagsschlaf halten. Da es sehr warm war, waren wir mit ein paar Wolldecken in den Park gegangen. Kaum lagen wir unter den Bäumen, als ein großer schwarzer Wagen durchs Tor zum Heim hereinfuhr. Ihm entstiegen eine Frau und ein hoher Offizier. An seiner Uniform sahen wir: Es war ein russischer Offizier. Nach kurzer Zeit kam die Heimleiterin und holte aus unserer Gruppe einen Jungen. Er hieß Peter Besler. Er sprach wie wir Deutsch und seine Eltern kannte er nicht. Nun hatte sich herausgestellt, daß seine Eltern in Rußland lebten. Peter mußte mit der Heimleiterin ins Haus. Dort wurde er sauber angezogen, ins Auto gesetzt, und dann fuhr er davon. Das war recht aufregend, denn viele Tage lang glaubten ich und auch die anderen Kinder, ebenfalls bald abgeholt zu werden. Aber es geschah nichts.

Nach den großen Ferien im August 1952 brachte man mich von Lüttgenziatz weg. Alle wurden wir getrennt. Der Staat hatte nun ein System entwickelt, durch das er glaubte, die Betreuung und Erziehung der Kinder besser in den Griff zu bekommen: Nach Alter und Geschlecht wurden die Heime eingeteilt. Ich war zehn Jahre alt und kam nach Salzelmen bei Schönebeck. Hier handelte es sich nicht mehr nur um Waisenkinder, sondern auch um Kinder, die zu Hause nicht richtig erzogen werden konnten. Oft weil der Vater fehlte und die Mutter arbeiten mußte. Es war schon eine sonderbare Zusammenstellung.

14

Alle Kinder hatten die gleichen Kleider, die gleichen Hosen und die gleichen Kittelschürzen. Die Kittelschürzen waren für die Arbeiten, die wir nun verrichten mußten. Jedes Kind hatte jede Woche eine andere Aufgabe. So mußte man Stubendienst, Tischdienst, Küchendienst und Pflegedienst machen. Der Stubendienst war noch am einfachsten. Man mußte nur darauf achten, daß jedes Kind seine Sachen sauber und ordentlich wegräumte. Beim Tischdienst wurde es schon schwerer. Der Tisch mußte für die ganze Gruppe gedeckt und hinterher wieder abgeräumt werden. Küchendienst hieß Abwaschen, Abtrocknen und Aufräumen der Küche. Zum Pflegedienst gehörten unter anderem das Füttern der heimeigenen Schweine, das Harken und Hacken der Gartenbeete und das Straßefegen. Wöchentlich wechselte dieser Dienst.

Wir hatten eine Heimleiterin, die sehr musikliebend war. Die Erzieher suchten jene Kinder aus, die gut singen konnten, und so wurde ein Chor gegründet. Hinzu kam ein Kurs, der sich „Geschickte Hände" nannte. In diesen Kurs ging ich. Unter Anleitung einer Erzieherin lernte ich nähen, häkeln, stricken und basteln. Fast meine gesamte Freizeit verbrachte ich in diesem Kurs. Aber die Freizeit war knapp.

Morgens und abends mußten wir uns in der Diele zum Fahnenappell aufstellen. Bei diesem Appell wurde über alles gesprochen, was sich am Tage ereignet hatte. Immer wieder wurden uns die Geburtstage von Staatsmännern genannt. Dann waren Gedenkminuten vorgesehen für hingerichtete oder gefallene Helden des Krieges. Ernst Thälmann stand im Vordergrund. Die Pionierorganisation der DDR trug ja seinen Namen.

In diesem Heim erlebte ich den 17. Juni 1953. An dem Tag durften wir nicht zur Schule. Keiner durfte das Haus verlassen, auch in den Hof konnten wir nicht gehen. Weil wir alle neugierig waren, sahen wir aus den Fenstern. Das Heim lag etwas abseits, so konnten wir nicht viel mitbekommen. Als am Abend russische Panzer durch die Straßen fuhren, wunderten wir uns. Eine Mitschülerin aus meiner Gruppe fragte beim Abendappell, was eigentlich geschehen sei. Die Heimleiterin hatte sich offenbar auf die Frage vorbereitet. Zur Verstärkung brachte sie den für unsere Straße zuständigen bevollmächtigten Volkspolizisten mit. Mit großen und feierlichen Worten sagten sie uns: „Gemeinsam mit unseren zuverlässigen sowjetischen Freunden haben wir die Feinde des Sozialismus niedergeschlagen!"

Der Abschnittsbevollmächtigte erklärte weiter, der Westen hätte Agenten und Spione eingeschleust und diese hätten versucht, die Arbeiter aus den Fabriken zu jagen. Gleichzeitig sagte er uns, viele Arbeiter hätten nun kein Geld verdienen können, denn sie hätten ja nicht gearbeitet.

Die Worte setzten sich bei mir fest. Ich dachte mir, keine Arbeit, kein Geld – also Hunger in den betroffenen Familien. Nicht nur ich dachte so. Es wurde eine heiße Diskussion. Da tauchte plötzlich die Frage auf, was wir als Pioniere tun könnten, um den armen Menschen zu helfen. Die Antwort: „Ab morgen gehen alle Kinder Flugblätter sammeln!" Mit dem Sammeln war nicht etwa eine Unterschriftenaktion gemeint, sondern es handelte sich um die Flugblätter, die der Westen mit Ballons auf das Gebiet der DDR gebracht haben sollte.

Pflichtbewußt und voller Energie freuten wir uns auf den nächsten Tag. Als wir zur Schule gingen, sahen wir zerstörte Schaufensterscheiben, kaputte Straßen. Und überall war Polizei. Auch in der Schule. Wie uns der Lehrer sagte, sei sie zur Sicherung des Friedens da.

Eigenartigerweise fehlten an diesem Tag viele Kinder aus dem Ort. Wir Heimkinder waren zum erstenmal auf unsere einheitliche Kleidung stolz. Immerhin hatten wir am Vorabend einen Auftrag bekommen. Jeder konnte nun noch so abfällig über uns Heimkinder reden, wir waren davon überzeugt, zuverlässig und gehorsam zu sein.

Während des Unterrichts wurden immer wieder einige Schüler von den Lehrern aus der Klasse geholt. Manche kamen gleich wieder, andere hingegen erst Tage später. Ich machte mir keinerlei Gedanken, was das zu bedeuten hatte. Allerdings, als unsere Russischlehrerin sagte, auch heute gäbe es noch Familien, die lieber bei den Faschisten im Westen leben wollten, versuchte ich mir ein eigenes Bild zu machen. Natürlich so, wie ich es gelernt hatte. Ich stand auf seiten des Staates und der Polizei. Schüler, die plötzlich verschwanden, stellte ich mit ihren Eltern gleich. Irgendwie war ich froh, doch recht geborgen leben zu können. Das Heim war mein Zuhause!

Nach der Schule zogen wir unsere Pionierkleidung an und wanderten in Richtung Schönebeck. Nicht etwa die Straßen entlang, sondern über Äcker und Wiesen. Tatsächlich fanden wir Flugblätter. Als ich das erste Blatt aufhob, las ich nur einen Satz: „Deutscher Freund, laß bitte dieses Flugblatt liegen, es könnte Dich leicht in Gefahr bringen!" Weiter kam ich nicht. Ich wurde von der Erzieherin angebrüllt, es sei doch verboten,

Oben: Demonstranten in Magdeburg am 17. Juni 1953 auf dem Wege zum Zuchthaus, um politische Gefangene zu befreien.
Unten: Sieben Jahre Zuchthaus für einen DDR-Bürger, weil er „als aktiver Täter an einer Zusammenrottung am 17. Juni" teilgenommen hatte.

diese Flugblätter zu lesen! Da wollte ich nun etwas Gutes für den Staat tun und mußte mich anbrüllen lassen. Ohnehin stand viel in russischer Sprache darauf, und ich war nicht gerade die Beste in diesem Pflichtfach. Nun gut, sagte ich mir, mußt noch mehr aufsammeln und suchen, dann dämpft sich der Zorn der Erzieherin. Und so war es auch. Nach drei Stunden hatten wir eine stattliche Zahl Flugblätter gesammelt und brachten sie gemeinsam zum Volkspolizei-Kreisamt in Schönebeck. Wie ein paar Dumme standen wir vor dem Gebäude, nur die Erzieherin durfte rein und die Flugblätter abgeben. Enttäuscht waren wir wohl alle. Hatten wir uns doch gefreut, der Polizei zu zeigen, wie fleißig wir waren.

Nach etwa einer Stunde kam die Erzieherin wieder. Sie zeigte uns einen Geldschein und lud uns zum Eisessen ein. Das Geld hatte sie von der Polizei erhalten. An der Eisdiele verflog unsere Enttäuschung. Mit drei Mark Taschengeld konnten wir nicht oft Eis essen. Und diesmal gab es sogar eine große Portion.

Am Abend beim Appell bekamen wir dann noch Kinokarten von der Heimleitung. Nun war der Ärger ganz weg und ich sagte mir: Daß du angebrüllt worden bist, war schon richtig so.

Dann war wieder die Zeit da, ich mußte aus Salzelmen weg. Diesmal konnten wir fast zu Fuß in das neue Heim in Elbenau bei Schönebeck gehen. Warum ständig das Wechseln der Heime nötig war, weiß ich nicht. Immer dann, wenn ich gerade richtig Fuß gefaßt hatte, mußte ich weg. In Elbenau waren wieder vorwiegend nur Kinder, die ohne Eltern aufwuchsen.

In diesem Heim war das Essen sehr schlecht. Morgens Brot und Kaffee, mittags oft einen unmöglichen Fraß und abends meistens Brotsuppe. Immer häufiger lehnte ich mich gegen die zusätzliche Feldarbeit auf. Das führte dazu, daß mir als Strafe das Essen entzogen wurde. Es dauerte nicht lange, und ich schaltete auf stur. Was mir gesagt wurde, tat ich nicht. Der Heimleiter und seine Frau hatten es recht schnell über, sich mit mir rumzuärgern. So sagten sie nichts mehr, wenn ich nicht zum Arbeitseinsatz erschien. Ich war ja nur e i n Kind, die anderen trotteten treu und brav mit zur „Freizeitgestaltung". So nannte der Heimleiter diese Arbeit auf den Feldern.

Weil ich ewig Hunger hatte und als Strafe oft nichts bekam, suchte ich nach einem Ausweg. Mit Hilfe einer Mitschülerin, deren Eltern einen Bauernhof hatten, fand ich eine Lösung. Ich machte für sie die Hausaufgaben, und dafür bekam ich etwas zu essen. Als sich immer mehr Mädchen von der Arbeit befreien ließen oder sich selbst „befreiten", sah man in mir eine Gefahr für das friedliche Heimleben. Der Heimleiter stellte beim Jugendamt den Antrag, mich in ein anderes Heim zu verlegen. Die sonst normal übliche Zeit des Heimaustausches war noch nicht abgelaufen. So blieb als einzige Lösung ein Durchgangsheim. Der Heimleiter brachte mich höchstpersönlich nach Siems bei Gardelegen. Alles, was bisher in meinen Akten stand, wurde da noch einmal durchgesprochen.

Siems war ein kleines Dorf. Zur Schule mußten wir täglich mit dem Schulbus fahren. Obwohl die Heimleiterin Rotraud Beckmann ein Drachen war, versuchte ich mein Bestes. In diesem Heim gab es keine Arbeitseinsätze, die Pflicht waren. Wer in der Landwirtschaft helfen wollte, konnte dies tun. Man bekam für seine Arbeit sogar ein bißchen Geld. In der Schule strengte ich mich an, um nicht anzuecken.

Im Heim fühlte ich mich zwar nicht mehr wohl, aber immer wieder versuchte ich zu der Heimleiterin und der Erzieherin Kontakt zu finden. Es war aussichtslos.

Einmal in der Woche mußten wir Mädchen im Heim unsere Strümpfe waschen und stopfen, die eigenen und die Strümpfe der Jungen. An einem solchen Tag hatte ich aber in der Schule einen Auftritt mit der Flötengruppe, in die mich unsere Musiklehrerin aufgenommen hatte. Auf keinen Fall wollte ich fehlen. Ich bat die Heimleiterin, sie möge mir doch frei geben, aber die Bitte war umsonst. Ich stieß auf taube Ohren. Von den Jungen ermuntert, setzte ich mich in den Nachmittagsbus und fuhr zur Schule. Ohne der Lehrerin meine Schwierigkeiten zu erzählen, folgte der Auftritt mit der Flötengruppe. Nach der Veranstaltung lief ich die zwei Kilometer ins Heim zurück.

Bereits am Eingang wurde ich von der Heimleiterin erwartet. Ein gewaltiger Tritt in den Hintern ließ mich in den Schuhraum fallen. Ich versuchte, alle meine Wut zu verbergen. Ganz ruhig zog ich, wie immer in diesem Raum, meine Schuhe aus. Als ich auf der Bank saß, um die Hausschuh anzuziehen, trommelten zwei Fäuste auf mich ein. Die Beckmann schlug nicht mit der Hand, sondern mit den Fäusten. Ich weiß nicht wie, aber es kamen trotz der Schmerzen keine Tränen. Das brachte dieses Ungeheuer noch mehr in Rage. Wenn nicht in diesem Augenblick die Jungengruppe zum Schuheputzen gekommen wäre, wer weiß, wieviel Prügel ich noch bekommen hätte.

Als ich in den Speisesaal kam, war für mich kein Abendessen da. Jetzt wurde mir erst bewußt, was eigentlich geschehen war. Nun gut, ich hätte auf das Flötenkonzert verzichten müssen,

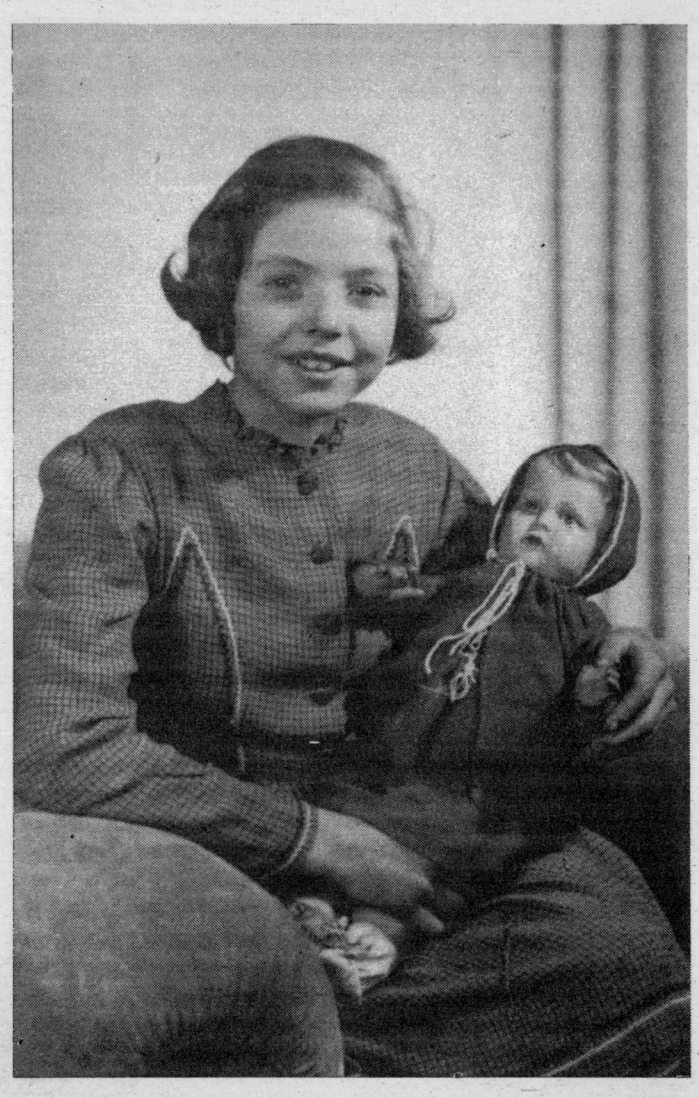

„Liebe Mutti, zum Andenken an Deine Tochter Waltraud" – Die Autorin, 1954 zwölf Jahre alt, widmete dieses Foto aus dem Kinderheim Elbenau ihrer Pflegemutter.

aber es hing für mich so viel davon ab. Ich wollte in der Musik ein weiteres Instrument lernen. Dies konnte ich nur, wenn ich regelmäßig an den Übungen und Auftritten teilnahm. Aber die Heimleiterin begriff das nicht.

So versuchte ich mit einer Freundin aus der Gruppe zu sprechen. Es gelang mir nicht, denn die Anweisung lautete für alle: absolutes Sprechverbot mir gegenüber. Mir ließ dieses Schweigen keine Ruhe. Ich dachte noch über die ganze Situation nach, da tauchte die Heimleiterin wieder auf. Weil ich noch im Speisesaal stand, erhielt ich wieder eine Ohrfeige.

Jetzt war es aus mit meinem Vernunftappell an mich selber. Ich nahm heimlich meine Jacke vom Flurhaken, ging in den Schuhkeller und zog meine Schuhe an. Noch war die Hintertür offen. Bisher wagte ich mich nie allein und gar bei Dunkelheit aus dem Haus. Diesmal war es anders. Trotz der Angst lief ich die Landstraße nach Mieste entlang.

Mein erster Gedanke war die Musiklehrerin. Ob sie mich aufnehmen würde? Ich wußte, diese Lehrerin war immer gut zu mir. Aber würde sie jetzt zu mir stehen? Je länger ich lief, je mehr verdrängte ich diese Hoffnung. Als Lehrerin mußte sie ja der Polizei melden, wenn bei ihr ein Heimkind auftauchte. Außerdem wußte ich nicht genau, wo sie wohnte.

Dazu plagte mich eine andere Angst. Mir war bekannt, daß hin und wieder auf dieser Straße die Zigeuner durchzogen. Wo Zigeuner auftauchten, kam es zu Diebstählen. Außerdem wurde uns im Heim oft gesagt, Zigeuner verschleppten Kinder. Der Mond schien, und die Bäume warfen ihre Schatten. Ich sah die unmöglichsten Figuren und rannte immer schneller.

Endlich war ich in Mieste. Ich lief auf das Haus einer Klassenkameradin zu. Mit ihr hatte ich oft gespielt, wenn es noch Zeit war, bis der Bus mich wieder ins Heim brachte. Die Fensterläden waren fest verschlossen. Auf dem Hof bellte ein Hund. Ich nahm alle meine Kräfte zusammen und kletterte am Tor hoch. Der Hund bellte wie wild. Da dauerte es nicht lange und die Haustür wurde geöffnet. Ich sah einen älteren Mann und meine Klassenkameradin. Sagen brauchte ich nicht viel. Sie kam auf mich zu und nahm mich mit in die Scheune. Mitleidig sah sie mich an. „Was soll ich tun?" fragte sie. Ich bat sie, mich zu verstecken. Nie wieder wollte ich in dieses Heim zurück. Aber sie erklärte mir, sie könne mich bei sich nicht verstecken, denn die Eltern würden dies schnell merken und das Heim anrufen. Doch eine Tante von ihr wohne ganz in der Nähe.

Die Tante lebte in einem winzigen Zimmer. Sie lag schon im Bett und sah uns erschrocken an. Hier standen ja nur ein Bett, ein Tisch, zwei Stühle und ein kleiner Schrank. Mir war klar, ein Bett konnte sie mir nicht geben. Flehend sagte ich ihr, ich würde die Nacht auch auf dem Stuhl verbringen. Meine Klassenkameradin ging wieder nach Hause, in der Annahme, ich sei gut versteckt. Für eine Stunde war es auch so. Dann störte es die Tante doch, daß ich auf dem harten Stuhl saß. Sie stand auf und klopfte kräftig an die Wand. Kurze Zeit später erschien die Nachbarin. Eine Frau Mitte Vierzig. Als sie erfuhr, warum ich vom Heim weggelaufen war, nahm sie mich mit zu sich in die Wohnung. In der Küche saß noch ihr Sohn, der in meine Nachbarklasse ging. Ich bekam Brot und Tee. Anschließend legte ich mich im Nebenzimmer auf eine Liege.

Es muß Mitternacht gewesen sein, da erschien plötzlich der Bürgermeister. Irgendeiner mußte ihm von mir erzählt haben. Ein bißchen angeheitert war er, denn er kam von einer Familienfeier. Er versprach mir, die Heimleiterin anzuzeigen. Ich glaubte ihm und legte mich wieder schlafen. Aber lange schlief ich nicht. Es klingelte und zwei Erzieherinnen erschienen. Ich mußte mich anziehen, und wir liefen zu dritt den ganzen Weg auf der Landstraße wieder ins Heim zurück.

Im Heim war alles dunkel, immerhin war es ja schon weit nach Mitternacht. Als ich in den Tagesraum geschoben wurde, erschien die Beckmann. Sie kam auf mich zu, zog mich an den Haaren durch den Raum und schrie: „Der Bürgermeister kann mich nicht anzeigen, er kann mich mal!"

Eine der Erzieherinnen holte den Schlüssel für den Karzer. Dies war ein schmaler gekachelter Raum. Ohne eine Decke oder ein Kissen mußte ich den Rest der Nacht hier verbringen. Nie in meinem Leben hatte ich an Gott gedacht. Wir durften uns ja nicht damit befassen. Ich wußte nur von Dorfkindern, es sollte einen Gott geben, der manchmal Gebete erhörte. So saß ich auf dem kalten Boden und faltete meine Hände. Immer wieder sagte ich vor mich hin: „Lieber Gott, mach, daß ich tot bin!"

Am nächsten Morgen wurde ich, ohne Frühstück und ohne in die Schule geschickt zu werden, auf dem Dachboden eingesperrt. Hier legte man mir Wolldecken hin und ließ mich allein. Völlig erschöpft rollte ich mich in die Decken ein und schlief weiter.

Irgendwann mußte ich zur Toilette. Ich hämmerte gegen die Tür. Niemand kam und ließ mich raus. Als ich aus der Dachluke rief: „Ich muß zur Toilette", bekam ich als Antwort: „Häng deinen Hintern zum Fenster raus!" Keiner kam und ließ mich raus. So war ich gezwungen, mir auf dem Boden eine Ecke zu suchen, wo ich meine Notdurft erledigen konnte.

Mittags brachte mir die Küchenfrau Essen. Wie glücklich war ich, als sie mich tröstete und mir sogar ein bißchen Pudding gab, von dem die Heimleiterin nichts erfahren durfte.

In der Frühe des zweiten Tages holte mich eine Erzieherin aus meinem Gefängnis. Ich mußte mich duschen. Warmes Wasser bekam ich nicht, so ging die Strafe weiter. Ich durfte aber wieder zur Schule. Wie ein Verbrecher kam ich mir vor. Ich wollte mir aber von nun an sehr viel Mühe geben, denn ich war mir sicher, von dem angeblichen Gott bekam ich keine Hilfe. Unterordnen und gehorchen, dies war das Beste, was ich tun konnte.

Um mich bei der Heimleiterin ein wenig beliebt zu machen, büffelte ich wie eine Wilde für die Schule. Im Heim übernahm ich zusätzliche Arbeiten. Um wieder Kontakt zu meiner Gruppe zu bekommen, die ja immer noch Sprechverbot hatte, machte ich alles, was ich nur konnte. So putzte ich für alle die Schuhe, räumte die Schränke auf und gab mein Taschengeld für Süßigkeiten aus, die ich dann verteilen konnte. Es dauerte lange, bis ich wenigstens zu den Mädchen wieder normalen Kontakt hatte.

Gerettet hat mich dann ein glücklicher Umstand. Einem Bauern im Ort half ich bei der Obsternte. Dabei konnte ich reichlich Obst essen. In einem großen Korb brachte ich auch Obst in die Küche des Heimes. Die Köchin schlug mir vor, einmal mit ihrer Hilfe etwas zu kochen. Die Idee war nicht schlecht, denn so konnte ich zwar nicht für die Kinder, aber doch für die Erzieher ein Essen kochen.

In meiner Freizeit ging ich in den Wald und sammelte Pilze. Pilze kannte ich, zumal wir alle häufig sammeln gingen. Einen ganzen Nachmittag saß ich dann in der Küche und putzte diese herrlichen Pilze. Vom Bauern hatte ich auch noch neue Kartoffeln besorgt. Es würde ein richtiges kleines Festessen sein.

Nun geschah etwas, was ich überhaupt nicht einkalkuliert hatte. In der Annahme, die Heimleiterin und die drei Erzieherinnen würden in der Küche essen, deckte ich hier den Tisch. Da bekam ich zu hören: „Nein, wie immer, wir essen alle mit euch zusammen im Speisesaal!"

So saßen wir Kinder am Abend bei einer Milchsuppe und Butterbrot, und die Erzieherinnen genossen vor unser aller Augen mein gekochtes Essen. Peinlich war es schon, denn alle Kinder spürten nun einen Heißhunger auf Pilze und Kartoffeln. Ich bereute meine Idee.

Ein bißchen Erfolg hatte ich aber doch. So wütend und zornig wie bisher war die Heimleiterin nun nicht mehr. Auch die Mädchen aus der Gruppe spürten das bessere Verhältnis zur Heimleiterin. So stellte sich wieder ein normaler Kontakt her.

Kurz nach meinem Geburtstag im Oktober kam eine Kommission zu uns. Jeder wurde befragt, wie es uns ginge und ob wir Beschwerden vorzubringen hätten. Es gab kein Kind, das eine Beschwerde vorbrachte. Keiner wagte, etwas zu sagen. Über Tage hindurch erschienen irgendwelche Leute und kontrollierten alles. Dann erfuhren wir, fast alle Kinder sollten in andere Heime gebracht werden. Der Gedanke daran, schon wieder in ein anderes Heim zu müssen, war mir entsetzlich. Ich bat meine Musiklehrerin, sie möchte doch für mich ein gutes Wort einlegen. Aber sie erklärte mir, im Heim würden nur noch die bleiben können, die ohnehin bald aus der Schule kommen würden.

Wenige Tage bevor ich aus Siems weggebracht wurde, holte die Polizei unsere Heimleiterin ab. Im ganzen Ort und auch in der Schule war es nun ein aktuelles Gespräch: Die Heimleiterin hatte über einen längeren Zeitraum einen 15jährigen Jungen aus dem Heim als Liebhaber gehabt. Wer dies verraten und angezeigt hatte, erfuhren wir Kinder nicht. Eine der Erzieherinnen setzte sich zudem in den Westen ab, so daß notdürftig Lehrer aus der Schule unsere Betreuung übernahmen.

Im Frühjahr 1957 kam ich nach Groß Börnecke bei Staßfurt. Das Heim lag etwas außerhalb des Dorfes. Auch dieses war ein früheres Gutshaus und gehörte nun dem Staat. Als ich ankam, war ein herrliches Wetter. Sehr freundlich nahm mich der Heimleiter auf. Seine Frau leitete die Große Gruppe, zu der ich nun gehörte, besuchte ich doch schon die 7. Klasse.

Da die Kinder noch alle in der Schule waren, zeigte mir die Erzieherin den Park und den Garten. Alles war kleiner als in den anderen Heimen, aber Platz zum Spielen hatten wir doch.

Am Tage meiner Ankunft war im Heim gleich Pionierversammlung. Alle Kinder mußten in Pionierkleidung im Tagesraum erscheinen. Die Wand war mit einem blauen Fahnentuch bespannt, auf der die Losung stand: „Wir lieben und schützen unsere Heimat!" Mann oh Mann, dachte ich, hier geht es ja ganz schön hart zu.

Diese erste Versammlung hinterließ tiefe Spuren in meinem Gedächtnis. Die jeweiligen Klassenlehrer waren eingeladen und gaben Berichte über jeden einzelnen Schüler ab. Jedes Kind wurde bei Vergehen oder schlechten Noten zur Verantwortung gezogen. Es wurde auch gelobt. Zum Schluß wurde abgestimmt, was als Strafe oder Belohnung das Kind erhalten sollte. Alles nahm eine Schülerin im Protokoll auf. Bei jeder neuen Versammlung, die alle 14 Tage stattfand, wurde das alte Protokoll vorgelesen und Bilanz gezogen. Mal hatte sich ein Schüler verbessert, mal verschlechtert. Mal gab es in der Disziplin Kritik und mal wurde ungewöhnlich gelobt. Gleich vom ersten Tag an nahm ich mir vor, besonders gut zu sein.

Am Anfang war die Selbstsicherheit der Kinder für mich unverständlich. Alles, was sie taten, lief wie in einem Film ab. Jeder achtete auf jeden.

Morgens um sechs Uhr wecken. Egal, ob der Unterricht um acht oder erst später begann. Es ging gemeinsam, gruppenweise in den Waschraum. Streng wurde darauf geachtet, daß jeder sich gründlich wusch. Anschließend anziehen, Betten machen und die Zimmer säubern. Im ganzen Heim gab es nur eine Putzfrau, die wohl mehr als Aufsicht eingestellt war.

Um sieben war Fahnenappell. Der SvD (Schüler vom Dienst) hatte dafür zu sorgen, daß alle pünktlich in zwei Reihen angetreten waren. Auf der einen Seite in der Diele stand die Kleine Gruppe, auf der anderen Seite die Große Gruppe. Der EvD (Erzieher vom Dienst) achtete auch darauf, daß wir der Größe nach standen. Die meisten Kinder nahmen diesen Drill als eine Selbstverständlichkeit hin. Sie waren schon länger hier im Heim.

Wenn alle angetreten waren, sagte der Schüler vom Dienst: „Pioniere stillgestanden! Zur Meldung an den Erzieher vom Dienst die Augen links!" Alles reckte sich in die Höhe und stand still. Dann machte der Schüler vom Dienst seine Meldung an den Erzieher vom Dienst: „Ich, Schüler vom Dienst, melde, es sind 48 Pioniere zum Appell angetreten!" Die Erzieherin sagte dann: „Pioniere, Achtung! Für Frieden und Völkerfreundschaft: Seid bereit!" Alles hob die rechte Hand über den Kopf, machte den Pioniergruß: „Immer bereit!"

Anschließend durften wir in den Frühstücksraum. Jeder bekam sein Schulbrot, und nach dem Frühstück ging es gemeinsam in die Schule. Pioniertuch tragen war Pflicht!

Auch in der Schule ging es strenger als bisher zu. Außer dem fachlichen Stoff lernten wir aus dem Leben eines „Arbeiter-und-Bauernstaates" das Wichtigste kennen. Mein Geschichtslehrer nahm mich gleich in der ersten Stunde in die Mangel. Er wollte von mir wissen: Wer hat die DDR gegründet? Warum gibt es zwei deutsche Staaten? Welchen Namen trägt die Pionierorgani-

Mein Schuljahr 1956

„Alle Fächer schloß ich mit der Note gut ab. Als bester Pionier und FDJler erhielt ich von der Schule eine Buchprämie."

sation? Die Fragen konnte ich soweit ganz gut beantworten. Aber bei der Frage, was der Unterschied zwischen Kapitalismus und Sozialismus sei, kam ich ins Schleudern.

Nachhilfe bekam ich im Anschluß an den regulären Unterricht. Von da an wußte ich: Die DDR ist frei von Ausbeutung und Unterdrückung. In der Bundesrepublik leben die ehemaligen Naziverbrecher, die Kapitalisten und Großgrundbesitzer. Ich wußte nun auch, als Pionier habe ich die Pflicht, den Feinden des sozialistischen Staates die kalte Schulter zu zeigen. Wachsam gegen feindliche Hetze und Propaganda sollte ich auch sein. Nun gut, sagte ich mir, dann wirst du eben ein wachsamer Pionier. Dies konnte ich nach Aussagen der Lehrer nur werden, wenn ich fleißig lerne, nicht widerspreche und dort helfe, wo es nötig sei.

Als ich erstmalig erleben mußte, wie beim Abendessen ein „Wanderpokal" für gutes Lernen und für ausgezeichnete Disziplin verteilt wurde, war dies noch mehr ein Ansporn für mich. Es mußte ein herrliches Gefühl sein, wenn einem der Heimleiter vor allen Kindern diesen „Wanderpokal" in Form einer Pionierfahne am Ständer übergab! Jede Woche bekam diesen „Pokal" ein anderer. Überall, wo man sich befand, stand dieser „Pokal" mit der Aufschrift „Bester Pionier" vor einem.

Ich rackerte mich ab. Es dauerte nicht lange und ich übernahm das Anfertigen der Wandzeitung. Dazu mußte ich alle Zeitungen lesen, die im Heim waren, um das aktuelle Geschehen herauszusuchen. Später übernahm ich noch das Auswechseln der Spruchbänder an der Wand des Speisesaals. Mein erster selbst ausgesuchter Spruch war anläßlich des Ersten Mai. Mit großen Buchstaben entstand der Satz: „Es lebe der 1. Mai, der Kampftag der internationalen Arbeiterklasse!" Als ich fertig war, bekam ich ein dickes Lob von allen. Noch nie hatte ich aber auch so hartnäckig und zielstrebig um Anerkennung gerungen.

Nachdem ich aber einmal mit einer der üblichen Strafen konfrontiert wurde, wollte ich den Mut verlieren. Ich hatte im Fach Deutsch eine Vier geschrieben. Bei der Wochenauswertung kam ich auf die Liste derer, die am Sonntag für die Schule lernen mußten. Wer in der Schule eine Vier bekam, mußte am Sonntag von eins bis vier aus einem Buch abschreiben. Das war eine harte Strafe, zumal keine Pausen gemacht wurden. Von diesem Tag an hatte ich Angst vor Arbeiten in der Schule oder vor Prüfungen.

Der Hausmeister bewirtschaftete den Heimgarten. Alles, was wir so brauchten, wurde selbst angebaut. Hin und wieder half ich dort oder im Hühnerstall. Mir machte das Spaß. Ich war an der frischen Luft und fühlte mich pudelwohl.

Vor Weihnachten durfte ich helfen, die Geschenke für die Kleinen im Heim zu basteln. Fast alle bekamen eine Puppenstube. Der Hausmeister fertigte alles, was aus Holz war, seine Frau nähte die nötigen Puppensachen. Ich half beim Kleben und Einräumen der Puppenstuben. Es machte mir viel Spaß, zumal ich wußte, was die Kleinen vom Weihnachtsmann bekamen. Stolz war ich auch darauf, Geheimnisse für mich zu behalten.

Weihnachten war in diesem Heim für mich ein trauriges Fest. Obwohl ich mit einigen anderen Kindern ein Weihnachtsmärchen einstudiert hatte und es auch aufführte, wollte ich danach am liebsten weglaufen. Am 22. Dezember war die Feier. Anschließend durften die Kinder, die Angehörige hatten, nach Hause. Wie schnell leerte sich da das Heim. So bot der geschmückte Speiseraum ein trostloses Bild. Acht Kinder blieben zurück. Ich setzte mich am Heiligen Abend in das Hexenhäuschen, das wir für unsere Theateraufführung gebraucht hatten. In meiner Hand hatte ich mein erstes wertvolles Geschenk. Eines, was ich mir so sehr gewünscht hatte: eine Armbanduhr. Vor mir stand mein bunter Teller mit Süßigkeiten, aber ich mußte trotzdem weinen.

Meine Erzieherin, die Frau des Heimleiters, nahm mich mit in ihre Wohnung. Dort stand ein Fernseher. Sie nahm mich auf den Schoß und versuchte, mich zu trösten. Ich sah zum Fernseher, dort wurde eine bunte Musiksendung gezeigt.

Eine Weile sagte sie nichts. Dann drückte sie mich und sagte: „Auch du hast eine Mutter!"

Fest war ich der Meinung, diese Frau log. „Wenn ich wirklich eine Mutter habe, warum kommt sie dann nicht?"

Wieder verging eine Weile, dann antwortete sie: „Deine Mutter hat keine Möglichkeit, sich um dich zu kümmern!"

Ohne daß ich weitere Fragen stellte, sagte die Frau noch: „Wenn du ein bißchen älter bist, wirst du auch erfahren, wo deine Mutter ist!"

Ich erklärte, ich hätte ja begriffen, daß sie tot sei.

Dann kamen die Worte, die mich nie wieder zur Ruhe kommen lassen sollten: „Deine Mutter lebt."

Jetzt war es aus mit meinen Nerven. Weinend befreite ich mich aus ihrer Umarmung und stellte mich an die Tür. Ich wollte wie eine Besessene zu meiner angeblich noch lebenden Mutter. Ich bettelte und flehte. Nichts half.

Da erschien der Heimleiter. Er mußte wohl vom Nebenraum einen Teil des Gespräches zwischen seiner Frau und mir mitbekommen haben. Wie ein Vater nahm er mich an die Hand und sagte: „Du brauchst nicht nach deiner Mutter zu suchen, sie hat es nicht verdient, eine solche Tochter zu haben!"

Ich lief aus der Tür, zu den anderen Kindern, die mit ihren Weihnachtsgeschenken spielten. Laut rief ich: „Ich habe auch eine Mutter, sie hat nur keine Zeit, sich um mich zu kümmern!" Zwei der Mädchen lachten und zeigten mir einen Vogel.

Das brachte mich in Rage. Ich zog meine Hausschuhe aus und warf sie auf die beiden. Laut schreiend rannten sie aus dem Zimmer. Immer wenn sie mich sahen, nannten sie mich Spinner. Erst als meine Erzieherin erklärte, ich sei kein Spinner, hörten sie auf, mich zu ärgern.

Der Heimleiter kam nicht auf das Gespräch über meine Mutter zurück. Um mich abzulenken, übertrug er mir immer mehr Aufgaben. Ich wurde häufiger als gewöhnlich als Schüler vom Dienst eingeteilt. An Festtagen wie dem 1. Mai oder dem Tag der Befreiung trug ich Gedichte vor und ließ mich als vorbildlichen Pionier auszeichnen.

In stillen Stunden, vor allem in der Nacht, ergriff mich immer wieder der Gedanke an meine Mutter. Ich überlegte, wie sie aussieht, und stellte mir vor, wie es ist, wenn sie plötzlich an der Tür des Heimes steht, um mich zu besuchen.

Der wenige Schlaf, der schulische Streß und die freiwilligen Arbeiten ließen mich körperlich und seelisch erkranken. Mehrmals brach ich zusammen und wurde vom Fieber geschüttelt. Alle Erzieher waren nett und freundlich zu mir. Als ich einmal mehrere Tage im Bett bleiben mußte, erschien auch mein Klassenlehrer. Mit ihm erledigte ich den durchgenommenen Unterrichtsstoff. Mein Klassenlehrer hatte im Krieg einen Arm verloren. Oft erzählte er mir, wie er von Hitler regelrecht verheizt worden war. Er sprach davon, daß auch in der DDR noch Menschen lebten, die lieber einen Krieg wollten als den Frieden. Er sagte mir auch, die Gerichte hätten viele Kriegsverbrecher verurteilt. Dem einen oder anderen sei die Flucht in den Westen gelungen, die anderen säßen nun in den Zuchthäusern der DDR.

Am 31. März 1958 sollte ich an der Jugendweihe teilnehmen. Als Vorbereitung dazu gab es die Jugendstunden. Eine dieser Jugendstunden benutzten wir dazu, das Konzentrationslager Buchenwald, in dem Ernst Thälmann hingerichtet worden war, zu besuchen. Mit Bussen fuhren wir nach Weimar. Wir sahen uns zuerst das Goethe- und Schillerhaus an. Danach waren wir im

Vor dem Turm des KZ Buchenwald bei Weimar erinnert diese Riesenplastik des sozialistischen Realismus an die Verbrechen der Nationalsozialisten. Aber noch im April 1950 erklärte Bischof Dibelius auf einer Synode der evangelischen Kirche in Ost-Berlin, das weitere reale „Bestehen von Konzentrationslagern" sei mit den Geboten der Menschlichkeit unvereinbar.

Lager Buchenwald. Ein Führer, der früher hier Häftling gewesen war, erklärte uns alles sehr genau. Als ich die Zelle sah, in der Ernst Thälmann bis zu seiner Todesstunde gesessen hatte, haßte ich plötzlich die Deutschen, die so etwas gemacht hatten. Viele unschuldige Menschen sind in diesem KZ umgebracht worden. Auch die anderen Teilnehmer der Jugendstunde standen fassungslos vor den verglasten Kästen mit Menschenhaaren und Gebissen. Es war ein furchtbarer Anblick.

Mir wurde übel, als der Führer des Museums von Ilse Koch berichtete. Diese Frau hatte aus Menschenhäuten Lampenschirme angefertigt. Sie sollte jetzt im Zuchthaus Hoheneck ihre lebenslängliche Zuchthausstrafe absitzen. Als ich dies hörte, war ich froh, daß ein Gericht ein so hartes Urteil gesprochen hatte.

Wenige Wochen vor der Jugendweihe wies mich der Heimarzt in die Medizinische Akademie Magdeburg ein. Ich war sehr krank. Dort sollte ich mich behandeln lassen, um dann den Abschluß der 8. Klasse absolvieren zu können. Eine Psychologin half mir dabei.

Sie sorgte auch dafür, daß ich nach sechs Wochen, als mich die Ärzte zurück ins Heim schicken wollten, auf die Kinderstation der Nervenklinik verlegt werden konnte, wo es genügend freie Betten gab. Als die Psychologin eines Tages zu mir sagte, sie werde sich nach dem Verbleib meiner Mutter erkundigen und Nachforschungen anstellen, war ich mehr als glücklich. Alles, was ich an Kraft und Ausdauer aufbringen konnte, steckte ich in meine schulischen Leistungen.

Zwei Tage vor der Jugendweihe erschien dann doch eine Erzieherin aus Groß Börnecke. Zuerst wollte ich nicht mit ihr zurück ins Heim. Dann sagte mir aber die Psychologin, es seien ja nur vier Tage, dann könnte ich wieder zurück nach Magdeburg. So fuhr ich also mit. Zuvor kaufte mir die Erzieherin ein Paar wunderschöne schwarze Schuhe. Im Heim bekam ich dann wie auch die anderen aus meiner Gruppe ein schwarzes Kleid mit großem weißem Kragen. Hinzu erhielt jeder noch ein Paar Perlonstrümpfe. Es waren meine ersten Perlonstrümpfe. Nun störte es mich auch nicht mehr, daß ich wieder mit allen anderen Heimkindern einheitliche Kleidung tragen mußte.

Die Jugendweihe fand in einem Kino statt. Heimkinder und Dorfkinder legten ein Gelöbnis ab, in dem sie sich verpflichteten, stets dem Staat treu zu dienen und Schaden von ihm zu wenden. So gelobte auch ich aus Überzeugung, den Sozialismus mit all seinen Errungenschaften anzuerkennen und ihn im Notfall zu verteidigen, wenn Feinde des Sozialismus stören sollten. Ich war sehr stolz.

Nach Abschluß der Feierstunde wurde für uns eine schöne Feier im Heim veranstaltet. Diesmal waren die Heimkinder unter sich. Wir durften auch tanzen und uns regelrecht austoben. Der Tag klang mit einer Rede des Heimleiters aus. Er zeigte uns an Hand von Beispielen, wie froh und dankbar wir doch sein müßten, so behütet und beschützt aufzuwachsen. Nur zu gut wußte ich aus dem Dorf und auch von der Kinderstation, wie unglücklich manche Kinder sind. Da waren Ehen gestört, und die Kinder mußten dafür die Zeche zahlen. Sie waren unerwünscht und lebten unter schlechteren Verhältnissen als wir im Heim. Natürlich hatte auch ich den Wunsch, ein Elternhaus zu haben, aber es gab nun einmal keins. Ich mußte mich damit abfinden.

Zwei Tage nach der Jugendweihe fuhr ich wieder nach Magdeburg, wo bis zu meiner Schulentlassung im August 1958 mein Zuhause sein sollte. Von den Betreuern, Ärzten und der Psychologin erhielt ich als Jugendweihegeschenk zwei Bücher: „Der Weg ins Leben" und „Flaggen auf den Türmen". Sie waren von dem russischen Pädagogen Makarenko. Ich verschlang jede Zeile. Makarenko wurde für mich zu einer Symbolfigur. Es beeindruckte mich, wie dieser Mann schwer kriminelle Kinder und Jugendliche zu vorbildlichen Komsomolzen erzog.

Für mich änderte sich kurz vor Abschluß der Schule noch ein weiteres zu meinem Besten. Jedes Wochenende nahmen mich mal eine Betreuerin, mal ein Arzt und häufig auch die Psychologin zu sich nach Hause. So durfte ich erleben, was eine richtige Familie ist. Es saßen am Tisch keine Scharen von Kindern und fielen über das Essen her. In aller Ruhe und im kleinen Kreis saß ich mit am Tisch. Ich lernte Magdeburg von einem Ende zum anderen kennen. Jeder, der mich bei sich für ein Wochenende hatte, wollte mir so viel Gutes wie nur möglich tun. Und ich war dankbar und zeigte es auch in der Schule. Alle Fächer schloß ich mit der Note Gut ab. Als Bester Junger Pionier und FDJler erhielt ich von der Schule eine Buchprämie.

Die schöne Zeit, die ich auf der Kinderstation der Magdeburger Nervenklinik verbrachte, sollte nun zu Ende gehen. Ich mußte in die Lehre. Mein Vormund, ein Mitarbeiter des Jugendamtes, erklärte mir, wenn ich weiter zur Schule gehen wollte, brauchte ich jemanden, der mich finanziell unterstützte. Und diesen Jemand gab es nicht. Ich wollte so gern Kindergärtnerin oder Erzieherin werden. Traurig, enttäuscht und verbittert nahm ich zur Kenntnis, daß das Jugendamt schon eine Lehrstelle für mich gefunden hätte.

In den großen Ferien kam mein Vormund, holte mich von der Kinderstation ab und fuhr mit mir ins „Erich Weinert"-Werk Magdeburg. Dort wurde ich der Kaderabteilung vorgestellt: Ich könnte ab 1. September 1958 meine Lehre als Dreher beginnen. Am späten Nachmittag erschien die Psychologin. Ihr klagte ich mein Leid. Sie saß da und erklärte mir, sie habe keinerlei Einfluß auf die Entscheidungen des Jugendamtes. Wenn man dort meine, ein weiterer Schulbesuch koste zuviel Geld, müsse man dies hinnehmen.

Ich fand mich schon mit allem ab, sagte aber: „Wenn ich jetzt eine Mutter hätte, wäre vieles leichter und einfacher!"

Die Psychologin gab mir recht. Dann deutete sie mir an, wenn ich noch jünger wäre, hätten ihr Mann und sie mich adoptiert. So sei es aber schon zu spät. Dies hieße aber nicht, daß sie mich jetzt allein lassen wollten. Immer könne ich mit meinen Problemen zu ihnen kommen, sie hätten Zeit für mich. Gleichzeitig versicherte sie mir, in wenigen Tagen könne sie mir mehr über meine Eltern sagen.

Dann kam der Tag, an dem ich zum erstenmal Näheres erfahren sollte. Ich hatte noch große Ferien und war an diesem Freitagvormittag mit einer Angestellten des Jugendamtes einkaufen gegangen. Ich mußte ja zu Beginn der Lehre eingekleidet werden. Die Heimkleidung mußte ins Heim zurück. Das Jugendamt hatte 500 Mark zur Verfügung gestellt. Ich bekam ein paar Handtücher, Nachthemden, Unterwäsche und Kleider, Schuhe. Mehr war nicht drin. 50 Mark erhielt ich für die nötigen Ausgaben bis zum Tag der ersten Lohnzahlung. Mit diesen Sachen und dem Geld kehrte ich auf die Station zurück. Dort wartete schon die Psychologin. Sie wollte mich mit zu sich nach Hause nehmen.

Dieser Freitagnachmittag war sehr warm. So beschlossen wir, erst einmal Eis essen zu gehen. In der Eisdiele sagte mir die Psychologin kurz und knapp: „Ab sofort sind mein Mann und ich deine Pateneltern!" Ich muß ziemlich dumm geguckt haben, denn sie wiederholte sich, als hätte ich nicht verstanden, was sie meinte. So, nun hatte ich also Pateneltern, aber richtige Eltern waren nicht da.

Als ich am Abend ein Buch aus dem Regal meiner Pateneltern nehmen wollte, wurde mir dies verwehrt. Ich wunderte mich. Jetzt fragte mich die Psychologin, was ich sagen würde, wenn ich erführe, meine Mutter sei am Leben.

Ich erklärte, dies wisse ich ja nun schon lange von einer Erzieherin. Ich wollte aber wissen, wo meine Mutter lebt.

Umständlich bekam ich Geschichtsunterricht. Zum x-ten Male erfuhr ich, was es an Gewaltverbrechen im Zweiten Weltkrieg gegeben hat. Ich dachte plötzlich wieder an Buchenwald. In Sekunden lief alles wie ein Film an mir vorbei. Ich fragte, was meine Mutter mit dieser ganzen Sache zu tun gehabt hat. Dies würde man mir in den nächsten Tagen genauer erklären. Ich spürte genau, wie unsicher sich die beiden waren, ob sie mir jetzt die Wahrheit sagen sollten. Nach einer Weile Ruhe sagte die Psychologin: „Deine Mutter wurde 1948 von einem sowjetischen Militärgericht zum Tode verurteilt. 1949, als die DDR gegründet wurde, wurde diese Todesstrafe in eine lebenslängliche Zuchthausstrafe umgewandelt. Dieses Urteil wurde aus politischen Gründen verhängt."

Ich dachte plötzlich, auf mich trommeln tausende Fäuste ein. Eine Verbrecherin als Mutter? Mir liefen die Tränen übers Gesicht. Ich lief aus dem Zimmer und schloß mich im Bad ein. Keiner versuchte, mich aus dem Bad zu holen. Auf dem Fußboden kauernd sagte ich mir immer wieder: „Nein, das alles stimmt nicht. Es sind Lügen." Nach einer längeren Zeit schloß ich die Tür wieder auf und ging zurück ins Wohnzimmer. Mir war heiß und ich war völlig durchgeschwitzt. Nun stand meine Patenmutter auf, versuchte mich in ihre Arme zu nehmen, aber ich riß mich los. Ich wollte nicht bemitleidet werden.

Wozu hatte ich mir in all den Jahren so viel Mühe in der Schule gegeben? Warum fand ich es richtig, daß alle eingesperrt wurden, die eine Schuld oder ein Verbrechen auf sich geladen hatten? Nun sollte meine Mutter dazu gehören? Mein Kopf dröhnte, ich wollte ins Bett. So verschwand ich auch schnell wieder aus der Wohnstube und ging ins Arbeitszimmer, wo für mich immer das Bett gerichtet wurde.

Mitten in der Nacht wurde ich von einem furchtbaren Traum wach. Es dauerte eine Weile, bis ich wußte, wo ich mich befand. Dann versuchte ich wieder einzuschlafen, aber es gelang mir nicht. So stand ich auf, ging in die Küche und trank Fruchtsaft. Ich stand am Fenster und sah auf die Wilhelm-Pieck-Allee hinaus. Als ich mich umdrehte, stand mein Patenvater vor mir. Ich wollte gerade erklären, warum ich in der Küche bin, da sagte er mir: „Mir ist klar, du kannst nicht schlafen. Versuch es noch einmal." So trottete ich wieder ins Bett.

Mit Mühe setzte ich mich an den Frühstückstisch. Mir schmeckte kein Essen. Meine Milch trank ich, aber alles andere ließ ich stehen. Keiner wagte so richtig, ein Gespräch zu beginnen. Offenbar lauerten meine Pateneltern darauf, was ich wohl tun oder sagen würde. Ich stellte mich vor meine Patenmutter und fragte sie, in welchem Ort sich meine Mutter zur Zeit befände und ob ich sie besuchen könne. Ohne lange drumherumzureden, gab sie mir zur Antwort: „Deine Mutter muß ihre Strafe im Zuchthaus Hoheneck in Stollberg/Erzgebirge verbüßen. Ob du sie besuchen kannst, das muß der Staatsanwalt entscheiden!" Ich suchte mir aus dem Regal einen Atlas, versuchte den Ort zu finden. Ich wußte aber nicht einmal, zu welcher Bezirksstadt dieses Stollberg gehört. Meine Patenmutter zeigte mir auf dem Atlas Karl-Marx-Stadt. Von dort aus suchte ich weiter. Dann fand ich auch Stollberg.

Jetzt wollte ich wissen, ob mein Vater auch eingesperrt sei. Nein, mein Vater sollte an der vorderen Front im Krieg gefallen sein. Angeblich in Polen, so hätten es die Ermittlungen ergeben. Mit dieser Antwort gab ich mich zufrieden. Immerhin sind ja viele Soldaten im Krieg gefallen.

Als ich an diesem Morgen auf die Station kam, wäre ich am liebsten weggelaufen. Ich schämte mich, die Tochter einer Verbrecherin zu sein, und fühlte, wie ich beobachtet wurde. Dann, nach einigen Tagen, hatte wohl der Stationsarzt gemerkt, wie fertig ich war. Er nahm mich mit in sein Dienstzimmer: Jeder auf der Station habe Verständnis für mich. Ich brauche mich nicht zu schämen, denn als ich von meiner Mutter getrennt wurde, sei ich zwei Jahre alt gewesen. Er ging mit mir ins Säuglingszimmer. In einem dieser Betten stand ein kleiner Junge. „Der kleine Junge ist etwas über zwei Jahre alt. Sieh ihn dir an. Er kann doch gar nicht wissen, in welcher Welt er lebt und wer seine Eltern sind." Ich sah es ein: Du kannst nichts dafür, daß deine Mutter im Zuchthaus sitzt! Trotzdem fand ich keine Ruhe.

Am 30. August 1958 zog ich ins Lehrlingswohnheim des „Erich Weinert"-Werkes ein. Jetzt war ich fast völlig auf mich selbst gestellt. Es gab zwar auch hier Erzieher, aber ich hatte viel mehr Freiheiten als bisher. Zwei Tage hatte ich noch Zeit, mich mit der neuen Umgebung vertraut zu machen.

Einen Tag vor Lehrbeginn besuchte mich mein Vormund. Er hatte sich vorgenommen, mich dem Alter entsprechend aufzuklären. Ich stand kurz vor meinem 16. Geburtstag, und hinzu kam noch, daß im Internat Jungen und Mädchen zusammen in einem Haus untergebracht waren. Nach Geschlechtern getrennt zwar auf den Etagen, aber ansonsten gab es keinerlei Trennungen. Bisher hatte mich noch niemand aufgeklärt. Was ich wußte, wußte ich aus Gesprächen mit anderen Jugendlichen. Besorgt erklärte mir mein Vormund, ich sollte mich niemals mit einem Jungen anfreunden. Jungen seien unberechenbar und besäßen oft keine gute Erziehung. Im stillen mußte ich lachen, denn er war ja auch männlichen Geschlechts. Was er unter Aufklärung verstand, war das, was ich schon im Kinderheim mitbekommen hatte. Da war uns eingeschärft worden, sobald uns ein Junge einen Kuß gebe, würde man als älteres Mädchen ein Kind bekommen. Nun, wenn das auch mein Vormund sagte, mußte ja wohl etwas Wahres daran sein.

Am Anfang machte mir die Lehre entgegen aller Erwartungen doch Freude. Ich stand an der Drehmaschine, übte, den ersten Bolzen zu drehen, und ärgerte mich, wenn ich einen Drehmeißel kaputtgemacht·hatte. Ich war mit Sicherheit kein sehr guter Lehrling, aber ich bemühte mich. Die Jungen brachten in der Praxis bessere Leistungen. Dafür war ich in der Theorie besser als die Jungen.

In der Berufsschule übernahm ich die ehrenamtliche Tätigkeit eines Kulturobmanns. Ich hatte die Aufgabe, die Lehrbrigade an das Kulturleben der DDR heranzuführen. In einem Brigadetagebuch berichtete ich, wenn wir gemeinsam im Theater, im Kino oder auf anderen Veranstaltungen gewesen waren. Monatlich wurde dieses Brigadetagebuch von den Lehrausbildern und den Berufsschullehrern ausgewertet. Die beste Brigade erhielt eine Prämie.

Das Geld, was jeder dann bekam, spornte an. Aber die Prämien brachten auch eine Menge Ärger. So erlebte ich immer wieder, wie eine Jugendbrigade der anderen einen Streich spielte. Da wurden von der Gegenbrigade die Sicherungen aus den Maschinen geschraubt, damit keiner von uns arbeiten konnte. Als Gegenwehr versteckten wir Werkzeugteile der anderen, damit auch sie einmal das Nachsehen hatten. Auf die Dauer konnte das nicht gutgehen. So erschien von der FDJ-Kreisleitung ein FDJ-Sekretär und donnerte uns alle zusammen. Er sprach von Wirtschaftssabotage und drohte mit harten Strafen. Für eine Weile wurde dann ordentlich gearbeitet.

Ein gutes dreiviertel Jahr lernte ich als Dreher. Als ich in der Lehrwerkstatt an der Maschine zusammengebrochen war, mußte ich den Betriebsarzt aufsuchen. Zum Beginn der Lehre hatte er mich für tauglich befunden, jetzt bestand er darauf, ich müsse die Lehre abbrechen. Das Jugendamt erhielt einen entsprechenden Brief. Mein Vormund zeigte sich sehr verärgert. Gezwunge-

Oben: Schloß Hoheneck in Stollberg im Erzgebirge, das DDR-Zuchthaus für
Frauen.
Unten: Vor dem Rathaus in Magdeburg.

nermaßen mußte er sich nun um eine neue Lehrstelle bemühen. Wieder wurde ich nicht gefragt. Zur Debatte stand lediglich, es müsse ein Beruf sein, in dem ich nicht schwer körperlich zu arbeiten brauchte.

Noch bevor ich vom „Erich Weinert"-Werk wegging, erhielt ich Anfang April 1959 eine Vorladung zur Kaderabteilung. Wer sich dort melden mußte, hatte im voraus immer das Gefühl, Fehler gemacht zu haben, für die er nun zur Verantwortung gezogen werden sollte. In meinem Falle war es anders. Als ich die Kaderabteilung betrat, saß meine Patenmutter dort. Sie und die Kaderleiterin teilten mir mit, ich hätte nach langem Hin und Her eine Besuchserlaubnis für meine Mutter. Mir blieb fast die Luft weg: Ich hatte zwar immer gewünscht, meine Mutter kennenzulernen, aber nachdem ich gehört hatte, sie hätte aus politischen Gründen eine so hohe Strafe bekommen, sehnte ich mich gar nicht mehr so sehr nach ihr.

Die Kaderabteilung bestimmte eine Erzieherin aus dem Lehrlingswohnheim, die mit mir nach Hoheneck fahren sollte. Wie gern wär ich mit meiner Patenmutter gefahren. Aber ich konnte mir auch dies nicht aussuchen. Die Fahrtkosten übernahm der Betrieb.

So fuhren die Erzieherin und ich zwei Tage später von Magdeburg aus nach Hoheneck. Die Fahrt begann am späten Nachmittag. In Leipzig stiegen wir um, in den Zug nach Karl-Marx-Stadt. Dort kamen wir spät in der Nacht an. Die ganze Fahrt hindurch hatte ich mich gewundert, warum wir fast bei Nacht diese Strecke zurücklegten. Dann erfuhr ich es: Die Besuchszeit in Hoheneck war für zehn Uhr morgens angesetzt.

Wir übernachteten beim Deutschen Roten Kreuz in Karl-Marx-Stadt. Obwohl ich etwas zum Essen vorgesetzt bekam, aß ich nichts. An Schlaf war auch nicht zu denken. Ich warf mich von einer Seite auf die andere und so lag ich bis zum Morgen wach. Die unmöglichsten Vorstellungen gingen mir durch den Kopf. Ich kam mir selber wie ein Verbrecher vor.

Gleich früh am Morgen setzten wir uns in die Kleinbahn. Als wir nach zwei Stunden Fahrt in Stollberg ankamen, sahen wir bereits vom Bahnhofsvorplatz aus eine große Burg. Von der Mitte des Berges an liefen wir an einer hohen Mauer entlang. An langen Leinen waren Hunde festgebunden. Sie machten einen fürchterlichen Lärm. Meine Knie wurden weich. Als wir an dem riesigen Tor geklingelt hatten, öffnete uns ein Polizist. Zwischen zwei Eisentüren reichte die Erzieherin ein Schriftstück durch ein

Fenster. Wenig später brachte uns ein Wachmann in einen Warteraum.

Erst als ich allein über einen großen Hof in eines der vielen Gebäude geführt wurde, sah ich die kleinen Fenster, die vergittert waren. Ich sah Frauen, die hintereinander im Kreis auf dem Hof liefen. Wie aus weiter Ferne vernahm ich die Worte einer Beamtin, die mich aufforderte, in einem kleinen Raum Platz zu nehmen. Die Wände waren kahl. Der Fußboden hatte keine Farbe. Die Dielen waren gescheuert, als gäbe es kein Bohnerwachs. Ich setzte mich auf einen Stuhl, legte meine Hände auf den Tisch und darauf meinen Kopf. Mir liefen die Tränen über das Gesicht. Warum war ich nur so neugierig gewesen, erfahren zu wollen, ob ich eine Mutter habe oder nicht.

Zwei uniformierte Beamtinnen schoben eine kleine, etwas mollige Frau in den Raum. Ihre Haare waren grau, und ihr Gesicht ließ weder Freude noch Ablehnung erkennen. Eine Beamtin befahl ihr, sich zu setzen. Ich starrte ins Leere. Was sollte ich auch sagen? Es war ja sogar verboten, sich die Hände zu reichen.

An einer Tischseite saß die mir unbekannte Frau, an der anderen Seite saß ich. In der Mitte rechts und links paßten zwei Beamtinnen auf, damit wir uns nichts zusteckten. Was sollte ich denn schon zustecken? Die eine Beamtin wies mich darauf hin, ich dürfe keine Fragen stellen, die die Verurteilung beträfen. Gerade darüber wollte ich etwas wissen.

Nach einer Weile des Schweigens nahm ich allen Mut zusammen und fragte: „Sind Sie wirklich meine Mutter?" Die Hände verkrallt bekam ich zur Antwort: „Ja, aber eine Mutter spricht man nicht mit Sie an!"

Jetzt kamen von mir viele Fragen hintereinander: „Seit wann bist du hier? Wie lange mußt du hier drin bleiben? Warum hast du mir nicht geschrieben?" Immer wieder sagte ich auch „Sie".

In kurzen Sätzen erfuhr ich von dieser Frau, die meine Mutter sein sollte: „Ja, ich bin deine Mutter. Du kamst mit zwei Jahren in ein Krankenhaus. Wenn du dich für mich einsetzt, kann ich hier auch wieder raus!" Ich müsse ein Gnadengesuch bei der Regierung einreichen, dann gäbe es eine Möglichkeit, entlassen zu werden.

Ich begriff nicht, was ein Gnadengesuch war. Warum war das Gesicht meiner Mutter wie aus Wachs? Keine Träne, keine Anzeichen der Freude waren zu erkennen. Durfte sie nicht freundlich sein?

Die dreißig Minuten Besuchszeit waren bald um. Bevor ich ging, sagte ich noch recht deutlich: „Wenn ich hier nicht die

ganze Wahrheit erfahre, dann will ich weiter nachforschen."
Nach diesem Satz wurde ich aus dem Raum geführt, zurück in
den Warteraum, wo die Erzieherin saß. Diese stand auf, trat auf
mich zu und sagte: „Hat sich der weite Weg für die kurze Zeit
gelohnt?" Am liebsten hätte ich laut losgeschrien. Aber niemand
sollte mir meine Verbitterung ansehen. Ich zwang mich, höflich
zu antworten, daß der Weg und die Mühe sich gelohnt hätten. Es
war eine Lüge, aber ich konnte nicht anders.

Bis zur Rückfahrt hatten wir wieder viel Zeit. Lust zum Ansehen der Geschäfte hatte ich nicht. Essen wollte ich auch nichts,
mußte mich aber der Erzieherin anpassen, die Hunger hatte und
mit mir in eine Gaststätte ging. Während ich in den Bratkartoffeln herumstocherte, aß die Erzieherin mit sichtlichem Genuß.

Endlich kam der Augenblick, in dem der Zug in den Bahnhof
einrollte und wir abfahren konnten. Noch aus dem Fenster sah
ich lange diese riesige Zuchthausfassade. Die Erzieherin sagte,
meine Mutter würde nie wieder dieses Zuchthaus verlassen dürfen. Ich konnte nicht anders, ich mußte heulen. Ob nun der Zug
voller Reisender war oder nicht, mir war es egal.

Mit achtzehn war ich Leiter eines Kollektivs der sozialistischen Arbeit

Kaum in Magdeburg angekommen, bekam ich die schriftliche Mitteilung, mich beim Jugendamt zu melden. Nachdem ich dort erschienen war, fuhr mein Vormund mit mir zum Fernmeldeamt Magdeburg. In der Kaderabteilung machten er und der Kaderleiter mir den Beruf einer Telefonistin recht schmackhaft.

Zu meiner größten Freude erfuhr ich, als Telefonistin könnte ich mich in einem Intensivlehrgang ausbilden lassen. Das würde heißen: sechs Monate vorwiegend schriftlichen und mündlichen Unterricht. Ein Platz im Lehrlingswohnheim der Deutschen Post war bereits für mich reserviert.

Am 2. Mai 1959 begann ich mit weiteren sechzehn jungen Mädchen die Ausbildung als Telefonistin. Was mich da erwartete, begriff ich erst zwei Wochen später. Alle Städte und Länder mußte ich kennen. Dazu die jeweiligen Abkürzungen, die sogenannte Postsprache. Geschichte und Mathematik kamen hinzu. Es war unheimlich viel. Was andere in zwei Jahren lernen mußten, lernten wir in einem halben Jahr.

Nach der Prüfung, bei der ich im Gesellschaftsfach schriftlich eine Zwei, mündlich aber eine Vier erhalten hatte, wurde ich auf die Menschheit losgelassen. Alles, was ich gelernt hatte, mußte ich nun unter Beweis stellen. Im Magdeburger Fernamt ging es 1959 noch recht primitiv zu. Jeder Ort, auch wenn er nur sechs Kilometer von Magdeburg entfernt war, mußte übers Fernamt vermittelt werden. Lange Wartezeiten waren die Folge.

Die Arbeitsbedingungen waren nicht gerade ideal. In dem großen Saal saßen in einer Schicht 170 Frauen. Dicht nebeneinander wurden die einzelnen Gespräche abgewickelt. Im Sommer stiegen die Temperaturen, bedingt durch die Hitze der Fernsprechschränke, nicht selten auf 35 Grad. Obwohl wir regelmäßig Kurzpausen einlegen konnten, fielen bei solcher Hitze die Telefonistinnen um wie die Fliegen.

Da meine Ausbildung abgeschlossen war, mußte ich nun das Lehrlingswohnheim verlassen. Wieder erschien mein Vormund. Gemeinsam gingen wir zur Wohnraumlenkung des Stadtbezirkes Mitte. Sofort konnte mir kein Zimmer vermittelt werden. Ich sollte warten. Aber die Zeit drängte, die Deutsche Post brauchte meinen Platz im Wohnheim. Nach langem Tauziehen zwischen dem Kaderleiter, dem Vormund und der Wohnraumlenkung bekam ich im Januar 1960 ein kleines Zimmer bei einer verwitweten Pastorenfrau.

Die Goethestraße, in der das Haus lag, in das ich nun einziehen sollte, war eine der schönsten Straßen in Magdeburg. Alles alte Villen und sehr viel Grünanlagen. Weniger schön war: Das Zimmer war ohne Möbel. Ich hatte nicht einmal einen Stuhl, auf den ich mich setzen konnte. Zwei Monate hatte ich zwar bereits volles Gehalt bekommen, aber es reichte hinten und vorne nicht. Als Anfängerin bei der Post verdiente ich nur 390 Mark mit Leistungszulage. Ich kaufte mir erst einmal Kleidung und ein bißchen Wäsche. Mein Vormund sah keine Möglichkeit, daß mir von der Stadt finanziell geholfen werden konnte. Die Pastorenfrau gab mir vorerst eine alte Matratze vom Boden. Ein Kopfkissen und ein Federbett schenkte mir eine Kollegin. Einmal Bettwäsche hatte ich mir früher gekauft. So zog ich also ein.

Im Fernmeldeamt wurde ich in den Schichtdienst eingeteilt. Die Brigaden hatten jeweils 20 bis 25 Frauen. Verhältnismäßig schnell arbeitete ich mich ein. Es machte mir auch Spaß. Den ganzen Dienst hindurch hatte ich Kontakt zu Menschen. Obwohl Privatgespräche mit den einzelnen Teilnehmern streng verboten waren, wechselte ich dennoch hin und wieder ein paar Worte mit ihnen.

Während einer der wöchentlichen Brigadeversammlungen sprach mich eine Kollegin an, unter welchen Bedingungen ich wohne. Hier im Fernmeldeamt war es selbstverständlich, daß jeder über jeden Bescheid wußte. Der Abteilungsleiter meinte, wenn sich alle untereinander kennen würden und die Sorgen und Nöte zur Sprache kämen, könne verhindert werden, daß es zu Krankheit, Kriminalität oder Krisen in den Familien komme.

Als der Abteilungsleiter von meinem leeren Zimmer erfuhr, nahm er eine Kollegin aus meiner Brigade mit und besichtigte mein Zimmer. Gleich am nächsten Tag mußte ich zur Kaderabteilung: Ich könne einen Vorschuß von 200 Mark bekommen,

Waltraud Krüger, siebzehnjährig, 1959 im Lehrlingswohnheim der „Deutschen Post" in Magdeburg.

um mir Möbel zu kaufen. Den Betrag sollte ich monatlich in kleinen Raten zurückzahlen. Am liebsten hätte ich diesem Kaderleiter einen Vogel gezeigt. Was waren denn 200 Mark? Wo sollte ich dafür Möbel herbekommen? Ich ließ mir in der Kasse das Geld auszahlen und ging an meinen Arbeitsplatz.

Eine mir bis dahin unbekannte Kollegin bot mir an, mit ihr gemeinsam auf Möbelsuche zu gehen. Zuerst wunderte ich mich. Doch sie erzählte mir, sie kenne einen Laden, der gebrauchte Möbel sehr preiswert abgebe. Gleich nach Dienstschluß fuhren wir gemeinsam zum Olvenstedter Platz.

Auf dem Hof einer Spedition hatte die Stadt Magdeburg eine große Halle gemietet. Hier gab es Möbel, Wäsche, Hausrat und Kleidung. Tatsächlich war hier alles sehr billig. Die Kollegin schien dort einen Verkäufer gut zu kennen. Der zeigte mir ein komplettes Wohnzimmer aus Eiche. Zwei Schränke, einen runden Tisch und vier Stühle. Dies alles bekäme ich für 200 Mark, wenn es mir gefiele. Der Verkäufer bot mir noch eine Liege zusätzlich an. Das war ein Angebot!

Auf meine Frage, warum man in diesem Lager alles so preiswert verkaufe, erklärte mir die Kollegin: Ganz einfach, immer wieder käme es vor, daß sich ganze Familien in den Westen absetzten. Sobald die staatlichen Organe davon erfuhren, wurde die Tür durch die Polizei geöffnet. Alles was sich in dieser Wohnung befand, kam in das Lager am Olvenstedter Platz.

Nun war ich also in dem Besitz eines Wohnzimmers, von dem ich wußte, es gehörte einer Familie, die in den Westen geflohen war. Beim Einräumen des Schrankes stellte ich mir die Frage, warum wohl Menschen alles stehen- und liegenließen, nur um in den Westen zu kommen. Ich würde meine Sachen nicht im Stich lassen. Wozu auch?

Kurz vor dem 1. Mai 1960 löste die Betriebsleitung die Brigaden auf. In Zukunft sollten sie „Kollektive der sozialistischen Arbeit" heißen. In einer großen Betriebsversammlung mußte jede der Kolleginnen und jeder der wenigen Kollegen einen Vorschlag machen, wen sie als Leiter eines Kollektivs der sozialistischen Arbeit haben wollten. Es ging nicht allein um jemanden, der als Meister oder Brigadier tätig sein sollte, sondern es ging auch ums Lernen. Die zukünftigen Leiter eines solchen Kollektivs sollten sich einer intensiven Schulung unterziehen.

Vorschläge kamen viele. Immerhin gab es etwa 550 Telefonistinnen. So nannte der Abteilungsleiter unter anderem auch meinen Namen. Wie immer bei Abstimmungen hob der größte Teil

Der anstrengende Stolz, ein „Bestarbeiter" zu sein — Festlicher Aufmarsch

der Frauen den Arm, um ihr Einverständnis zu bekunden. Oft nicht einmal aus Überzeugung, eher um Ruhe und schnell Feierabend zu bekommen. Ich selber wußte gar nicht, wie ich reagieren sollte. Sollte ich mich tatsächlich so schnell eingelebt und vor allem eingearbeitet haben, daß ich eine solche zusätzliche Arbeit übernehmen konnte? Ich war nicht einmal 18 Jahre. Es fehlten ein paar Monate bis zur Mündigkeit. Als die Abstimmung zu meinen Gunsten ausgefallen war, stimmte ich zu.

Am 1. Mai wurde feierlich verkündet, welchen Fortschritt das Fernamt erreicht hatte. Im Speiseraum hing an der Wand ein rotes Fahnentuch mit dem Satz: „Plane mit, arbeite mit, regiere mit!" Aus der Hand der Betriebsleitung bekam ich ein Schreiben, daß ich in Zukunft ein Kollektiv leiten könne.

So einfach war dies aber nicht. Eine ganze Woche befreite mich der Abteilungsleiter von der Arbeit. Dafür mußte ich mit einigen anderen Kolleginnen und Kollegen die Schulbank drücken. Ich lernte im Unterricht, der vom Parteisekretär und von dem Betriebsdirektor sowie der Betriebsgewerkschaft durchgeführt wurde, alles, was ein Leiter eines Kollektivs der sozialistischen Arbeit zu tun habe. Wichtigstes Thema war die Planerfüllung. Dann die Arbeit mit dem Menschen.

Bei dem Thema Planerfüllung kam ich mir vor, als sollte ich zum Narren gehalten werden. 60 Gespräche in der Stunde sollte jede Kollegin abwickeln. Die Frage war allerdings, wie? Mal hatten wir im Fernamt viel Arbeit, mal telefonierten die Leute weniger. Außerdem war es in den Spitzenzeiten so gut wie unmöglich, eine weitere von der Betriebsleitung geforderte Maßnahme einzuhalten. Jeder Fernsprechteilnehmer sollte nur sechsmal einen Ruf ans Fernamt rausgehen lassen, dann müßte sich eine Kollegin einschalten.

Der Vorsitzende der Betriebsgewerkschaftsleitung unterrichtete uns im Fach „Führen eines Brigadetagebuches". In dieses Buch mußte eingetragen werden, wie viele Kolleginnen im Monat krank waren, wer zu spät zur Arbeit kam oder gar fehlte. Die gesellschaftlichen Tätigkeiten jedes einzelnen mußten aufgeschrieben werden und ob er an den geplanten Veranstaltungen teilnahm. Besonderes Augenmerk sollten die Leiter der Kollektive darauf richten, welche Kolleginnen an den Schränken für den Auslands- und Interzonenverkehr eingeteilt würden.

Nach einer Woche Schulung erhielt ich eine Urkunde, daß ich nun ein ausgebildeter Leiter eines Kollektivs der sozialistischen Arbeit sei. Außer dieser Urkunde bekam ich monatlich einen

Geldbetrag in Höhe von 30 Mark. Immerhin ein bißchen mehr Geld in meiner Brieftasche.

Gleich als ich wieder an meinen Arbeitsplatz zurückkam, wurde mir eine Liste derer gegeben, die in Zukunft in meinem Kollektiv sein sollten. Als ich die Liste durchgelesen hatte, gab ich sie sofort zurück. Mir hatte der Abteilungsleiter alles Leute zugeteilt, die schon bald in Rente gingen, oder andere, die sich ohnehin nichts sagen ließen. Lediglich bei den sogenannten Springern, Kolleginnen, die in den Pausen oder bei Krankheit eingesetzt wurden, hatte ich jüngere auf meiner Liste. Der Abteilungsleiter überzeugte mich, wie notwendig es sei, gerade diese Frauen in mein Kollektiv zu stecken. Er traue mir zu, mich durchzusetzen. Was blieb mir übrig, ich übernahm das „Kollektiv".

Sobald es die Arbeitszeit zuließ, führte ich die erste Versammlung durch. Natürlich war von der Parteileitung ein stiller Zuhörer dabei. Ich wollte das, was ich beim Lehrgang gelernt hatte, sofort in die Tat umsetzen. Da stieß ich aber auf Widerstand bei meinen Kolleginnen. Die einen schimpften, weil die Versammlung nach Feierabend stattfand. Andere standen sofort auf und gingen.

Nicht nur bei der ersten Versammlung hatte ich Ärger mit den älteren Kolleginnen. Als von einem anderen Kollektiv der Vorschlag kam, jede Kollegin solle zehn Minuten vor Arbeitsbeginn am Arbeitsplatz sein, wurde dieser Vorschlag von allen anderen Kollektiven übernommen. Das bedeutete, jede Kollegin löste die Vorschicht zehn Minuten eher ab. So konnte jede in den Genuß kommen, das Amt pünktlich verlassen zu können. Wie schon immer zuvor hatte ich Quertreiber. Stur wie ein störrischer Esel stellte sich ganz besonders ein altes Fräulein an. Mir sträubten sich die Haare. Erst als unsere monatliche Prämie gestrichen wurde, weil wir nicht unseren Plan erfüllt hatten, bekam ich Unterstützung von einigen aus dem Kollektiv. Immerhin ging es um bares Geld.

Als zusätzlich gefordert wurde, nach Möglichkeit sollte jeder sich ehrenamtlich betätigen, zog ich es vor, einen Lehrgang des Deutschen Roten Kreuzes mitzumachen. Die Ausbildung dauerte knapp vier Wochen. Immer nach oder vor der Arbeit erschien ich in der Sanitätsstelle des Betriebes und lernte. Kaum hatte ich diesen Kurs beendet, erhielt ich eine Uniform und mußte künftig zu Einsätzen bei Großveranstaltungen. So blieb nicht viel von meiner Freizeit.

War ich abends doch einmal zu Hause, tauchte meine Zimmerwirtin auf. Mit aller Macht wollte sie mich dazu bringen, daß ich auch einmal ins Kino gehe oder wenigstens bei schönem Wetter in den Park. Sie verstand es nicht, wenn ich ihr sagte, ich müsse mich erst einmal an die „Freiheit" gewöhnen. Vor allem daran, selbst Entscheidungen zu treffen, die mir vorher immer von Erzieherinnen oder Ausbildern und Vormund abgenommen worden waren.

Eines tat ich aber sehr intensiv und oft. Ich schrieb an die Regierung der DDR und bat um die Freilassung meiner Mutter.

Im Juni 1960 erhielt ich eine weitere Besuchserlaubnis für meine Mutter. Ich fuhr allein. Die lange Fahrt und das teure Fahrgeld spielten für mich keine große Rolle. Ich wollte helfen, obwohl wir uns ja so fremd waren. Mein ganzes Sehnen ging nur in eine Richtung: Endlich „Mutti" sagen zu können. Meine Patenmutter hatte inzwischen nur noch wenig Verbindung zu mir, vermutlich weil ich zu viele Fragen stellte.

So kam ich also zum zweitenmal nach Hoheneck. Bewußter als beim erstenmal. Aber auch diesmal kamen außer ein paar Tränen nichts an Gefühlen in ihr auf. Konnte ein Mensch in 14 Jahren Haft so abstumpfen, daß er sich nicht einmal über sein eigenes Kind freute? Ich erzählte von den Gesuchen, die ich eingereicht hatte. Um ihr Mut zu machen, sagte ich, wie sehr ich mich freue, wenn sie in Freiheit sein würde. Auch in den Briefen, die einmal im Monat von meiner Mutter an mich geschrieben wurden, war keine menschliche Rührung zu finden.

Einmal hielt eine Jugendstaatsanwältin im Clubhaus der Freien Deutschen Jugend in der Goethestraße einen Vortrag über Jugendkriminalität. Wie immer gab mir diesen Hinweis meine Zimmerwirtin: Ich sollte einmal unter Menschen gehen. Also ging ich. Der Vortrag war reichlich besucht und interessant. Am Ende wartete ich, bis sich der Raum geleert hatte. Dann ging ich auf die Jugendstaatsanwältin zu und bat sie um ein kurzes Gespräch. Ich fragte sie, ob sie mir jemanden nennen könne, der mir Einzelheiten über die Straftat meiner Mutter sagen würde. Ohne zu zögern gab sie mir einen Termin, damit ich bei der Bezirksstaatsanwaltschaft Erkundigungen einziehen könne.

An diesem Tag war ich regelrecht glücklich. Das Wetter war herrlich, und diesmal erlaubte ich es mir, mich noch nach 19 Uhr in die Parkanlagen an der Goethestraße zu setzen. Mit all meiner Hoffnung im Herzen genoß ich die wunderbare und warme Abendluft. Ich saß eine Weile, da kam eine Gruppe von Jugendlichen an meiner Bank vorbei. Die Goetheanlagen waren immer ein Treffpunkt für die Jugend aus der Umgebung. Einige

Mädchen und Jungen lästerten über mich. Einer zog mich aus Scherz an meinem Pferdeschwanz. Ich trug meine Haare immer so. Dadurch sah ich offenbar jünger aus, als ich war. Plötzlich fragte mich einer der Jungen, wie alt ich sei. Ich antwortete, sie sollten doch einmal raten. Dieses Raten ging eine ganze Weile hin und her. Als ich erklärte, ich werde in wenigen Monaten 18, johlten alle laut los. Keiner wollte es glauben. So beschlossen wir, eine Wette abzuschließen. Wenn ich wirklich so alt sei, wollte mir die Gruppe etwas zu trinken spendieren. Durst hatte ich keinen, aber Hunger plagte mich schon eine Weile. Ich sagte kurz und bündig: „Wenn es stimmt, was ich gesagt habe, spendiert ihr mir eine Bockwurst!" Eine Bockwurst war zwar etwas teurer als eine Limonade, aber was soll's! Mit meinem Personalausweis war mein Beweis schnell erbracht. So war also die Bockwurst fällig. Einige aus der Gruppe standen auf, und wir zogen ab in eine kleine Gaststätte. Ich bekam für 85 Pfennig eine Bockwurst mit Brötchen, die anderen tranken Limonade und auch Bier. Es war nach 20 Uhr und der Besitzer der Gaststätte machte Ausweiskontrolle. Er nahm an, ich sei noch keine 16 Jahre. Danach gingen wir. Mein Hunger war gestillt, und die anderen hatten keinen Durst mehr. Die ganze Gruppe brachte mich bis vor die Haustür. Dann fragte ich einen der Jungen, ob ich mal für einen Augenblick sein Kofferradio halten könne. Er war stolz darauf, mir diesen Gefallen tun zu können. Für mich war es schon etwas Besonderes, ein Kofferradio halten zu dürfen. Ich hielt es ganz fest, gab es dann zurück und bestätigte ihm, wie toll ich das Radio finde. Als Antwort bekam ich: „Wenn du möchtest, können wir uns wiedersehen!" Als er dies gesagt hatte, verschwand ich ins Haus.

Meine Wirtin freute sich, daß ich nun endlich ein bißchen länger als sonst draußen gewesen war. Sie hatte am Fenster gestanden und alles beobachtet.

Die Tage vergingen, und es war der Zeitpunkt gekommen, zu dem ich den Termin bei der Bezirksstaatsanwaltschaft haben sollte. Ein wenig aufgeregt war ich schon, als ich das große Gebäude an der Halberstädter Straße betrat. Ziemlich schnell fand sich die Jugendstaatsanwältin ein, die einen etwas älteren Staatsanwalt mitbrachte. Der nahm eine dicke Akte aus dem Regal und blätterte darin herum. Schriftstücke und Fotos. Was ich hörte, schmetterte mich zu Boden. Der Staatsanwalt sagte: „Sie hätten nie erfahren dürfen, daß Ihre Mutter noch lebt. Ihre Mutter hat sich 1948 eines schweren Verbrechens schuldig gemacht. Es lohnt sich nicht, für diese Frau auch nur einen Finger zu rühren." Mein Geburtsname sei gar nicht Moebius, sondern Schwarzlose. Der erste Mann meiner Mutter sei im Krieg gefallen. Zu dieser Zeit hätte meine Mutter drei Kinder gehabt. Ihr erster Mann gehörte der SS an. Gleich nach seinem Tod heiratete sie einen Chemiker mit Namen Schwarzlose. Dieser Chemiker habe in der Rüstungsindustrie gearbeitet. Er sei mein Vater. Nur aus gemeinem Besitzstreben habe meine Mutter durch Beziehungen zu den Nazis mich auf den Namen Moebius eintragen lassen können. Über Jahre hindurch habe meine Mutter für die SS gearbeitet. 1947 erklärte meine Mutter ihren zweiten Mann, also meinen Vater, für vermißt. Angeblich sei mein leiblicher Vater mit unbekanntem Ziel ausgezogen.

Eine große Suche nach meinem Vater wurde nicht angestellt. Erst als meine Mutter das Haus räumen sollte, entdeckte ein russischer Offizier unter dem Kaninchenstall einen losen Hügel. Aus Neugierde buddelte dieser Offizier in diesem Hügel herum. Plötzlich habe er Knochenteile gefunden. Als die Polizei kam, gab meine Mutter zu Protokoll, es handele sich um Knochen eines Hundes, den sie dort begraben habe.

Der Staatsanwalt legte mir Fotos vor. Genau konnte ich die Knochen sehen, die man dort gefunden hatte. Meine Mutter soll, so erklärte der Staatsanwalt weiter, nach langen Verhören gestanden haben, daß diese Knochenteile ihrem zweiten Mann, also meinem leiblichen Vater, gehörten. Aus keinem Protokoll und auch nicht bei der Verhandlung war zu entnehmen, warum sie ihren Mann getötet hatte. Nachgewiesen wurde ihr aber, daß sie ihre Kinder verwahrlosen ließ und sich selber auf jede nur denkbare Weise das Leben lebenswert machte. Sehr hart wurde sie immer wieder von den Russen verhört. Zeugenaussagen zufolge war mein Vater ein Partisan gewesen. Meine Mutter hingegen habe die deutsche Armee unterstützt, damit diese „wahllos Menschen umbringen" konnte.

Der Prozeß fand 1948 vor einem sowjetischen Militärgericht statt. Das Ergebnis war die Todesstrafe. Nach Gründung der DDR begnadigte sie ein Gericht zu lebenslanger Haft.

Ich durfte einen Teil der Aussagen von meiner Mutter lesen. Auch die furchtbaren Fotos sah ich mir an. Zum Zeitpunkt der Verurteilung war meine Mutter 35 Jahre alt gewesen.

Mit Nachdruck bat mich der Staatsanwalt, keine Gesuche mehr zu schreiben. Er sagte mir immer wieder, eine Frau wie meine Mutter gehöre nicht in die Freiheit. Sie verdiene es auch nicht, Mutter genannt zu werden.

Fix und fertig verließ ich das Büro des Staatsanwaltes. Ich wußte nun wirklich nicht, was ich noch denken und glauben sollte. Auf keinen Fall hatte ich alles erfahren. Je mehr ich mich damit beschäftigte, um so mehr fand ich überall Widersprüche. So nahm ich mir vor, doch weiter um die Freilassung meiner Mutter zu kämpfen.

Noch am gleichen Tag begegnete ich in der Goethestraße der Jugendgruppe wieder. Auch der Junge, der mir einige Tage zuvor sein Radio gegeben hatte, war dabei. Ich versuchte einen Umweg zu machen, um nicht angeredet zu werden. Mir war elend und ich konnte meine Tränen nicht zurückhalten. Einer der Jungen kam auf mich zu. Sein Name war Klaus. Fast väterlich fragte er mich, ob mich jemand geärgert habe. Ein kurzes Nein war die Antwort. Ich konnte nichts mehr sagen. So ließ ich ihn stehen und verschwand in mein Zimmer. Immer wieder sah ich Fotos mit Menschenknochen vor mir.

Es waren einige Tage vergangen, und ich mußte einmal heraus aus meinen vier Wänden nach Feierabend. So ging ich ins Kino. Mit Gewalt wollte ich mich ablenken. Der Film lief, aber ich begriff nicht viel davon. Als das Kino aus war, wollte ich schnell nach Hause. Doch da stand Klaus vor mir. Höflich fragte er mich, ob er mich bis nach Hause bringen dürfe. Mir war es egal. So gingen wir nebeneinander her, ohne groß zu sprechen. Vor der Haustür fragte er mich, ob er mich mal besuchen dürfe. Ich sagte zu. Wir verabredeten uns für den nächsten Tag.

Im Fernamt verging mir am nächsten Tag die Arbeitszeit nicht schnell genug. Endlich war es soweit. Klaus kam mit seinem großen schwarzen Schäferhund die Grünanlagen entlang. Wegen des Hundes liefen wir eine Weile hin und her. Dann setzten wir uns auf eine Bank, und er erzählte mir von seinen Eltern, seinen Geschwistern und seiner Arbeit. Acht Jungen und ein Mädchen waren sie zu Hause. Die beiden ältesten Brüder hatten schon eine eigene Familie. Alle anderen waren noch in der elterlichen Wohnung. Klaus arbeitete als Glaser in einer kleinen Glaserei in Magdeburg. Ich hörte, er hatte einen kleinen Sprachfehler. Mich störte das nicht. Er aber entschuldigte sich deswegen. Auch ich erzählte aus meinem bisherigen Leben. Nur bei dem, was mich zutiefst bedrückte, hörte ich auf. Senta, die schwarze Schäferhündin, erinnerte uns daran, daß es Zeit sei, nach Hause zu gehen. Es war eigentlich noch früher Abend. Klaus schlug mir vor, mit zu seinen Eltern zu kommen. Erst

51

wollte ich nicht, aber dann war ich doch neugierig, wie er wohl, gemeinsam mit seinen Geschwistern, lebt.

Klaus hatte ein schönes Hobby: Tiere. Erst kam sein Hund, dann die vielen Kaninchen, die er auf dem Hof in selbstgebauten Ställen hielt. Mir machte es Spaß, die kleinen weißen Kaninchen aus dem Stall zu nehmen und mit ihnen zu spielen. Die Mutter stand am Küchenfenster und beobachtete uns. Ich setzte die Kaninchen wieder in den Stall und ging mit Klaus nach oben. Ein wilder Lärm kam aus den einzelnen Zimmern. Hier spielte laut das Radio, dort schimpfte der Vater, und in einem dritten Zimmer prügelten sich die Zwillinge. Die Mutter ließ uns ins Wohnzimmer, wo der Tisch zum Essen gedeckt war. Wie eine Horde ausgehungerter Wölfe stürzten die Geschwister herein. Ich rechnete damit, ausgefragt zu werden, aber nichts dergleichen geschah. Ohne ein Wort zu sagen, bekam ich einen Teller mit Bratkartoffeln, die wie Kartoffelbrei waren. Ich aß und es schmeckte mir.

Klaus und ich, wir trafen uns von nun ab jede freie Minute. So gewann ich Vertrauen und erzählte die Geschichte von meiner Mutter. Ich rechnete mit dem sofortigen Abbruch der Freundschaft, wie schon so oft in meinem Leben. Geduldig hörte Klaus sich alles an. Dann erklärte er mir, ich sollte mich weiter um meine Mutter kümmern, die Behörden und Ämter übertrieben oft. Am liebsten wäre ich ihm um den Hals gefallen, aber ich hatte ja gelernt, Abstand von einem Jungen zu halten.

Eines Abends im August, ich war gerade von der Spätschicht nach Hause gekommen, klingelte es bei mir Sturm. Draußen stand einer der Brüder von Klaus. Er bat mich, sofort auf die Straße zu kommen. Dort stand wie ein begossener Pudel Klaus. Die Zwillingsbrüder saßen auf einem Handwagen, unter sich ein Bettgestell und ein altes Federbett. Einer der Brüder: „Der Alte hat ihn rausgeworfen!" Als Klaus mich fragte, ob er in meinem Zimmer übernachten könnte, wußte ich vor Schreck nicht, was ich sagen sollte. Sein Vater habe sich über mich erkundigt. So wisse er auch, wer meine Mutter sei. Klaus wurde aufgefordert, sich von mir zu trennen. Er lehnte ab.

Zu allem Unglück erschien nun auch noch meine Zimmerwirtin. Noch völlig durcheinander, versuchte ich, ihr die Situation klarzumachen. Nie hatte ich sie so erbost gesehen wie in dieser Minute: „In meine Wohnung kommt kein Mann."

Alle Anstandsregeln, die mir über Jahre beigebracht worden waren, warf ich über den Haufen. Die Zwillinge, Klaus und ich trugen das eiserne Bettgestell in mein Zimmer. Die halbe Nacht

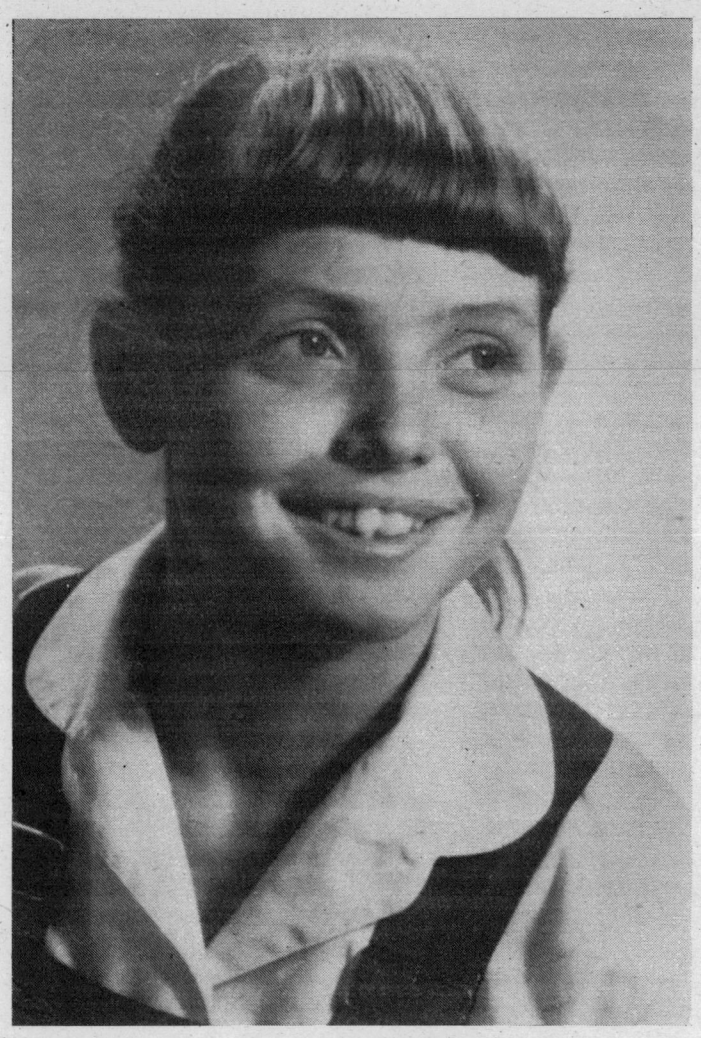

„Ich wußte nun auch, als Pionier habe ich die Pflicht, den Feinden des sozialistischen Staates die kalte Schulter zu zeigen. Wachsam gegen feindliche Hetze und Propaganda sollte ich auch sein. Nun gut, sagte ich mir, dann wirst du eben ein wachsamer Pionier! Mit achtzehn war ich Leiter eines Kollektivs der sozialistischen Arbeit!"

verbrachten wir damit, über das, was uns nun erwarten würde, zu sprechen. Zwischen meine Liege und das Bett von Klaus stellten wird den Tisch. Keiner von uns hatte die Absicht, sich irgendwie weiter zu nähern.

Der nächste Tag brachte dann auch das große Donnerwetter. Kaum war ich zum Spätdienst erschienen, mußte ich mich bei der Kaderleitung melden. Mein Vormund vom Jugendamt saß da. Natürlich war meine Zimmerwirtin gleich am Morgen zum Jugendamt gelaufen und hatte erzählt, ich als Minderjährige würde einen Herrn bei mir haben. Der Kaderleiter ließ sich die ganze Situation erklären. Dann sagte er gelassen: „In knapp acht Wochen wird Fräulein Moebius 18 Jahre. Lohnt es sich, jetzt noch massiv alles zu unterbinden?" Aber mein Vormund deutete mir an, es ginge nicht allein um dieses Zusammenwohnen. Das Gesetz verbiete es nun einmal, daß Minderjährige fremde und ältere Herren in den Zimmern oder Wohnungen aufnehmen. Er hatte die Befürchtung, ich könnte schwanger sein. Klar und deutlich sagte ich dem Kaderleiter und auch dem Vormund, ich sei weder schwanger noch habe ich die Absicht zu heiraten. Meine Arbeit, bei der ich mich doch recht wohl fühle, ginge mir vor. So kamen wir zum Ergebnis, das Fernmeldeamt und das Jugendamt würden sich dafür einsetzen, daß ich ein anderes Zimmer bekäme.

Welches Verhältnis hatte ich zu Klaus? War es eine oberflächliche Bekanntschaft oder eine echte Zuneigung? Das Wort Liebe stand nicht zur Debatte. Wer sollte mich schon lieben? Was war eigentlich Liebe? Ich hatte sie nie kennengelernt. Bisher folgte ich immer nur treu dem Gesetz. Ich war ein Mensch, der auf der Welt war und nun leben mußte.

Wenige Tage später schenkte Klaus mir einen silbernen Ring. Der erste Ring in meinem Leben: „Damit sich keiner über uns aufregen kann, verloben wir uns eben." Von unserer Verlobung erfuhr niemand etwas. Durch einen Zufall bemerkte im Betrieb eine Kollegin den Ring an meiner Hand. In der Pause nahm sie mich zur Seite und sagte: „Du hast das Vernünftigste getan, was du nur tun konntest." Auch andere freuten sich.

Mit Sorge beobachtete ich Klaus. Sein Vater hatte ihm das Haus verboten. Er hing sehr an seiner Mutter. Immer dann, wenn der Vater nicht zu Hause war, traf er sich mit der Mutter vor der Tür. Bald gab es aber Nachbarn, die seinem Vater diese Treffen berichteten. Nun durfte die Mutter nicht mehr mit ihrem Sohn sprechen.

Durch die Deutsche Post erhielt ich einen Besichtigungsschein für eine Wohnung. Mein Kaderleiter hatte vermutlich ein bißchen Dampf bei der Suche und Vergabe einer Wohnung gemacht. Klaus und ich sahen uns in der Immermannstraße 6 die Wohnung an. Wir hatten einen richtigen „Palast" zugewiesen bekommen. Stube, Kammer, Küche, ein kleiner Flur und eine Innentoilette. Allein die Innentoilette war eine Errungenschaft.

Jetzt, wo für uns die Welt in Ordnung war — wir hatten auch inzwischen geheiratet —, konnten wir uns in den Alltag stürzen. Nach Recht und Gesetz waren wir Eheleute, und die Zukunft lag vor uns. Natürlich machte ich am Anfang der Ehe nicht alles so, wie es sich mein Mann wünschte. Von seinen Eltern her kannte er manches anders als ich. Hinzu kam die Trennung meines Mannes von seinen Eltern. Gerade die Mutter konnte er nicht entbehren. Wenn es Essen gab, sagte er: „Meine Mutter kocht dies anders." Oder bei der Wäsche: „Meine Mutter bügelt ein Hemd anders." An manchen Tagen verfluchte ich die Ehe. Bis zu dem Zeitpunkt, als ich ein Schreiben aus Berlin erhielt: „Auf Grund Ihres Gesuches und nach gründlicher Prüfung sind wir zu dem Ergebnis gekommen, die lebenslängliche Zuchthausstrafe Ihrer Mutter in eine zeitlich begrenzte Strafe von 15 Jahren umzuwandeln." Ich rechnete: Die 15 Jahre waren Ende 1962 um. Nur noch wenige Monate und ich würde eine Mutter haben. Um dem Staat meine Dankbarkeit für die Begnadigung zu zeigen, riß ich mich um ehrenamtliche Arbeiten im Betrieb und im Wohnbezirk. Klaus wurde in seinem Betrieb als Aktivist ausgezeichnet, worauf er und ich sehr stolz waren. Ein Hobby hatten wir nun auch. In der Nähe unserer Wohnung pachteten wir einen kleinen Garten. Auch in der Gartenkolonie beteiligten wir uns grundsätzlich an dem kulturellen Leben. Gartenfeste planten wir mit und führten sie durch. Regelmäßig gaben wir schon im ersten Jahr 1961 Obst für die Bevölkerung ab.

Ende Mai 1961 erfuhr ich bei einer Betriebsuntersuchung, daß ich ein Kind erwartete. Wie häufig, so rief mich mein Mann auch an diesem Tag im Betrieb an. Er wußte von den Reihenuntersuchungen und wollte sich erkundigen, wie das Ergebnis war. War es nun Freude oder nicht, er antwortete nur: „Wir sprechen heute abend darüber!" Den ganzen Arbeitstag hindurch konnte ich mich nicht konzentrieren. Ausgerechnet an diesem Tag saß ich am Interzonenplatz. Zwischen der Bundesrepublik und der DDR gab es nur unter schweren Bedingungen Telefonkontakt. Zwei oder drei Tage Wartezeit waren keine Seltenheit. Die Sprechzeit wurde grundsätzlich auf drei Minuten beschränkt. Ich, in meiner Zerfahrenheit an diesem Tag, achtete nicht immer

Schüler bei einem Mai-Aufmarsch in Ost-Berlin 1961
Die Begeisterung ist begrenzt.

auf die Gesprächsminuten. Außerdem machte ich Fehler in den vorgeschriebenen Sätzen. Mit Kolleginnen aus der Bundesrepublik durften nur wenige, gezielte Worte gesprochen werden. Natürlich merkte ich nichts von meinen Fehlern. Erst als ich abgelöst wurde und in die Abteilung Überwachung geschickt wurde, staunte ich nicht schlecht, als mir ein Tonband vorgespielt wurde. Alles, was ich an diesem Tag gesagt hatte, vor allem aber, was die Teilnehmer gesagt hatten, war aufgezeichnet. Natürlich stellte ich sofort fest, welche Sätze ich nicht nach Vorschrift gesagt hatte. Mehr als entschuldigen konnte ich mich nicht. Im Wiederholungsfalle werde mir der Leistungslohn gestrichen, sagte mir die Überwachung.

Nach Feierabend holte mich mein Mann von der Arbeit ab. Jetzt wußte ich genau, er freute sich auf das Kind. Vor allen anderen, die Feierabend machten, nahm er mich in seine Arme und drückte mich, so daß mir fast die Luft wegblieb. Ich selber konnte es noch gar nicht fassen. Ich wollte doch eine Mutter haben, nun sollte ich selbst Mutter werden!

Am 13. August 1961 war im Fernamt der Interzonenplatz nicht besetzt. In äußerst dringenden Fällen konnten wir die Bundesrepublik über das Fernamt Leipzig bekommen. Welcher Fall dringend war, entschied der Abteilungsleiter. Allen anderen Fernsprechteilnehmern, die ein Interzonengespräch haben wollten, mußte ich sagen, zur Zeit gebe es Störungen im Fernsprechnetz. Was darauf an Antworten kam, ist nun wirklich nicht zu wiederholen.

Ich hatte an diesem Tag Teilschicht. Früh ein paar Stunden und am Nachmittag ein paar Stunden. In der Freizeit ging ich ins HO-Warenhaus, um ein paar Einkäufe zu machen. Überall auf den Straßen standen Menschen in kleinen Gruppen und diskutierten. In Ost-Berlin sollte eine totale Absperrung zum West-Berliner Stadtteil durchgeführt worden sein. Ich kannte viele Kolleginnen und Nachbarn, die regelmäßig durch das Brandenburger Tor nach West-Berlin fuhren, um dort einzukaufen. In Versammlungen und Dienstbesprechungen wurden wir immer darauf verwiesen, solche Fahrten zu unterlassen.

Nach Feierabend kam, völlig aufgelöst, eine Nachbarin zu uns. Ihr Mann war zwei Tage zuvor zu Angehörigen nach West-Berlin gefahren. Sie hatte Angst. Immerhin schwirrten die tollsten Gerüchte unter der Bevölkerung umher.

So vergingen einige Tage, bis auch ich das ganze Ausmaß dessen zu erkennen glaubte, was zwischen Ost und West geschehen war. Die Regierung der DDR wollte in Zukunft eine Massenflucht ihrer Bürger verhindern. Viele, die regelmäßig in West-Berlin gearbeitet hatten, mußten Hausdurchsuchungen über sich ergehen lassen. In einer Belegschaftsversammlung hielt der Parteisekretär eine große Rede. Er sprach vom Frieden in der DDR. Von Menschen, die den Staat sabotierten, indem sie ihre Arbeitskraft den Feinden des Sozialismus zur Verfügung stellten. Gemeint waren damit die Pendler, die in Ost-Berlin oder Umgebung wohnten, aber jeden Tag in West-Berlin arbeiteten. Was diese Leute an Geld verdienten, erfuhr auch jeder. Ich muß gestehen, ich hatte für diesen Mauerbau Verständnis. Auch deshalb, weil viele Akademiker sich in der DDR ausbilden ließen und dann in den Westen abwanderten, um dort ein neues Leben beginnen zu können. Viele wollten studieren und bekamen keinen Studienplatz. Die, die einen hatten, flohen nicht selten in den Westen. Mich ärgerte das. Ich wäre ja auch lieber weiter zur Schule gegangen, aber es war abgelehnt worden.

Eine junge Kollegin mußte sich bei dieser Versammlung verantworten, weil sie in West-Berlin einen Pelzmantel gekauft hatte. Diesen letzten Besuch in West-Berlin hatte sie ausgerechnet zwischen dem 12. und 13. August gemacht. So hatte die Polizei sie festgenommen, und nach ihrer Freilassung mußte sie sich vor uns verantworten. Wir als Kolleginnen und Kollegen sollten eine Strafe beschließen. Das war so gut wie unmöglich. Zum einen war die junge Frau bereits kurze Zeit in Haft. Dann hatte ihr die Polizei den Pelzmantel abgenommen. Was sollte denn nun noch für eine Strafe kommen?

Das Ergebnis war, die junge Frau mußte ein Monatsgehalt Strafe zahlen. Eine dreifache Bestrafung also. In diesem Fall wurde ich ein wenig nachdenklich. Immerhin äußerten sich einige Kolleginnen, vor allem junge, wenn sie die Gelegenheit gehabt hätten, würden sie auch so etwas tun. Der Parteisekretär hatte mit einem solchen Echo nicht gerechnet. Volle Unterstützung hatte er nicht einmal bei allen Mitgliedern der Freien Deutschen Jugend gefunden.

Am Olvenstedter Platz im Möbellager häuften sich die Gegenstände aus den Haushalten. Ich erkannte daran, die Welle der Menschen, die in die Bundesrepublik flohen, nahm trotz Mauer und Stacheldraht in den ersten zwei Monaten noch zu. Auch ein Kollege meines Mannes kam eines Abends zu uns in die Wohnung. Er lebte von seiner Frau getrennt und sollte zwei Tage später eine Haftstrafe antreten. Gegen irgendein Gesetz hatte er verstoßen. Da zog er es vor, bei Nacht und Nebel mit seinem siebenjährigen Sohn zu fliehen. Er schaffte die Flucht noch, denn er schrieb uns eine Karte, daß er gut angekommen sei. Mein Mann und ich lebten wie bisher, sparsam und friedlich. Es gab keinen Grund, aus dem vorgeschriebenen Rahmen zu fallen.

Im Oktober mußten wir aus unserer Wohnung in der Immermannstraße 6 ausziehen. Die Räume baute die Stadt zu einem Haushaltwarengeschäft aus. Nur ein paar Häuser weiter, in der Immermannstraße 14, bekamen wir eine neue Wohnung. Diesmal im Hinterhaus, und die Toilette war auf dem Flur. Zwei Mieter mußten sie sich teilen. Trotz der Verschlechterung hatte diese Wohnung einen Vorteil. Wir wohnten genau über einer Backstube. So hatten wir den ganzen Winter hindurch eine schöne warme Wohnung. HO-Kohlen brauchten wir nicht zu kaufen. Wir kamen mit den Kohlen aus, die es auf der Kohlenkarte gab.

Mitte Dezember bekam ich den vom Staat verfügten Mutterschaftsurlaub. Zu Weihnachten hatten wir alles zusammen, was man für ein Kind braucht.

Am 21. Januar 1962 wurde unsere Tochter geboren. Es war eine schwere Entbindung. Lange lag ich noch im Krankenhaus und 'bekam Blutkonserven. Von der Krankenkasse erhielt ich 14 Tage länger bezahlten Schwangerschaftsurlaub. So konnte ich mich ärztlich behandeln lassen und erholte mich auch wieder.

Mein Mann verwöhnte uns, wo er konnte. Er selbst nahm seine Tochter im Kinderwagen überall mit, ob er nun einkaufen ging oder einen Kollegen besuchte. Anita war sein ganzer Stolz. Auch sein Chef mußte die Kleine bewundern.

DRITTE ABTEILUNG

Es klingelte des Morgens
kurz vor sechs

Der 25. Februar 1962 war ein sehr schöner Wintertag. Mein Mann und ich waren im Garten gewesen. Anita lag warm verpackt in ihrem Kinderwagen. Die Luft war herrlich. Auf dem Rückweg, kurz vor unserer Haustür, hatte sich allerdings ein Unfall ereignet. Erst als wir näher kamen, sahen wir: Hier hatte ein Auto einen Mopedfahrer angefahren. Der Mopedfahrer war bereits mit dem Krankenwagen in die Klinik gebracht worden. Die Polizei war auch zur Stelle. Auf den ersten Blick war nichts Ungewöhnliches an der Sache.

Ein Ehepaar stand mit seinem Sohn bei der Polizei. Die üblichen Angaben wurden zu Protokoll genommen. Immer öfter kamen Beschimpfungen gegen dieses Ehepaar aus den Reihen der Neugierigen, die meinten, das Auto sei rücksichtslos gefahren. Eine ältere Frau erklärte lautstark: „Wir sind doch nicht im Westen, die Straßen müssen vor solchen Autos geschützt werden!" Mein Mann und ich konnten jetzt erst erkennen, daß es sich um ein Fahrzeug aus der Bundesrepublik handelte. Weil wir nicht so recht begriffen, warum die Leute, die hier zusahen, schimpften, tat mir das Ehepaar leid. Auch mein Mann ärgerte sich über die unhöflichen Magdeburger. Hier stand ein Ehepaar ohne zu wissen, wie es sich in der fremden Umgebung verhalten sollte.

Verletzt war keiner der beiden. Lediglich einige kleine Prellungen und Hautanschürfungen. Wir warteten, bis die Polizei und ein Teil der Leute verschwunden waren. Als der Abschleppdienst kam und das Auto mitnahm, fragten wir das Ehepaar, ob wir helfen könnten. Sichtlich verunsichert sahen sie uns an. Wir zeigten auf das Haus, in dem wir wohnten. In unserer Wohnung ließen wir dem Ehepaar erst einmal eine Weile Zeit, zur Ruhe zu kommen. Viel erzählten sie nicht. Ganz offensichtlich standen sie noch unter dem Schock. Vielleicht aber waren wir ihnen auch zu fremd. Wir erfuhren lediglich, daß sie in Löderburg bei Staßfurt zu Besuch gewesen waren und nun die Heimreise nach Bremen antreten wollten.

Mein Mann setzte sich mit den Angehörigen bei Staßfurt in Verbindung. In Löderburg konnte er keinen erreichen, also benachrichtigte er die Angehörigen im Betrieb. Leicht war es nicht, denn telefonisch gab es eine längere Wartezeit. Hinterher waren wir aber sicher, die Angehörigen würden sich weiter um das Auto kümmern und Kontakt zu ihrem Besuch aufnehmen. Herr und Frau Kerber, so nannte sich das Ehepaar, bestanden darauf, noch am selben Tag in die Bundesrepublik zurückzufahren. Sie baten uns, ihnen zu helfen, die günstigste Zugverbindung nach Bremen herauszufinden. Auch das tat mein Mann. Ich mußte mich ja um meine Tochter kümmern und auch um den kleinen Sohn der Familie Kerber. Dieser schien sich überhaupt nicht beruhigen zu können. Ärztliche Hilfe wollte keiner, also halfen wir eben, so gut es möglich war. Noch am Abend fuhr die Familie zurück in die Bundesrepublik. Adressen tauschten wir nicht aus.

Vier Tage nach diesem Unfall klingelte es morgens kurz vor sechs Uhr an unserer Wohnungstür. Ich war ständig auf dem Sprung, denn eine Nachbarin war kurz vor der Entbindung. So lief ich schnell vom Schlafzimmer durchs Wohnzimmer in die Küche. Kaum war die Tür offen, stellte ein Mann seinen Fuß zwischen Tür und Rahmen. Er zeigte mir einen Dienstausweis. Ich trat zur Seite, und in die Wohnküche kamen fünf Beamte. Mit den Worten: „Wir sind vom Ministerium für Staatssicherheit und wollen zu Ihrem Mann", drängten sie mich zurück an den Herd. Ich war derart erschrocken, daß ich überhaupt nichts sagen konnte. Erst als mich einer dieser SSD-Männer energisch fragte, wo sich mein Mann befinde, reagierte ich. Ich zitterte und dies für alle sichtbar. Ich erklärte, mein Mann läge noch im Bett und schlafe.

Sofort liefen zwei ins Schlafzimmer. Ich wollte hinterher, wurde aber zurückgehalten. Doch konnte ich sehen, wie meinem Mann die Bettdecke weggezogen wurde. Einer der Männer schrie: „Los, raus aus dem Bett und mitkommen!" Mein Mann war noch gar nicht richtig wach. Er suchte vor dem Bett seine Schuhe, dabei standen sie genau vor seiner Nase. Bleich war sein Gesicht, als er über seinen Schlafanzug einen Trainingsanzug zog. Total verwirrt wurde er von zwei Beamten an mir vorbei aus der Wohnung gebracht.

Drei blieben in der Wohnung. In dem völligen Durcheinander, der panischen Angst und dem Gefühl, nichts Unrechtes getan zu haben, ließ ich sie ohne Haussuchungsbefehl die Wohnung durchsuchen. Wie die Wilden warfen sie Kleidungsstücke aus dem Schrank. Das Geschirr wurde Stück für Stück genau vorgenommen. In jede Dose und jeden Topf wurde hineingesehen. Einer der SSD-Männer holte aus dem Haus zwei Nachbarn, die als Zeugen anwesend sein mußten. Die Durchsuchung setzten sie auf dem Boden und im Keller fort. Immer wieder erklärte man mir, in unserer Wohnung befinde sich ein Funkgerät. Ich wußte von keinem Funkgerät, lediglich ein altes Radio besaßen wir. Von einem der Beamten wurde es angestellt. So oft es möglich war, hörten wir den Soldatensender*, der immer schöne Musik und Informationen brachte. Wütend schrie mich der Beamte an, das Hören dieses Senders sei doch verboten. Ich war sprachlos. Niemand hatte mir bisher dies gesagt.

Die Hausdurchsuchung dauerte fast fünf Stunden. Überall in der Wohnung war es kalt. Ich hatte in der Frühe noch nicht den Ofen geheizt. Fenster und Türen ließen die SSD-Männer offen, als sei es Hochsommer. Meine Tochter lag in ihrem Kinderbett im Wohnzimmer. So gut es möglich war, versorgte ich sie bei dem totalen Durcheinander. Dann fuhren die Beamten mit mir in den Garten. Auch dort durchwühlten sie jede Ecke der Laube und der Kaninchenställe. Außer ein paar Briefen von meiner Mutter und dem Schriftwechsel mit der Regierung konnten die Beamten nichts mitnehmen.

Vom Garten aus hatte man mich wieder nach Hause gebracht. Ein Protokoll mußte ich unterschreiben, in dem alles aufgeführt wurde, was beschlagnahmt worden war. Einer der Beamten sagte zwischen Tür und Angel: „Wenn Ihr Mann in 24 Stunden nicht wieder zu Hause ist, fragen Sie beim Staatsanwalt nach!"

Nun stand ich in meiner Wohnung und wußte nicht, was ich zuerst tun sollte. Die Schränke waren noch offen, und alles lag wild durcheinander. Die Mittagszeit war herangekommen. Für meine Tochter hatte ich noch keinen Tropfen Milch geholt. Obwohl sie erst ein paar Wochen alt war, mußte ich sie zusätzlich mit Kindernahrung versorgen. Das Stillen allein reichte nicht. Ausgerechnet fand die Hausdurchsuchung in einer Zeit statt, in

---

* Ein bei Magdeburg stehender Sender („Soldatensender 0/35", „Deutscher Soldatensender"), der sich getarnt an die Angehörigen der Bundeswehr wendete und allabendlich auch Jazzmusik brachte.

der es kaum Milch und Fleisch gab. Fleisch benötigte ich jetzt nicht. Viel wichtiger war die Milch.

In all meiner Not und Verwirrung lief ich mit meiner Tochter zu meinen Schwiegereltern. Bisher hatten sie sich geweigert, mit uns zu sprechen. Mein Schwiegervater war auf der Arbeit. Meine Schwiegermutter sah mich entsetzt an, als ich ihr gleich vor der Tür erklärte, ihren Sohn habe die Staatssicherheit verhaftet. Milch hatte meine Schwiegermutter auch nicht. Aber einer ihrer Jungen besorgte Milch.

Als ich meine Tochter für den weiteren Tag versorgt wußte, gab ich mir die größte Mühe, meine Schwiegermutter in ihrer Ablehnung gegen uns umzustimmen. Sie und auch ich waren im Moment nicht in der Lage, alles, was zwischen uns stand, zu klären. So legte ich meine Tochter in den Kinderwagen, nahm die Milch, bedankte mich und verließ die Wohnung.

Übelkeit setzte bei mir ein. Ich hatte noch nichts gegessen an diesem Tag. Nach Hause konnte ich noch nicht. Der Chef meines Mannes, ein Glasermeister in der Arndtstraße, wartete sicher. Er war es nicht gewöhnt, daß mein Mann fehlte. Ich lief dort hin. Im stillen hoffte ich, jetzt eine Erklärung für alles zu finden. Die Glaserei war noch ein Privatgeschäft. Schon als ich auf den Hof kam, lief mir die Meisterin entgegen: „Was ist passiert?" Den Kinderwagen schoben wir in die Werkstatt. Dort konnte ich mich an den Ofen stellen und mich wärmen. Hastig und ohne eine Pause einzulegen erzählte ich alles, was vorgefallen war. Der Meister und seine Frau standen genauso vor einem Rätsel wie ich. Nichts war auf der Arbeit vorgefallen, auch von seiten der Kunden gab es keinerlei Beschwerden. Mit viel Liebe bereitete mir die Meisterin etwas zu essen. Der Meister versprach mir, sich am Abend noch mal bei mir sehen zu lassen. So fuhr ich mit meiner Tochter nach Hause. Hier war noch immer der Ofen kalt. Wenn ich nicht die Tochter gehabt hätte, ich hätte keinen Finger gerührt. Draußen war es bereits dunkel, und ich hatte Angst.

Plötzlich klingelte es. In der Annahme, die Staatssicherheit kommt wieder, ließ ich mir Zeit. Es war kurz vor sieben. Als ich die Tür öffnete, stand mein Mann vor mir. Schnee an den Schuhen und völlig durchgefroren fiel er mir um den Hals. Kein Wort kam über seine Lippen, er weinte wie ein kleines Kind.

Lange brauchte mein Mann, bis er die ersten Worte sagte. Sie galten nur dem fünf Kilometer langen Weg quer über den Acker von Magdeburg-Neustadt nach Stadtfeld. Noch immer war er so leicht bekleidet wie am Morgen, als er abgeholt worden war. So schnell es ging, füllte ich die Babywanne mit heißem Wasser. Die nasse und schmutzige Kleidung zog mein Mann aus. Ich nahm Wäsche aus dem Schrank und brachte sie in die Küche. Gerade wollte ich ein wenig kaltes Wasser in die Wanne füllen, da erschrak ich. Mein Mann hatte Blutergüsse an Armen und Beinen. Auf dem Rücken waren tiefe Striemen. Mein Mann schwieg.

Langsam wurde mein Mann ruhiger. Dann erzählte er, ihm und auch mir werde vorgeworfen, Kontakt zu fremden Bundesbürgern gehabt zu haben. Wir hätten Agententätigkeit betrieben.

Um meinem Mann die „Agententätigkeit" nachweisen zu können, sollte er zu einem Geständnis gezwungen werden. Schließlich mißhandelten die Beamten des SSD meinen Mann. Aber es gab nichts zu gestehen. So mußten sie ihn freilassen. Zuvor bekam er ein Schreiben vorgelegt, in dem er sich mit Unterschrift zum Schweigen verpflichten mußte. Wenn er zum Arzt gehen würde, sollte er angeben, er sei vom Rad gefallen.

Ich begriff die Welt nicht mehr. Seit meiner frühesten Kindheit hatte ich Hochachtung vor diesem Staat. Von ihm war ich erzogen und ernährt worden. In der Schule, in der Lehre und später bei der Arbeit hatte ich doch oft genug bewiesen, wie dankbar ich war. Auch mein Mann hatte bisher sein Bestes gegeben. Noch immer glaubte ich, hier liege ein Irrtum vor.

Ich war froh, als mein Mann sich hinlegte und einschlief. In dieser Nacht lief mein bisheriges Leben an mir vorbei. Ich sagte mir, so hart der Eingriff in unsere Familie von seiten der Staatssicherheit auch war und ist, nichts ist wertvoller als in der Ehe Freud und Leid zu teilen.

Am kommenden Morgen sah die Welt ein bißchen besser aus. Die Wunden waren zwar nicht weg, weder die körperlichen noch die seelischen, aber wir waren uns einig, daß mein Mann zum Arzt gehen müsse. Unser Hausarzt, Jude und über viele Jahre hindurch verfolgt, untersuchte ihn gründlich. Als mein Mann sagte, er sei vom Fahrrad gefallen, wußte der Arzt Bescheid. Für einige Wochen schrieb er ihn krank. Zu der Erkrankung meines Mannes kam noch eine Lungenentzündung bei meiner Tochter. Sie hatte sich bei der Hausdurchsuchung erkältet.

Dies alles ließ bei mir zum erstenmal Zweifel aufkommen, daß ich in einem freiheitlichen und sozialistischen Staat lebte. Mir und meinem Mann kam erstmalig der Gedanke, diesem Staat den Rücken zu kehren. Niemand von uns wollte verstehen und schon gar nicht begreifen, daß unsere Art von Hilfsbereitschaft Fremden gegenüber solche Folgen haben könnte.

Im Sommer 1962 war meine Tochter schon so an die Nachtruhe gewöhnt, daß wir es uns leisten konnten, einmal im Monat ins Kino gehen zu können. Wir brauchten keine Angst zu haben, ihr würde etwas passieren. An einem Juni-Abend waren wir also im Kino. Als wir nach Hause kamen, fanden wir einen Zettel an der Tür: „Bin in der Löwenschenke oder Friesenhalle", Unterschrift „Mutti". Zuerst dachten wir an einen groben Scherz. Noch überlegten wir, was wir tun sollten, als unser Nachbar erschien: In der Löwenschenke oder Friesenhalle würde ich erwartet. Beide lagen nur wenige Häuser von uns entfernt. Ich lief die Treppen hinunter auf die Straße: zuerst in die Löwenschenke. Niemand war da. Dann rannte ich um die Ecke und riß die Tür zur Friesenhalle auf. Vor lauter Zigarettenrauch konnte ich kaum etwas erkennen. Die Gaststätte war voll. Ich suchte nach einer Frau, die ich nur dreimal in Häftlingskleidung gesehen hatte. Da fiel mir jemand um den Hals, und wie aus weiter Ferne hörte ich die Worte: „Ich warte hier schon zwei Stunden auf dich!" In ziviler Kleidung, den Gesichtsausdruck etwas lockerer als damals, stand meine Mutter vor mir. Plötzlich konnte ich mich nicht mehr freuen. Ich sagte und dachte nichts. Mein Mann drückte meiner Mutter die Hand, nahm ihre kleine Reisetasche. Zusammen gingen wir nach Hause.

Da war sie nun, die Mutter, auf die ich so lange gewartet hatte. 14 Jahre und sechs Monate hatte sie in Haft gesessen. Bis in den frühen Morgen hinein blieben wir im Wohnzimmer beisammen und sprachen miteinander. Warum sie so hart bestraft worden war, erzählte sie nicht. Sie wollte völlig neu beginnen. In Hoheneck hatte sie in der Schneiderei gearbeitet. Als sie erfahren hatte, ihre lebenslange Haft sei auf eine zeitliche Strafe gemildert worden, hatte sie etwas gespart.

Alles, was ich tun konnte, tat ich für sie. Gemeinsam erledigten wir die ersten Wege, und ich zeigte ihr die Stadt. Auch unseren Garten zeigten wir ihr. Vier Tage war sie in unserer Wohnung. Gemeinsam schmiedeten wir Pläne. Aber als ich eines Mittags vom Einkaufen kam, war meine Mutter verschwunden. Weil sie auf Bewährung entlassen worden war, wandte ich mich an die Staatsanwaltschaft in Magdeburg. Sie konnte doch nicht so mir nichts, dir nichts verschwinden. Die Staatsanwaltschaft forschte nach und fand sie bei einer Frau in Sudenburg, mit der sie eine Weile zusammen in Haft gewesen war. Ich war zutiefst erschüttert. Später erfuhr ich im Rat der Stadt, meine Mutter habe schriftlich erklärt, sie habe keine Tochter in Magdeburg.

Sie hatten ihr schnell die Ausreise in den Westen gegeben, nachdem sie einen Mann von dort kennengelernt hatte.

Der Kontakt zu der Familie meines Mannes wurde zusehends besser. So kamen wir nach Monaten des inneren Kampfes zu dem Ergebnis, doch in der DDR zu bleiben. Die Eltern und Geschwister meines Mannes lebten in Magdeburg, und wir dachten auch an die Zukunft unserer Tochter. Ein wichtiger Punkt war auch, wir konnten uns nichts unter einem Leben in der Bundesrepublik vorstellen. Wer weiß, was uns da erwarten würde!

Meine Arbeit im Fernmeldeamt gab ich auf, um die nächsten zweieinhalb Jahre nur für die Tochter und meinen Mann dazusein. Finanziell konnten wir uns das im Grunde gar nicht leisten, aber ich wollte meine kleine Tochter nicht schon so früh in die Krippe bringen müssen.

Mein Mann bekam jede Woche 80 Mark Lohn als Abschlagszahlung. Einmal im Monat gab es eine Restzahlung von 120 bis 140 Mark. Mit Kindergeld hatten wir im Monat etwa 500 Mark. Als Kostgeld nahm ich 50 Mark in der Woche. Alles andere war für Miete, Strom, Kleidung und Wäsche. Es war wenig bei einem Verdiener, aber wir schafften es.

Meine Tochter war fast drei Jahre alt, da bekam ich vorzeitig einen Kindergartenplatz. Für etwa 18 Mark im Monat wurde sie dort betreut und mit Milch und Mittagessen versorgt.

Als Telefonistin wollte ich nicht wieder arbeiten. Die Arbeit hatte mir zwar Freude bereitet und ich war völlig ausgelastet, aber der Dienst war mehr als ungünstig. So suchte ich mir in der Nähe unserer Wohnung einen Arbeitsplatz in einem chemischen Betrieb. Dort in der Produktion mußte ich zwar auch in drei Schichten arbeiten, aber der Weg war nicht so weit. In diesem Betrieb wurden Poroplastartikel hergestellt, zum Beispiel Bade- und Fußmatten. Ich mußte zwar während der ganzen Schicht stehen, aber daran gewöhnte ich mich.

Zweieinhalb Jahre war ich zu Hause gewesen. Außer aus den Zeitungen und dem Rundfunk hatte ich nicht viel über das Leben draußen erfahren. Jetzt mußte ich mich wieder voll auf meine Arbeit konzentrieren. Die Gesellschaft forderte meine volle Arbeitskraft.

Verhältnismäßig schnell lebte ich mich in dem Kollektiv ein. Früh-, Spät- und Nachtdienst im Wechsel waren auch nicht neu für mich. Vier Jahre blieb ich in diesem Betrieb. Ich ließ mich zum Vertrauensmann der Gewerkschaft wählen, tat die Arbeit aber nicht — wie erwartet wurde — im Sinne der Betriebsleitung. Als Vertrauensmann der Gewerkschaft hatte ich nur eines im Sinn: die Rechte der Arbeiter. Viel zu oft stellte ich fest, die Planerfüllung wurde am grünen Tisch beschlossen. Keiner der Genossen von der Partei fragte danach, ob die Planerfüllung überhaupt möglich sei.

Um die Produktionsergebnisse zu erhöhen, führte die Betriebsleitung erst Wochen-, später Monatsprämien ein. Sobald der Plan hundertprozentig erfüllt war, bekam jedes Kollektiv eine Prämie. Wenn's ums Geld geht, arbeitet jeder flink. Nur, die Maschinen konnten mit Geld nichts anfangen. Sie zeigten Verschleiß, und es kam zu stundenlangen Arbeits- und großen Produktionsausfällen. Oft gab es keine Ersatzteile, so daß ganze Schichten den Hof fegen oder das Lager aufräumen mußten. Die Schuldigen aber waren wir. Uns wurde vorgeworfen, nicht sorgfältig genug mit dem Material umzugehen.

Auf Grund eines Gesetzes entfielen wenig später die Monatsprämien. Der Staat führte die Jahresendprämie ein. Wer ein ganzes Jahr gearbeitet hatte, ohne wesentlich krank gewesen zu sein, bekam eine höhere Prämie als zusätzlichen Lohn. Voraussetzung allerdings war, der Plan mußte in allen Abteilungen erfüllt worden sein.

Mit dieser Jahresendprämie trieben die Parteileitung und auch die Betriebsleitung ein böses Spiel. Im Frühjahr 1967 übertraf die Auszahlung dieser Prämie alle Formen der Ungerechtigkeit. Durch einen Zufall sah ich bei einer Gewerkschaftsversammlung die Liste mit Namen für die Jahresendprämie. Zwei-, dreimal mußte ich hinsehen, ehe ich wußte, daß ich richtig gelesen hatte. Die Sekretärin des Betriebsleiters hatte sage und schreibe 950 Mark Prämie bekommen. Ich fragte die Betriebsgewerkschaftsleitung, ob die Angaben auf der Liste stimmten. Mehr als ja konnte mir nicht geantwortet werden. Es sei ein Beschluß der Betriebsleitung, abgesprochen mit der Parteileitung. Dieser Sache wollte ich auf den Grund gehen. Die Parteisekretärin, die für uns zuständig war, nahm sich meiner Beschwerde an. Das Ergebnis kam in einer Versammlung zur Sprache. Unser sauer verdientes Geld ging ins Büro des Betriebsleiters und seiner Sekretärin. Eine ganze Anbauküche konnte sich die Sekretärin für das Geld kaufen. Wir in der Produktion aber bekamen wie immer nur 150 Mark.

Die Unruhe in den Kollektiven war groß. Jeder wollte, daß diese Schweinerei ein Ende hat. Natürlich wollte ich etwas tun, nur, innerhalb des Betriebes kam ich nicht weiter. Da steckte die

Leitung unter einer Decke. An die Gewerkschaft IG Chemie wollte ich mich auch nicht wenden, ich zweifelte an deren echter Hilfsbereitschaft. So setzte ich mich eines Abends zu Hause hin und schrieb an die Gewerkschaftszeitung „Tribüne" in Berlin. Jetzt wollte ich mal sehen, wie frei diese Zeitung ist.

Es vergingen fast vier Wochen, nichts geschah. Doch dann in der Frühschicht kam ein Anruf aus Berlin. Eine Journalistin der „Tribüne" meldete sich zu einer Betriebsbesichtigung an. Das traf die Betriebsleitung wie ein Hammer. Die Kolleginnen allerdings versprachen sich nicht viel von dem Besuch.

Der Tag näherte sich und die Journalistin kam in den Betrieb. Ich erhielt die Genehmigung, im Speisesaal mit dieser Frau zu sprechen. Nie zuvor hatte ich bisher die Möglichkeit gehabt, meine Meinung so offen sagen zu dürfen.

Als Gewerkschaftsmitglieder redeten wir uns sofort per Du an. Wir sprachen über die Arbeit, die Produktionspläne und das eigentliche Thema, die Prämien. Anschließend besichtigte die Journalistin den Betrieb, hörte sich die Meinung einiger Kolleginnen an und befragte auch unsere Parteisekretärin. Eine für diesen Staat recht ungewöhnliche Journalistin, dachte ich bei mir. Aber ob sie auch ihre Eindrücke wiedergeben darf?

Es vergingen einige Tage. Da erschienen einige Herren in flotten Anzügen. Mit Schlips und mit dem Parteiabzeichen auf dem Revers liefen sie durch die Halle. Freundlich wurde jede Kollegin begrüßt. Keiner kannte diese überhöflichen Herren.

Ich stand an der Gütekontrolle und prüfte den Ausschuß, den unsere Schicht produziert hatte. Was zu retten war, wollte ich retten. Doch schon stand einer der Herren vor mir und sagte: „Na, Frau Krüger, nun sind Sie und der ganze Betrieb in der gesamten Republik bekannt!"

Ich war mir nicht klar, was das heißen sollte. Eine Kollegin rief laut lachend: „Hast wohl noch keine Zeitungsschau gemacht?" Nein, das hatte ich allerdings noch nicht, obwohl das Lesen der Gewerkschaftszeitung für mich als „Vertrauensmann" zu meinen ersten Pflichten gehörte. Wie ein Blitz durchfuhr es mich: Was steht in der Zeitung? Es mußte etwas sehr Wichtiges sein. Ich setzte mich in Bewegung und ging ins Verwaltungsbüro. Wie immer: die Gewerkschaftszeitung lag in meinem Fach. Ich nahm sie heraus und wollte wieder gehen, da sagte eine junge Kollegin der Buchhaltung: „Gratuliere, das war ein Volltreffer!" Mit großen Buchstaben stand auf der ersten Seite als Überschrift: „Väterliches Wohlwollen statt Demokratie". Eine Karikatur fiel mir auch sofort ins Auge: Vor der Tür des Betriebsleiters stand das vom Fernsehen her bekannte Sandmännchen und blies sanft den Schlaf durch die Ritzen. Allein die Karikatur war schon Gold wert. Da stand auch deutlich mein Name: „Waltraud Krüger, Produktionsarbeiterin im VEB Bona-Werk Magdeburg berichtet . . .!" Dann folgte alles, was ich gegen die Betriebsleitung vorgebracht hatte. Ich steckte gelassen die Zeitung ein. Tatsächlich geschah zum Jahresende 1967 einiges: Der Betriebsleiter verlor seine Stellung, das VEB Bona-Werk wurde aufgelöst und dem Buckauer chemischen Betrieb VEB Härtol unterstellt.

Im September 1968 kam unsere Tochter in die Schule. Zeichnen, zählen bis zehn und Buchstaben hatte sie in der Vorschule gelernt. Nach einem Intelligenztest und einer ärztlichen Untersuchung kam der Tag der Einschulung, ein wichtiges Ereignis.

Jetzt galt es für mich, während der ersten Schuljahre hauptsächlich zu Hause zu sein. Der Lohn meines Mannes reichte aber bei weitem nicht aus, alle finanziellen Belastungen tragen zu können. Ich überlegte, was ich tun konnte, um meine Tochter betreuen zu können, aber gleichzeitig Geld zu verdienen. Nur untätig zu Hause sitzen, wollte ich auch nicht.

In der Abteilung „Arbeitskräftelenkung" beim Rat der Stadt gab es Arbeitsplätze mehr als genug. Nur war es schwierig, das Passende für mich zu finden. Das einzige für mich günstige Angebot kam aus dem VEB Lebensmittelkombinat Magdeburg. Hier wurden Frauen gesucht, die nur in Nachtschicht arbeiteten. Der Verdienst war nicht groß, aber durch die Nachtschichtzulage auch nicht schlecht.

In meinem alten Betrieb kündigte ich. In den Genuß der durch meinen Bericht an die Gewerkschaftszeitung erzielten Verbesserungen kam ich nun selbst nicht mehr. Die Kolleginnen erhielten mehr Geld und auch, je nach Länge ihrer Beschäftigungszeit, mehr Urlaub, „Treueurlaub". Wäre ich in diesem Betrieb geblieben, hätte ich jetzt an einem Lehrgang der Gewerkschaft teilnehmen können.

Mir ging aber meine Tochter vor. Sie sollte früh zur Schule gebracht und nach Ende des Unterrichts wieder abgeholt werden. Meine Arbeitszeit begann abends um acht und endete morgens um sechs.

Im Betrieb, der Abteilung Versand, wurden in der Nachtschicht Kuchen, Brötchen und Brot für die Geschäfte in Magdeburg und Umgebung zusammengestellt und verpackt. Eine schwere körperliche Arbeit. Bis fünf Uhr morgens mußten alle Bestellungen fertig sein. Dann kamen die Kraftfahrer, um die

Ware auszuliefern. Nicht selten kam ich total überarbeitet nach Hause. Kaum war ich dort, mußte ich meine Tochter für die Schule fertig machen und sie dort hinbringen. Wir wohnten nun ziemlich weit ab von der Schule, gut zwanzig Minuten. Die alte Wohnung hatten wir wegen der Nässe aufgeben müssen.

Mein Mann sah, daß ich mich völlig abwirtschaftete. Darum suchte auch er sich eine andere Arbeit, um für unsere Tochter mehr Freizeit zu haben. Er fand sie im VEB (St) Baureparaturen Magdeburg. Sein Bruder arbeitete dort als Ofensetzer. Nach einer Anlernzeit stellte die dortige Kaderabteilung meinen Mann sofort ein. Jetzt war er von morgens bis abends unterwegs, um Kachelöfen zu setzen. Zusätzlich reinigte er Öfen und führte kleinere Reparaturen aus. Dies geschah allerdings als Nebentätigkeit, wovon der Betrieb nichts erfahren durfte.

Nach und nach schafften wir uns ein gemütliches Zuhause. Selbst in Urlaub konnten wir fahren, ohne auf den Pfennig sehen zu müssen. Urlaub in einem der Ferienheime des Freien Deutschen Gewerkschaftsbundes bekamen wir wie alle nur jedes dritte oder vierte Jahr. Ein Urlaub im Ausland war nicht drin. Der war offensichtlich nur für die Obrigkeit und die Spitzenverdiener gedacht. Außerdem mußte jeder Auslandsurlaub von der Polizei genehmigt werden. Darum haben wir gar nicht erst den Versuch unternommen, nach Rumänien, Ungarn, in die Sowjetunion oder nach Bulgarien zu kommen. Nach Polen und die CSSR kamen wir in den ersten Jahren öfter.

In der Schule fand die erste Elternversammlung statt. Als zum Abschluß die Wahl des Elternaktivs anstand, tuschelte mein Mann mir zu, ich solle mich melden. Da hätte ich auch wieder eine gesellschaftliche Arbeit. Er hatte recht, die Mitarbeit im Elternaktiv wurde auch in den Betrieben als gesellschaftliche Tätigkeit anerkannt. Bei Versammlungen und Veranstaltungen gab es sogar eine Freistellung von der Arbeit. Im Lebensmittelkombinat hatte ich bisher außer der Teilnahme an kurzen Betriebsberatungen keinerlei gesellschaftliche Arbeiten verrichtet. Die Wahl war einfach. Wie in den Betrieben waren auch hier die Versammelten froh, so schnell wie möglich wieder nach Hause zu kommen. Ich wurde, gemeinsam mit weiteren fünf Frauen, Mitglied im Elternaktiv. Zwei Wochen später, auf der ersten Versammlung des Elternaktivs, wurde ich sogar zur Vorsitzenden gewählt. Die Wahl nahm ich an, ohne zu ahnen, was mich alles erwartete.

Gemeinsam mit der Lehrerin besuchte ich nach und nach jede Familie, deren Kind in unsere Klasse ging. Bei Eltern, die in

Leistung, Leistung über alles! — Sie sind so klein, daß einige bei der Mai-Demonstration, 1969 in Ost-Berlin, von den Erwachsenen noch an der Hand geleitet werden, aber eine Statistik über „Unsere Zensuren im 1. Halbjahr" trägt einer seiner Klasse schon voran.

der Partei waren, gab es kaum Schwierigkeiten. Diese konnten oft die Zeit nicht abwarten, bis ihr Kind ein „Ausgezeichneter Pionier" war und vor der Klasse gelobt wurde. Bei Eltern aus einfachen Verhältnissen stießen wir eher auf Widerstand. Wenn die gesamte Klasse ins Kino oder Theater gehen wollte oder mußte, bekamen wir von den ärmeren Familien zur Antwort: „Ja, wenn die Schule die Kosten trägt, dann ja, aber sonst nicht." Ich lernte Familien kennen, die sich entschieden gegen das Schulsystem auflehnten. Nicht selten spürte ich nicht nur Auflehnung gegen die Schule, sondern auch gegen den Staat.

Altpapier- und Flaschensammlungen waren die einfachste Form, Kinder zur Solidarität zu erziehen. Der Erlös dieser Sammlungen kam in die Klassenkasse, aber ein gewisser Betrag mußte für den „Freiheitskampf" in Vietnam abgeführt werden. Von Jahr zu Jahr wurden diese Beträge erhöht.

Was mich persönlich störte, war eine andere Art der „Erziehung". Generell sollten die Kinder zu Hause kein West-Fernsehen sehen. Auch den Erwachsenen war dies nicht erlaubt. Nur: diese hielten sich nicht daran. So mußte ich eines Tages eine harte Kritik einstecken.

Im Fernsehen aus der Bundesrepublik wurde die Sendung „Lieber Onkel Bill" gezeigt. Mein Mann und ich hielten sie für pädagogisch sehr gut. Unsere Tochter sah sie gemeinsam mit uns. Nun mußte ich eines Abends, wie immer vor der Arbeit, zur Elternaktivsitzung. Bereits im Flur der Schule kam die Lehrerin auf mich zu: „Frau Krüger, Ihre Tochter hat heute in der Schule erzählt, sie habe gestern abend die Sendung Lieber Onkel Bill gesehen. Ich sehe diese Sendung auch, unter uns gesagt. Nur, Anita darf darüber in der Schule nicht sprechen. Was sollen denn die Eltern der anderen Kinder sagen, wenn die davon erfahren?"

Innerlich kochte ich vor Wut. Ich wußte nur nicht ganz, wem diese Wut galt. Meiner Tochter, weil sie den Mund nicht halten konnte, oder der Lehrerin, weil sie so ein Wesen daraus machte? Anlaß genug war dieses Geschehen jedenfalls für die Lehrerin, im Elternaktiv über das West-Fernsehen zu sprechen. Als ich am Morgen nach Hause kam, nahm ich mir meine Tochter vor. In der Nachtschicht hatte ich mich jedoch ein bißchen abreagiert. So erklärte ich meiner Tochter lediglich sehr streng, wenn sie in der Schule erzähle, was wir im Fernsehen sehen, dürfe sie nicht mehr ins Wohnzimmer. Nie wieder gab es in diesem Punkt Schwierigkeiten. Aber was war an der Bundesrepublik und an deren Fernsehen so schlimm, daß es für die Kinder und Jugendlichen gefährlich werden konnte?

Trotz mancher Zweifel erledigte ich meine ehrenamtliche Tätigkeit als Vorsitzende des Elternaktivs zufriedenstellend. Pioniernachmittage bereitete ich mit vor und ging mit der Klasse als Begleitperson zum Schwimmunterricht, ins Theater oder lief bei Veranstaltungen des 1. Mai mit den Kindern mit. Dank und Anerkennung gab es nicht. Die Arbeit wurde als eine Selbstverständlichkeit angesehen. Schon die Kinder in der Unterstufe beobachteten sich untereinander. Wehe dem, das sich nicht an die Gebote der Pionierorganisation hielt. Ich war gezwungen, Meldung bei der Klassenleiterin zu machen, sobald ein Kind nicht die von ihm erwartete gesellschaftliche Leistung erfüllte.

Wenn die Klassenleiterin erkrankt war, übernahm ich ihre Vertretung. Der Unterricht durfte nicht ausfallen. Ich ärgerte mich, kaum eine der anderen Frauen im Elternaktiv tat mehr, als sie unbedingt mußte. So verlor ich langsam die Lust.

Die Nachtschicht wurde mir nun doch zuviel. Der wenige Schlaf und die zusätzlichen Aufgaben ließen sich nicht auf Dauer miteinander verbinden. Mein Mann bat mich dringend, am Tage arbeiten zu gehen.

Eine Kollegin gab mir den guten Rat, Maschine schreiben zu lernen. Ihrer Meinung nach wäre ich dann in der Lage, in einem Büro arbeiten zu können. Also wurde die Arbeit in der Schule zurückgestellt, und ich absolvierte einen Schreibmaschinenkurs.

Einige Zeit nach dem Abschluß dieses Kurses bei der Volkshochschule erhielt ich eine geeignete Tätigkeit. Unsere Tochter beendete die 4. Grundschulklasse und kam nun in die Oberstufe. Diese Gelegenheit wollte ich ausnutzen. In der 5. Klasse kamen die Fächer Geschichte, Russisch, Biologie hinzu. Auch gab die Unterstufenlehrerin die Klasse ab. Eine Oberstufenlehrerin sollte die Klasse übernehmen. Somit war es für uns günstig, nach einer anderen Wohnung Ausschau zu halten.

Wohnungen in Magdeburg und überhaupt in der DDR zu bekommen, gehörte zu den größten Schwierigkeiten, die es überhaupt gab. Viele Familien wohnten in Wohnungen, die noch die Spuren des Krieges zeigten. Kein Bad. Keine Toilette im Haus, sondern auf dem Hof. Dann Nässeschäden, wohin man auch sah.

Nach vielen Eingaben und fachmännischen Gutachten bekamen wir eine Wohnung in der Goethestraße zugewiesen. Aber auch diese Wohnung hatte es in sich. Kein Kachelofen, kein heiler Raum war vorhanden. Uns erklärte die Sachbearbeiterin bei der Wohnraumlenkung, der Betrieb meines Mannes habe diese Wohnung als Ausbauwohnung für Betriebsangehörige bekommen. Das bedeutete, der VEB (St) Magdeburg war gezwungen, aus betrieblichen Mitteln die Wohnung in Ordnung zu bringen.

Gleich nach dem Umzug fand ich eine interessante Arbeit. Im Bezirks-Hygiene-Institut Magdeburg wurde eine Sachbearbeiterin gesucht. Zugeteilt wurde ich der Abteilung Allgemeine und Kommunale Hygiene.

Das neue Aufgabengebiet war für mich Neuland. Ich bekam ein kleines Büro und konnte mir die anfallenden Arbeiten einteilen, wie es gerade nötig war. So gehörte es zu meinen Aufgaben, Pauschalverträge mit Firmen, Betrieben, Schulen, Krankenhäusern und Kindergärten über Trinkwasseruntersuchungen abzuschließen. Kontrollen über die Einhaltung der gesetzlichen Bestimmungen kamen hinzu.

Mein Abteilungsleiter, Dr. Hempel, arbeitete mich ein. Kurze Zeit später überließ er mir die anfallenden Entscheidungen selbst. Ich war völlig auf mich gestellt, zumal der Abteilungsleiter fast die ganze Woche hindurch auf Tagungen und Kongressen war. Durch diese selbständige und verantwortungsvolle Arbeit fand ich wieder ein bißchen mehr Vertrauen zum Staat.

Doch dann kamen im Jahr 1973 wieder andere Eindrücke auf mich zu. Jeden Monat landeten auf meinem Schreibtisch Rundschreiben, die an Ärzte und Apotheker gerichtet waren. Es handelte sich um Anordnungen des Ministeriums für Gesundheitswesen. Jetzt lautete eine Anweisung, bestimmte Medikamente nur an Ausländer und Bundesbürger zu verordnen beziehungsweise abzugeben. Es waren vorwiegend entzündungshemmende, fiebersenkende und schmerzstillende Mittel. Dabei gingen täglich Meldungen bei uns im Hygiene-Institut ein, daß die Grippewelle zunahm. Gerade 1973 war ein schlimmes Jahr. Es gab sogar Todesfälle. Teilweise kam die medizinische Versorgung völlig zum Erliegen.

In einer der monatlichen Versammlungen fragte ich vor allen Mitarbeitern unserer Abteilung, warum diese Verordnungen so beschlossen und ausgeführt werden. Ich fragte auch, weshalb im Krankenhaus die Betten ebenfalls vorrangig für Ausländer und Bundesbürger bereitgestellt werden. Meiner Meinung nach gehörte die DDR nicht in die Weltgesundheitsorganisation.

Von Kolleginnen meiner Abteilung, vor allem von den Laborkräften wurde ich kritisiert. Ich sehe die Sache nicht richtig. Das Ministerium für Gesundheitswesen würde schon wissen, warum es derartige Verordnungen für notwendig befand. Ich wurde plötzlich eine Art von Außenseiter in der Abteilung. Dabei wa-

74

ren die Laborkräfte sich untereinander sonst selten einig. Lediglich in den Versammlungen wollte jeder glänzen.

Nach dieser Versammlung hatte ich ein Gespräch unter vier Augen mit meinem Abteilungsleiter. Bisher waren wir recht gut miteinander ausgekommen. So sagte ich mir selbst, du hättest vielleicht ein bißchen vorsichtiger sein sollen.

Den ganzen Tag über ärgerte ich mich. Ich saß in meinem Büro und erledigte mit Müh und Not die Post. Immer wieder mußte ich an die Versammlung denken. Per Telefon wurde ich zum Direktor des Bezirks-Hygiene-Institutes, Dr. Thriene, bestellt. In Anwesenheit des Kaderleiters, der Vorsitzenden der Betriebs-Gewerkschaftsleitung und meines Abteilungsleiters stellte man mich zur Rede. Meinem Abteilungsleiter war die ganze Sache peinlich. Direktor Dr. Thriene warf mir vor, ich würde mit vertraulichen Dienstsachen in der Öffentlichkeit hausieren gehen. Das Wort „Öffentlichkeit" wies ich zurück. Immerhin hatte ich meine Fragen während einer Belegschaftsversammlung gestellt. Mir fehle das politische Bewußtsein, erklärte mir Dr. Thriene. Als mir dies an den Kopf geworfen wurde, war es mit meiner Beherrschung vorbei. Politisches Bewußtsein hatte ich seit der frühesten Kindheit besessen. Daß ich jetzt lügen sollte, nur um zu beweisen, wie „treu" ich zur Politik des Staates stehe, wollte ich nicht einsehen.

Nach Feierabend sprach ich mit meinem Mann. Mir war natürlich bewußt, daß er schon lange kein „treuer" Staatsdiener mehr war. Wie viele andere Menschen auch, tat er seine Arbeit so gut es ging. Sobald aber die Politik ins Spiel gebracht wurde, hielt er sich zurück.

Als ich ihm erklärte, ich verstehe einfach nicht, warum ich im Institut nicht die Wahrheit sagen dürfte, antwortete er: „Entweder du tust nur so dumm, oder du bist wirklich so dumm. Begreife endlich, in diesem Staat wird nach Wahrheit und Gerechtigkeit nicht gefragt!"

Der Tag kam, an dem ich meinem Institutsdirektor beweisen konnte, daß meine Kritik doch zu Recht bestand.

Über Wochen hindurch hatte ich Nierenbeschwerden. Fast wahnsinnig vor Schmerzen mußte ich immer öfter den ärztlichen Notdienst ins Haus rufen. So auch eines Nachts. Ein Urologe, der zum Bereitschaftsdienst eingeteilt war, wies mich in die Medizinische Akademie Magdeburg ein. Mitten in der Nacht brachte mich der Krankentransport in die Urologische Klinik. Der diensttuende Arzt untersuchte mich, gab mir eine Spritze,

Politische Parolen in einem Schaufenster vor der Volkskammerwahl 1967.
Nur wenige – wie die Krügers – fanden den Mut, ihre Teilnahme an solchen
scheindemokratischen Veranstaltungen zu verweigern.

erklärte aber: „Ein Bett habe ich nicht frei, es sei denn, Sie entscheiden sich, privat behandelt zu werden."

Meine Schmerzen ließen nach der Spritze etwas nach. So fragte ich weiter. Bisher wußte ich nur, die Krankenhäuser unterstehen dem Staat. Es ist ja ein staatliches Gesundheitswesen. Natürlich war mir bekannt, einige Professoren durften noch Privatpatienten behandeln, aber im großen und ganzen waren dies Einzelfälle. Wieder versuchte der Arzt mir klarzumachen, nur in einem Zimmer des Professors sei noch ein Bett frei.

In mir stieg die Wut hoch. Unwillkürlich fiel mir der Titel eines West-Filmes ein, den ich vor kurzem im Fernsehen gesehen hatte: „Weil du arm bist, mußt du früher sterben." Der Film wurde vom DDR-Fernsehen ausgestrahlt, damit jeder sehen könnte, wie schlecht es den Menschen in den kapitalistischen Ländern geht, sobald sie krank werden und kein Geld für den Arzt haben.

Kaum ging es mir gesundheitlich ein wenig besser, da meldete ich mich beim Institutsdirektor. Dr. Thriene, selbst Mediziner, hatte mit meinem Erscheinen nicht gerechnet. Das störte mich nicht. Mit wenigen Sätzen erklärte ich ihm, was ich im Krankenhaus erlebt hatte. Gelassen hörte er sich alles an. Als ich mit meinem Bericht zu Ende war, griff er zum Telefon und rief den Kreisarzt an. Zu gern hätte ich das Gespräch zwischen den beiden verfolgt, aber ich mußte für eine Weile das Zimmer verlassen. Kurze Zeit später rief mich Dr. Thriene wieder rein. Forschend sah er mich an und fragte: „Wollen Sie sich jetzt noch im Krankenhaus behandeln lassen?" „Von Wollen kann wohl keine Rede sein!" gab ich zur Antwort. „Mich ärgert nur wieder einmal, was so alles an Ungereimtheiten im Sozialismus geschehen kann." Weiter brauchte ich gar nichts zu sagen. Wütend stand Dr. Thriene auf, lief vom Schreibtisch zum Fenster, drehte sich wieder um und stellte sich drohend vor mich. Er sagte aber nur: „Ich glaube, Frau Krüger, eine Zusammenarbeit auf Dauer ist nicht mehr zu vertreten!"

Natürlich arbeitete ich vorerst weiter in meiner Abteilung. Ich sah fast täglich neue Widersprüche. Egal, ob es um das Gesundheitswesen im ganzen ging oder ob die Planerfüllung zur Debatte stand. Ja, auch bei der Bezirks-Hygiene gab es einen „Produktionsplan". Wir mußten mehr Geschäfte, Schulen, Kindergärten, Betriebe und Krankenhäuser besichtigen.

Dabei wurde ich, besonders in den Lebensmittelgeschäften, immer wieder mit den unmöglichsten Dingen konfrontiert. So durfte keine verdorbene Ware angeboten werden. Das stand in unseren Bestimmungen, aber in Wirklichkeit sah es anders aus. Gemüse war zum Teil schon verdorben oder angefault, bevor es in die Geschäfte kam. Meine Pflicht wäre es gewesen, diese Ware für den Verkauf nicht freizugeben. Ich tat auch meine Pflicht. Nur, dann beklagte sich der Geschäftsleiter beim Großhandel, der nichts anderes liefern konnte. Die Folge war einfach: Ein oder zwei Verkäuferinnen stellte das Geschäft zum Sortieren der Ware ab. Nur, wie sortiert wurde, entsprach allem anderen als der Hygiene. Oft stanken die Kartoffeln so, daß man schon beim Betreten des Ladens wußte, in welcher Ecke sie lagen.

Ich empfand, bedingt durch die Einblicke aus meiner Arbeit, immer mehr Ablehnung gegenüber dem Staat. Ich tat zwar meine Pflicht, sagte aber grundsätzlich jetzt offen meine Meinung. Das hatte Folgen.

Für die Sommerferien hatte ich mich um einen Ferienplatz beworben. Die Voraussetzungen dafür waren gegeben. Lange hatte ich keinen FDGB-Ferienplatz mehr gehabt, und ein schulpflichtiges Kind hatte ich auch. So bewarb ich mich um einen Platz an der Ostsee. Berücksichtigung fand ich nicht. Als Begründung gab die Vorsitzende der Betriebsgewerkschaftsleitung an, eine andere Kollegin sei gesellschaftlich aktiv. Ich zahlte ab sofort keinerlei Solidaritätsbeiträge mehr.

Auch dies hatte wieder Folgen. Es kam zwar kein Vorgesetzter und stellte mich zur Rede, aber ich bekam plötzlich keinerlei Einsicht mehr in die Akten mit den vertraulichen Dienstsachen. Wenn Versammlungen angesetzt wurden, stand ich auf der Liste derer, die Telefondienst machen mußten. So erfuhr ich immer weniger, was bei diesen Versammlungen besprochen wurde.

Auch nach vielen Monaten litt ich noch immer unter Nierenbeschwerden. In ärztlicher Behandlung war ich zwar, aber eine direkte Besserung trat nicht ein. Jetzt wollte mir Dr. Thriene beweisen, wie besorgt er um meine Gesundheit sei. In der Urologischen Klinik besorgte er mir ein Bett. Wenige Tage nach der Einweisung wurde ich operiert. Vier Monate später war eine zweite Operation notwendig. Im Institut schien man froh zu sein, daß ich eine Weile nicht am Arbeitsplatz war.

Als ich aus dem Krankenhaus kam und mich im Institut meldete, saß bereits eine andere Kollegin an meinem Schreibtisch. Aus gesundheitlichen Gründen könne ich die bisherige Arbeit nicht weitermachen, erklärte mir der Kaderleiter.

Mein Mann hatte mir oft gesagt, mein Verhalten würde Folgen haben. Er hatte recht gehabt. Gemeinsam wollten wir der

Realität ins Auge sehen. Jetzt bekam mein Mann Ärger in seinem Betrieb.

Ofensetzer und Hilfskräfte waren im VEB (St) Baureparaturen nicht genügend vorhanden. Die Arbeitsanforderungen nahmen zu. Auch die Planstellung stieg. Wie überall, gab es auch hier im Betrieb die monatlichen Versammlungen. Bei einer solchen Versammlung sagte mein Mann: ,,Der Betrieb ist ein Ausbeuter." Da der Betrieb dem Staat gehörte, bezog er dies auch auf den Staat. Auf die Frage, warum er so etwas sage, erklärte er die Zustände, die zur Zeit im Betrieb herrschten: Was vor einem Jahr noch 30 Ofensetzer schaffen mußten, sollten jetzt 18 Ofensetzer bewerkstelligen.

Als der Bruder meines Mannes — er arbeitete in derselben Abteilung — uns zu Hause besuchte, erfuhren wir, ein Kollege habe meinen Mann beim Staatssicherheitsdienst angezeigt. So war es auch. Bereits wenige Tage nach dieser Versammlung mußte mein Mann sich bei einem Herrn Fischer melden. Herr Fischer war ein Hauptmann des Staatssicherheitsdienstes, zuständig für den VEB (St) Baureparaturen. Mein Mann wurde vernommen und danach verwarnt. Erstmalig wieder seit dem Jahre 1962 wurde uns beiden mit einer Verhaftung gedroht.

Von diesem Tag an wußten wir, der Staatssicherheitsdienst hatte zwar über elf Jahre nichts gegen uns unternommen. Wir hatten auch versucht, so gut es ging, uns unterzuordnen. Aber nun ging es nicht mehr. Es war klar, jetzt würden wir auf der Schwarzen Liste stehen.

Im gemeinsamen Gespräch beschlossen wir, einen Antrag auf Aberkennung der Staatsbürgerschaft zu stellen. Gleichzeitig stellten wir den Antrag auf Ausreise aus der DDR. Diese Anträge richteten wir schriftlich an den Rat der Stadt Magdeburg, Abteilung Inneres.

VIERTE ABTEILUNG

Mir war es egal,
ob nun die Post mitgelesen wurde
oder nicht

Sechs Wochen nachdem wir den Antrag gestellt hatten, erhielten wir eine Vorladung zum Rat der Stadt. Als wir das Zimmer der Abteilung Inneres betraten, saß dort nur die Sachbearbeiterin Frau Wiesner. Sie bot uns weder einen Stuhl an noch
fragte sie uns, weshalb wir die Staatsbürgerschaft ablegen und
den Staat verlassen wollten. Ich hatte eigentlich gedacht, im Rat
der Stadt fühle man sich betroffen über einen Ausreiseantrag.
Aber da irrte ich mich. Hier gab es keinen Rat. Nur eine Drohung: Wenn wir weiter Ausreiseanträge stellten, bekämen wir
erhebliche Schwierigkeiten. Außerdem, so ergänzte die Sachbearbeiterin, sei unser Antrag abgelehnt.
Die Drohungen der Frau Wiesner nahmen wir nicht allzu
ernst. Schwierigkeiten zu bekommen, war ohnehin nicht schwer.
Ich schrieb für unsere Familie weitere Ausreiseanträge. Weil der
Rat der Stadt sich nicht wieder meldete, schrieb ich an den
Staatsrat der DDR, an den Ministerrat, an das ZK der SED und
an den Innenminister. Anfangs erhielt ich noch eine Bestätigung,
daß die Post eingegangen sei. Später reagierte keiner mehr.
Berlin war für uns zwar nicht unerreichbar, aber selbst zum
Staatsrat fahren wollten wir nicht. Es gab zwar Sprechstunden
dort, aber vorher mußte sich jeder anmelden. Wegen eines Ausreiseantrages hätte mit Sicherheit keiner von uns einen Termin
für ein Gespräch bekommen.
Alle Eingaben und Beschwerden, die nach Berlin kamen, wurden an den Bezirk zurückgeschickt. Also beschloß ich, mich an
den Rat des Bezirkes und an die SED-Kreisleitung zu wenden.
Überall bat ich schriftlich um die Ausreise aus der DDR. Von

DER RAT DER STADT MAGDEBURG

ABTEILUNG

Rat der Stadt Magdeburg
Gesundheits- und Sozialwesen

Der Rat der Stadt Magdeburg, 301 Magdeburg

Frau

Waltraud Krüger

3o1 Magdeburg
Goethestr. 43

L   ⌐

Ihr Zeichen   Ihre Nachricht vom   Unsere Zeichen   Datum

Betreff   26.6.1 74

Werte Frau Krüger !

Durch Ihre seit Wochen auffällige Verhaltensweise, ergab sich der Verdacht
auf das Vorliegen einer seelischen Störung.
Da Sie sich seit langem einer zweckmäßigen
ärztlichen Behandlung entziehen und damit
bewcisen haben, daß Sie Ihre Krankheitssituation nicht einschätzen können, werden
Sie hiermit gemäß § 6 Abs. 4 des Einweisungsgesetzes vom 11.6.1968 mit sofortiger Wirkung
in die Nervenklinik der MAM eingewiesen
und am 27.6.1974 in das BKH Uchtspringe eingewiesen.
Gegen diese Maßnahme steht Ihnen das Rechtsmittel der Beschwerde innerhalb von 8 Tagen
zu.Diese ist schriftlich bei mir einzureichen,
hat aber keine aufschiebende Wirkung.

Hochachtungsvoll

MedR. Zimmermann
Kreisarzt

Fernsprecher 988   Dienststunden
Domplatz 2-4
Haus 3, Zimmer 85.

Ein Dokument der Unmenschlichkeit: Waltraud Krüger erhält
vom Rat der Stadt Magdeburg die Mitteilung, daß sie zwangswei-
se „gemäß § 6 Abs. 4 des Einweisungsgesetzes vom 11.6.1968
mit sofortiger Wirkung" in eine Nervenklinik eingewiesen wird.

keiner Stelle erhielt ich eine Antwort. Keiner nahm uns ernst. Ich versuchte, zu den gewohnten Sprechzeiten in die SED-Kreisleitung zu kommen. Bis zur Sekretärin kam ich, aber weiter nicht. Kopfschüttelnd wies man mich ab, sobald ich mein Anliegen vorbrachte.

Ich muß einen ziemlich verwirrten Eindruck gemacht haben. Der Kreisarzt der Stadt Magdeburg schrieb eine Zwangseinweisung für die psychiatrische Klinik aus. Zwei Polizisten überbrachten mir folgendes Schreiben:

Werte Frau Krüger!
Durch Ihre seit Wochen auffällige Verhaltensweise ergab sich der Verdacht auf das Vorliegen einer seelischen Störung. Da Sie sich seit langem einer zweckmäßigen ärztlichen Behandlung entziehen und damit bewiesen haben, daß Sie Ihre Krankheitssituation nicht einschätzen können, werden Sie hiermit gemäß § 6 Abs. 4 des Einweisungsgesetzes vom 11. 6. 1968 mit sofortiger Wirkung in die Nervenklinik der MAM eingewiesen und am 27. 6. 1974 in das BKH Uchtspringe eingewiesen.

Gegen diese Maßnahme steht Ihnen das Rechtsmittel der Beschwerde innerhalb von 8 Tagen zu. Diese ist schriftlich bei mir einzureichen, hat aber keine aufschiebende Wirkung.

Hochachtungsvoll
MR. Dr. med. Zimmermann
Kreisarzt

Die Polizisten wollten mich gleich mitnehmen. Mit aller Gewalt versuchte mein Mann, mich zu hindern, ihren Anweisungen Folge zu leisten. Er und auch ich wußten wirklich nicht mehr, was wir denken und tun sollten. Erst als meinem Mann eine Strafe wegen Auflehnung gegen die Staatsgewalt angedroht wurde, ließ er mich aus der Wohnung. Ich wurde vor der Haustür in den bereitgestellten Krankenwagen geschoben.

Wenn die Nachbarn bis zu diesem Tag recht zurückhaltend waren, so änderte sich dies jetzt. Vorsichtige, aber gezielte Kritik mußten die beiden Polizisten von den umstehenden Leuten einstecken. Mir gab das Mut. Mein Mann rief mir zu, er werde sich sofort beschweren. Dann fuhr der Krankenwagen weg. Ich saß hinten im Auto, vorne zwei Fahrer. Der Beifahrer schob die Trennscheibe beiseite und fragte mich, was dieser „Zauber" sollte. Ich konnte ihm die Frage auch nicht beantworten. Den Brief vom Kreisarzt hatte der Fahrer. Interessiert las der Beifahrer ihn vor. Dann sagte einer: „Der Oberste da oben kann nicht einmal richtig schreiben. Nun gut, wir haben nichts gesagt."

In der Nervenklinik angekommen, erschien Oberarzt Dr. Rabending. Immer wieder dachte ich an den Satz: „Durch Ihr seit Wochen auffälliges Verhalten . . ." Während der Oberarzt mich beobachtete, zerbrach ich mir den Kopf, weshalb mein Verhalten so auffällig gewesen sei. Ich wollte es genau wissen, und zwar jetzt augenblicklich von diesem Arzt. Er hatte meinen Gedanken offensichtlich erraten, denn ohne daß ich die Frage zu stellen brauchte, sagte er: „Wer den sozialistischen Staat verlassen will, kann nervlich nicht gesund sein!"

Ich verhielt mich auf dieser Station ruhig. Der Zustand der Patienten war schlimm. Unter der Behandlung waren die Frauen zu Puppen geworden, mit denen man spielen konnte. Die Fenster waren vergittert, und trotz der Wärme in den Räumen durften diese Fenster nur von den Schwestern geöffnet werden. Gleich von der ersten Minute an versuchte ich, einen betont freundlichen Kontakt zu den Schwestern zu bekommen. Ich wollte wissen, was mit mir geschehen würde.

Von außen würde ich Hilfe nur durch meinen Mann bekommen. Auch wenn wir auf manchen Gebieten völlig verschieden waren, wenn es hart auf hart kam, konnte der eine sich auf den anderen verlassen. Und dies ohne große Reden. Der erste Besuch, den ich erhalten durfte, kam vier Tage nach meiner Einweisung. Es war später Nachmittag, dann kam mein Mann. Ich mußte furchtbar mit den Tränen kämpfen, und es gelang mir. Für zwei Stunden der Besuchszeit vergaß ich meine Umgebung. Mich interessierte, wie es unserer Tochter ginge und ob mein Mann mit allem im Haushalt klar käme. Sobald die aufsichtführende Schwester verschwunden war, erzählte mein Mann, was er in der Zwischenzeit alles unternommen hatte, um mich wieder nach Hause zu bekommen. Wir waren uns einig, sobald ich draußen wäre, ginge der Kampf um die Ausreise weiter.

Von einer Schwester erfuhr ich eines Nachts im Dienstzimmer, laut Gesetz könne ein Bürger bis zu sechs Wochen in einer psychiatrischen Klinik festgehalten werden. Kein Richter oder Staatsanwalt brauchte da einen Haftbefehl auszustellen.

Es ereignete sich nichts. Ich gammelte knappe drei Wochen auf dieser Station umher. Dann tauchte mein Mann auf und holte mich ab. Das geschah in einem Augenblick, in dem ich überhaupt nicht damit gerechnet hatte. Seine Proteste und Beschwerden hatten ihre Wirkung getan. Über einen Rechtsanwalt hatte er klagen wollen, eine Anzeige wegen Freiheitsberaubung hatte aber niemand angenommen. Aber trotzdem muß dann einer der Funktionäre meine Einweisung aufgehoben haben.

Ich war kaum zu Hause, da gab es den nächsten Ärger. Unsere Tochter Anita wurde von ihrer Klassenleiterin aufgefordert, vor der gesamten Klasse zu erklären, warum wir in die Bundesrepublik wollten. Mit ihren elf Jahren konnte sie aber keine Erklärung abgeben. Sie war unsere Tochter, und da war es doch die natürlichste Sache der Welt, daß sie zu uns gehörte. Diese Tatsache wollte aber die Schule nicht zur Kenntnis nehmen.

Die Frage der Klassenleiterin, warum unsere Tochter als Junger Pionier in ein kapitalistisches Land wollte, war absurd. Bedingt durch meinen Krankenhausaufenthalt hatte Anita das Angebot der Klassenleiterin angenommen, bei ihr zu Hause, unter ihrer Aufsicht, die Hausaufgaben zu machen. Das sollte aber nicht bedeuten, daß diese Lehrerin nun versuchen konnte, unsere Tochter von uns zu trennen.

Bisher hatte sich Anita recht gut in der Schule entwickelt. In ihrer Freizeit trieb sie Leistungssport. Leichtathletik. Dreimal in der Woche trainierte sie nach der Schule, und an den Wochenenden nahm sie an Wettkämpfen teil. Die Schule mußte für diesen zusätzlichen Sport ihre Zustimmung geben. Aber bisher hatte Anita die von ihr geforderten Leistungen, auch im Unterricht, gebracht. Jetzt sahen die Schule und auch der Trainer die ganze Sportsache mit anderen Augen. Plötzlich zählte auch die Haltung als Pionier. Ein Pionier durfte niemals das Verlangen haben, in den Westen gehen zu wollen. Auch dann nicht, wenn es die Eltern planten. Eine ganz einfache Lösung gab es da: Das Kind sollte sich gegen seine Eltern entscheiden. Mit Sicherheit, so erklärte die Klassenleiterin unserer Tochter, würden sich Menschen finden, die für sie „bessere" Eltern seien als wir.

Von Monat zu Monat spürten wir immer mehr, wie schwer es war, Anita zu überzeugen, daß es für uns keinen Ausweg mehr gab als nur den, diesen Staat zu verlassen. Natürlich stellte Anita uns immer wieder neue Fragen. So wollte sie wissen, ob wir es lieber sehen würden, wenn sie als unsere Tochter im Kapitalismus leben müsse. Das Wort „Kapitalismus" brachte mich auf die Palme. Da hämmerte man den Kindern in fast jeder Stunde ein, daß im anderen Teil Deutschlands nur Kapitalisten leben. Das Ergebnis sah man ja. Tauchte ein „West-Auto" auf den Straßen auf, dann saßen da drin die „bösen Kapitalisten". Von der Schule unter Druck gesetzt, versuchte Anita uns zu überreden, unsere Ausreiseanträge zurückzunehmen.

Absichtlich stellte ich das West-Fernsehen ein, sobald Anita im Wohnzimmer war. Von Kindersendungen angefangen, über Unterhaltungssendungen, bis hin zur Politik in der Bundesrepublik ließ ich Anita alles ansehen. Ich zwang sie nicht, aber ich erklärte ihr, mich würde diese oder jene Sendung interessieren. Wenn sie mitsehen möchte, könne sie bleiben, wenn nicht, müsse sie in ihr Zimmer gehen.

Ich kannte meine Tochter so gut, daß ich genau wußte, wenn sie etwas nicht wollte, würde sie es nicht tun. Also auch keinen West-Sender sehen. So nach und nach sah Anita alles mit, soweit es ihre Zeit zuließ. Ihr Lehrplan in der Schule verpflichtete sie, gewisse Sendungen des DDR-Fernsehens in voller Länge zu sehen. Meistens handelte es sich um Filme bekannter Schriftsteller, die gerade in der Schule besprochen wurden. Aber auch Sendungen für den Staatsbürgerkundeunterricht, für Geschichte, Physik, Chemie, Biologie und Russisch mußte sich jeder Schüler ansehen. Anita tat es wie vorgeschrieben. In der Schule konnte sie genau erklären, was sie gesehen hatte. Die Lehrer fragten Anita häufig, denn sie wollten wissen, ob sie nicht inzwischen eine West-Sendung gesehen hatte.

Ich war immer noch im Elternaktiv. Allerdings nicht mehr die Vorsitzende. Obwohl mich bisher die Eltern jedes Jahr wiedergewählt und die Klassenleiterin und auch der Direktor jedesmal ein klares Nein gesagt hatten. Noch wurde ich geduldet, brauchte aber nur noch wenig zu tun. So gab ich in meiner Wohnung Förderstunden. Dies für leistungsschwache Schüler.

Eines Tages erschien eine Schülerin und übergab mir einen Zettel ihrer Mutter. Darauf stand: „Ich kann es nicht mehr verantworten, daß mein Kind zu Ihnen in die Förderstunde kommt!" Die Abschrift dieses Zettels erhielt die Klassenleiterin. Nie hatte ich mit den Schülerinnen über Politik gesprochen. Aber jeder in der Klasse wußte, was für eine Familie wir waren. Zum Schluß, ehe ich aus dem Elternaktiv ausgeschlossen wurde, kamen nur noch zwei Schülerinnen zu mir.

Im Fach Staatsbürgerkunde war gerade das Thema „13. August 1961" dran. Anita kam nach Hause und erzählte, in der Schule habe sie erfahren, die Mauer hätte die Bundesrepublik gebaut. Als ich diesen Unsinn hörte, verlor ich meine Beherrschung. Anita erklärte ich knallhart, daß die DDR selber die Mauer gebaut habe. Ich erklärte ihr weiter, diese Mauer wurde gebaut, weil die Regierung Angst hatte, daß noch mehr Menschen in den Westen gehen würden als bisher. Ich sagte ihr auch, sobald sich jemand der Mauer nähere, schössen die Volksarmisten auf ihn. Anita wollte mir dies nicht glauben. Was der Lehrer sagt, muß doch stimmen, erklärte sie mir. Er darf ja nicht lügen, setzte sie fort. Ich wußte sehr wohl, daß dieser Lehrer log, und ich wollte es meiner Tochter beweisen, egal, was danach geschehen würde. So nahm ich ihr Heft, schrieb hinein, ich hätte gern einen Termin zur Aussprache mit dem Staatsbürgerkundelehrer.

Der Staatsbürgerkundelehrer wußte noch nicht, was ich eigentlich von ihm wollte. Vielleicht glaubte er, ich würde meine Ausreiseanträge zurücknehmen. Jedenfalls erschien er sehr schnell bei uns.

Schnell kamen wir zum eigentlichen Thema: dem Mauerbau. Ohne Hemmungen fragte ich den Staatsbürgerkundelehrer, ob er tatsächlich den Lehrstoff so vorgeschrieben bekäme, wie ihn im Augenblick die Schüler lernten. Betroffen sah er mich an. Ihm war es peinlich, daß keiner von uns Anita aus dem Zimmer geschickt hatte. Es war deutlich zu spüren, wie unsicher er war. Eine Weile dauerte es, bis er sich zu einer Antwort durchrang: „Ja, Ihnen kann ich es sagen, Sie haben recht." Wir fingen an, über diesen Mauerbau ausführlicher zu sprechen. Dabei war der Lehrer erstaunlicherweise offen. War er sich so sicher, daß wir nie mit jemandem über sein Geständnis sprechen würden? Bestimmt. Ich hatte einen der Menschen vor mir, die mit den Wölfen in diesem Staat heulten. Ein Lehrer, Mitglied der Partei, geschult vom Staatssicherheitsdienst und als linientreu eingestuft, machte uns gegenüber seinem Herzen Luft. Er müsse, so sagte er, den Schülern beibringen, daß die Mauer von der Bundesrepublik gebaut wurde.

Als Kind von Eltern, die einen Ausreiseantrag laufen haben, durfte Anita natürlich keine gute Note im Fach Staatsbürgerkunde bekommen. Eine Drei stand auf ihrem Zeugnis. Ohne das Gespräch zwischen dem Lehrer und uns wäre mit Sicherheit eine noch schlechtere Note herausgekommen.

Anita zeigte sich nun in der Schule selbstbewußter. Die Angst, sich für das verantworten zu müssen, was wir tun, verschwand bei ihr. Immer häufiger kamen Beschwerden von seiten der Schule, Anita arbeite in der Pionier-Organisation nicht mit. Wir waren darüber nicht traurig. Im Gegenteil. Bei einem Klassentadel oder einer Vorladung zur Elternsprechstunde zeigten wir uns gelassen. Grundsätzlich erfuhr Anita immer, wer was über sie gesagt hatte. Anita sollte das Gefühl haben, daß wir sie mit den Problemen in der Schule nicht allein ließen. Immerhin traf uns ja die „Schuld". Mir persönlich wurde von seiten der Lehrer immer wieder gesagt, ich sei als Mutter „schuldig". Meine

Tochter könne auf Grund meiner Haltung und der meines Mannes kein vollwertiger und zuverlässiger Mensch werden. Diesen Vorwurf hörte ich mir an, versuchte ihn abzuschütteln, doch gelungen ist mir dies am Anfang nicht.

Da kam es nicht selten zu der Überlegung, doch im Interesse unserer Tochter in diesem „sozialistischen" Staat zu bleiben. Diese Gedanken wurden Gott sei Dank immer wieder zerstreut. Schuld daran waren die staatlichen Organe selbst. Von Monat zu Monat wurden die Schikanen schlimmer.

In einer Nacht, 1975, bekam ich eine schwere Nierenkolik. Mein Mann rief den ärztlichen Notdienst an. Der Hausbesuch wurde von der Zentrale zwar angenommen, aber ein Arzt kam nicht. Stunde um Stunde verging. Ich wurde fast wahnsinnig vor Schmerzen. Gegen Morgen, die Schmerzen waren noch nicht besser geworden, verlangte mein Mann den diensthabenden Arzt. Nach einer längeren Debatte mit der Zentrale bekam er den Arzt ans Telefon. Auf die Frage, wann endlich der angemeldete Hausbesuch durchgeführt wird, bekam er zur Antwort: „Wer in den Westen will, soll sich auch da behandeln lassen."

Gleich am nächsten Morgen schrieben wir an den Bezirksarzt. Dieser schickte die Eingabe zuständigkeitshalber an den Kreisarzt der Stadt Magdeburg. Es vergingen Wochen. Wir erhielten nicht einmal einen Zwischenbescheid. So schrieben wir wieder an den Bezirksarzt. Erst nach vielen Telefonaten reagierte der Bezirksarzt mit einem Zwischenbescheid: Ihm sei nicht bekannt, warum der diensthabende Arzt in dieser bestimmten Nacht keinen Hausbesuch durchgeführt habe.

Bei der SED-Kreis- und Bezirksleitung reichten wir daraufhin neue Ausreiseanträge ein.

Zu Beginn des Jahres 1976 durfte mein Mann seinen Beruf als Glaser und als Ofensetzer nicht mehr ausüben. Er wurde zur Kaderabteilung bestellt. Ein „Gespräch" wurde mit ihm geführt. Mit viel Geschick versuchte der Betriebsleiter, der auch zugegen war, meinen Mann zu überreden, doch endlich die Ausreiseanträge zurückzunehmen. Wenn er dies tun würde, ließe der Betrieb auch mit sich reden. Der Parteisekretär versprach, sobald die Ausreiseanträge schriftlich zurückgenommen worden seien, bekämen wir auch wieder Ferienplätze. Mein Mann bekannte sich jedoch offen zu den Ausreiseanträgen. Als Grund gab er all das an, was wir erlebt hatten. So endete dieses Gespräch für meinen Mann mit erneuten Nachteilen. Er erhielt das Verbot, weiterhin

Rat des Bezirkes
Magdeburg

Gesundheits- und Sozialwesen
Mitglied des Rates u. Bezirksarzt

Rat des Bezirkes, 301 Magdeburg, Olvenstädter Straße 1-2.

Herrn
Klaus K r ü g e r

301 Magdeburg
Goethestr. 43

Ihr Zeichen	Ihre Nachricht vom	Unsere Zeichen	Datum
			24.4.1975

Betreff

Sehr geehrter Herr Krüger!

Ihren Brief vom 13.4.75 habe ich erhalten und den Kreisarzt beauf-
tragt zu überprüfen, aus welchen Gründen Herr Dr. Lange den
Hausbesuch bei Ihrer Frau in der Nacht vom 11. zum 12.4.75 verweigert hat. Über das Ergebnis der Überprüfung werde ich Sie unterrichten.

Mit sozialistischem Gruß!

MR Dr.med.G. Patz
Mitglied des Rates u. Bezirksarzt

Ein Schreiben von vielen: Nicht immer sind die DDR-Behörden bereit, wenigstens den Schein des bürokratischen Anstandes zu wahren.

auf Kundschaft zu gehen: Er würde den Kunden mit seinen negativen Ansichten über die DDR schaden. Dies würde, so meinte der Betriebsleiter, dem Ruf des Betriebes schaden. Das Verbot, weiter auf Kundschaft zu gehen, traf uns hart. Der Lohn meines Mannes war nicht groß. Solange er auf Kundschaft ging, hatte er zusätzlich Trinkgelder bekommen. Im Monat kam da doch allerhand zusammen. Außerdem fielen nun auch die Nebentätigkeiten weg. Bisher hatte mein Mann regelmäßig nach Feierabend Fenster verglast, Öfen gereinigt und repariert. Nun sollte das vorbei sein.

Sein neuer Arbeitsplatz war das Lager des Betriebes. Dort mußte er die bestellten Öfen zum Ausliefern zusammenstellen. Diese Arbeit war schon vom Lohn her schlecht.

Aus Ärger über diese Entscheidung der Betriebsleitung zahlte mein Mann keinerlei Solidaritätsbeiträge mehr. Im Betriebskollektivvertrag wurde jährlich einmal ein bestimmter Geldbetrag festgelegt, den alle Kollegen an Solidaritätsbeitrag zu zahlen hatten. Diesen Festsatz verweigerte mein Mann jetzt der Gewerkschaft. Gleichzeitig trat er aus der Gesellschaft für deutsch-sowjetische Freundschaft aus.

Für die Brigade, in der mein Mann arbeitete, hatte sein Entschluß Folgen. Alle Kollegen mußten um ihre zusätzlichen Prämien bangen. Es war eine Bedingung des Betriebes, daß zum Beispiel Jahresendprämien nur in voller Höhe gezahlt wurden, wenn alle Kollegen die geforderten Beiträge zahlten.

Überstunden und zusätzliche Arbeitsleistungen lehnte mein Mann ebenfalls ab. Er machte sich damit in seinem Betrieb zum totalen Außenseiter der Gesellschaft. So nannte es der Parteisekretär. Irgendwie lebten wir mit diesem Außenseiterdasein.

In unserem Haus in der Goethestraße lebte ein junges Ehepaar. Trotz der gegen uns geführten Hetze hatten wir uns mit den jungen Eheleuten gut verstanden. Dies sicher schon deshalb, weil auch sie nichts gegen die Bundesrepublik hatten und der Vater des jungen Mannes dort lebte. Oft saßen wir zusammen und sprachen über unsere Pläne. Durch sie erhielten wir die Anschrift von Herrn Löwenthal, der das ZDF-Magazin leitet. Mehrmals hatten wir seine Sendung gesehen. Wir wußten, er bemühte sich um die Bekanntgabe einzelner Schicksale aus der DDR, vorwiegend um inhaftierte Menschen. Als unsere Nachbarsfamilie Besuch aus der Bundesrepublik bekam, konnten wir einen Brief an Herrn Löwenthal aus der DDR rausschleusen. In aller Not ba-

ten wir ihn um Hilfe. Wir wünschten uns ebenfalls eine Bekanntgabe unseres Schicksals.

Als der Brief weg war, befiel uns ziemliche Angst. Weder
mein Mann noch ich wußten, wie zuverlässig dieser Bundesbürger war, der unseren Brief mitgenommen hatte. Jeden Tag sahen
wir in den Briefkasten, immer vergeblich. So ließen wir alle
Hoffnungen fahren. Schon suchten wir nach einem anderen
Weg, Kontakt zur Bundesrepublik zu bekommen. Da kam
endlich eine Antwort. Unter einer Deckadresse wurde uns
mitgeteilt, unser Schicksal könne nicht veröffentlicht werden,
da wir uns nicht in Haft befänden. Das war ein furchtbarer
Schock. Natürlich waren wir nicht in Haft, aber sollten wir nicht
auch das Recht haben, Hilfe zu finden? Wie frei waren wir denn
in den Augen des Herrn Löwenthal? Wir stellten immer häufiger fest, daß in den Sendungen des ZDF-Magazins Namen von
DDR-Bürgern genannt wurden, die vorwiegend aus der oberen
Schicht der Bevölkerung stammten. Ärzte, Wissenschaftler und
Künstler. So konnte der Eindruck entstehen, die Bundesrepublik
habe nur an Prominenten Interesse. Wir waren enttäuscht,
verbittert. Trotzdem wollten wir die Hoffnung nicht aufgeben.

Es vergingen viele Wochen, ohne daß sich nur das Geringste
tat. Nach wie vor schrieb ich Monat für Monat etwa zwanzig
Ausreiseanträge. In jedem Antrag stand immer das gleiche.
Irgendwann müßte unser Name diesen Leuten zuviel werden. Ich
entwickelte mich zur Nervensäge des Staates. Als wir erfuhren,
die DDR habe die Beschlüsse von Helsinki unterschrieben,
beriefen wir uns auf sie. Immerhin hatte auch die DDR unterschrieben, daß jeder sein Land frei und ungehindert verlassen
kann. Das schien nun doch eine Wirkung zu haben. Vom Rat der
Stadt Magdeburg erhielten wir nach langer Zeit mal wieder eine
Vorladung.

Gemeinsam mit meinem Mann fuhr ich zum angegebenen
Zeitpunkt zum Rat der Stadt, Abteilung Inneres. Die Sachbearbeiterin, Frau Wiesner, war uns ja bekannt. Im Zimmer 13 mußten wir uns melden. An der Tür stand: Abteilung für Fragen der
Staatsbürgerschaft. Unsere schriftliche Vorladung gaben wir ab
und warteten. Irgendwie war die Wartezeit spannend.

Der Stadtrat für Inneres empfing uns. Darüber waren wir
schon erstaunt. Frau Wiesner saß jetzt als Schreibkraft im
Raum. Ein Herr, der sich ganz offen als Mitarbeiter des Staatssicherheitsdienstes zu erkennen gab, beteuerte, er wolle lediglich
Zuhörer sein.

Der Stadtrat begann das Gespräch recht sachlich. Er wollte zunächst wissen, was uns den Anlaß gegeben habe, überhaupt einen Ausreiseantrag zu stellen. Mein Mann und ich gingen bis in das Jahr 1962 zurück. Dann schilderten wir alles, was uns an diesem sozialistischen System nicht gefiel. Während des Gespräches waren wir so gelockert, daß mir plötzlich die Worte Bevormundung und Unterdrückung über die Lippen kamen. Das hätte ich lieber vermeiden sollen, denn nun sprach nicht mehr der Stadtrat mit uns, sondern der Herr vom Staatssicherheitsdienst. „Was verstehen Sie unter Unterdrückung", fragte er mich. Sein Name war mir nicht bekannt. Sein Gesicht war ernst und streng. Ich spürte, er wollte mir Angst machen. Einen Augenblick antwortete ich nicht, sondern sah ihn genauso streng und ernst an. Dann sagte ich: „Was verstehen Sie unter Freiheit?"

Ich hatte kaum diese Frage gestellt, als plötzlich eine Faust auf den Schreibtisch knallte. „Sie spinnen wohl", schrie mich der Stasimensch an. Mein Mann gab mir einen Stoß in die Seite. Meine Zunge war wie schon so oft mit mir durchgegangen. Um die ganze Situation zu retten, stellte ich mich dumm: „Wieso? Sie haben mich gefragt, was ich unter Unterdrückung verstehe, ich habe Sie gefragt, was Sie unter Freiheit verstehen." Schließlich erklärte der Stasimann geziert höflich: „Wann und wie wir die Beschlüsse von Helsinki einhalten und bei wem, das bestimmen wir immer noch selber. Helsinki ist für unseren Staat eine Kann- und keine Mußbestimmung!"

Es dauerte eine Zeit, bis ich neue Kraft fand, weiter zu kämpfen. Ohne daß ich noch Hoffnung auf Hilfe hatte, sah ich eines Abends wieder einmal das ZDF-Magazin. Wieder wurden Namen von Häftlingen aus der DDR genannt, die in die Bundesrepublik wollten. Ich saß vor dem Fernseher und hätte heulen können. Alles schien mir für uns trostlos und ohne Zukunft zu sein. Kurz vor Ende der Sendung erklärte Löwenthal, auf Grund der vielen Briefe von ausreisewilligen DDR-Bürgern habe sich ein Verein in Lippstadt gebildet, der den Antragstellern helfen wolle. Die Anschrift wurde eingeblendet. Ich sprang von meinem Sessel hoch. Mein Mann griff zum Schrank und holte Papier und Bleistift. Ehe ich schreiben konnte, war die Adresse weg. Keiner von uns hatte sie sich gemerkt. Wir waren zu aufgeregt. Die Sendung war vorbei, aber wie durch ein Wunder wurde die Anschrift vom Verein „Hilferufe von drüben" noch einmal genannt. Jetzt war nur die Frage, wie kommt ein Brief dort hin? Es war für uns DDR-Bürger eine etwas ungewöhnliche und für den Staatssicherheitsdienst recht auffällige Anschrift. Briefe in die Bundesrepublik, die mit einer Postfachnummer versehen waren, unterlagen den Kontrollbestimmungen. Soviel wußten wir. Trotzdem, es mußte eine Möglichkeit geben. Seit dem Besuch des Vaters unseres Nachbarn hatten wir Briefkontakt. Die Frage war nur, würde er noch einmal einen Brief weiterleiten?

Es dauerte nicht lange, und wir erhielten eine Karte aus Dortmund. „Alles in Ordnung!" stand darauf. Ein gutes Zeichen. Der Brief war an die angegebene Adresse weitergeleitet worden. Jetzt hieß es nur noch abwarten. Aus Lippstadt kam eine Antwort. Eine Frau schrieb, soweit es möglich sei, werde man uns helfen. Nun war ich im Besitz einer Deckadresse. An diese Anschrift schrieb ich, so oft ich konnte. Nach und nach bekamen wir auch Briefe und Karten aus der Bundesrepublik. Eine Lehrerin im Schwarzwald hatte unsere Anschrift von einem Journalisten erhalten, der das Solschenizyn-Flugblatt verbreitet hatte. Der Name war uns nicht bekannt. So entstand ein reger Briefwechsel. Auch Anita hatte jetzt die Möglichkeit, eine Brieffreundin zu finden. Die Lehrerin aus dem Schwarzwald hatte das Thema DDR in ihrem Unterricht durchgenommen. Sie sprach wohl auch über uns, denn ein sehr netter Brief aus einer 8. Klasse erreichte uns. Alles schien wieder einen Sinn zu bekommen.

Anita mußte notgedrungen an den Jugendweihestunden in der Schule teilnehmen. Wir wehrten uns zwar, aber ihr das Leben noch schwerer zu machen, dies konnten und wollten wir nicht verantworten. Solange wir keine Aussicht auf eine Ausreise hatten, sollte sie ihr Leben so genießen, wie es erwartet wurde. Sie tat es auch.

Trotzdem mußte ich eines Tages in der Schule erscheinen, wo mir die Klassenleiterin mitteilte, sie und der Direktor legten mir nahe, aus dem Elternaktiv auszutreten. Ich nahm auch das hin, denn ohnehin hatte ich von diesem ungerechten sozialistischen Schulsystem die Nase voll. Als Eltern war man nur der Ernährer der Kinder. Der Staat übernahm die Erziehung. Da wurde über die Kinderarbeit in den kapitalistischen Ländern gesprochen, im eigenen Staat praktizierte man diese Kinderarbeit unter einem anderen Namen: Polytechnischer Unterricht. Das hörte sich vornehm an, aber im Grunde war es Kinderarbeit. Wir sahen zu, wenn unsere Tochter alle vierzehn Tage in die Magdeburger Brauerei- und Kellereimaschinenfabrik ging, um dort zu arbeiten. Andere Kinder der 7. und 9. Klasse mußten auf Baustellen oder in Landwirtschaftlichen Produktionsgenossenschaften arbeiten. Lohn gab es nicht, dafür aber Zensuren, die auf dem Zeugnis voll angerechnet wurden. Ich war froh, nichts mehr mit dem Elternaktiv zu tun haben zu müssen.

Mein Austritt aus dem Elternaktiv, der ein Rausschmiß war, brachte für meine Tochter verstärkt Druck gegen uns. Immer und immer wieder mußte sie zu Aussprachen nach dem Unterricht. Der Direktor und besonders die Klassenleiterin versuchten nun mit aller Gewalt, Anita von uns zu trennen. Es kam die Nachricht — Anita brachte sie von der Schule kurz vor den Osterferien mit —, ein Hauptmann Richter von der Volkspolizei sei bereit, sie zu adoptieren.

Ich hatte das Gefühl, den Verstand verlieren zu müssen. Mein eigenes Fleisch und Blut sollte mir weggenommen werden! Angeblich sei ich nicht in der Lage, mein Kind zu erziehen. Anita lernte gut, sie wußte aber genau, wegen der Ausreiseanträge könnte sie nie das Abitur machen. Ich ahnte, welchen inneren Kampf Anita durchmachte. Das Angebot, nach der Adoption ein Abitur machen zu können, war verlockend.

Gemeinsam mit meinem Mann ging ich zum Direktor. Ganz energisch verwahrten wir uns dagegen, daß die Schule oder gar die Polizei sich in unsere Erziehung einzumischen versuchten. Es war eine Unverschämtheit, was sich die Schulleitung ausgedacht hatte. Jeden Tag brachte Anita uns neue Angebote der Schule.

Um uns nicht ganz als Rabeneltern hinstellen zu lassen, bereiteten wir unserer Tochter eine sehr schöne Jugendweihefeier. Zuvor waren wir als Eltern ins Maxim-Gorki-Theater eingeladen, wo alle Schüler der 8. Klasse in die Reihe der Jugendlichen aufgenommen wurden. Nach dieser Feierstunde, die mit einem Gelöbnis zum Staat endete, gingen wir in eine Gaststätte, wo wir einen Tisch bestellt hatten. Der Tag war trotz aller Widrigkeiten gemütlich.

Am Abend — Anita ging spät ins Bett — nahm sie mich ganz fest an die Hand und zog mich in ihr Zimmer. Dort fiel sie mir um den Hals und weinte. Mein erster Gedanke war, du hast etwas falsch gemacht. Anita aber sagte: „Ich wollte kein Gelöbnis ablegen. Ich hatte mich nur so auf meinen neuen Rock und die Bluse sowie die Geschenke gefreut." Es war wie eine Beichte. Die bangen Wochen, in denen immer wieder versucht worden war, sie von uns zu trennen, waren zu Ende.

Anita hatte nun in der Schule keinerlei Möglichkeiten mehr, eine freie Berufswahl zu treffen. In der 9. Klasse mußten alle Schüler ihr Halbjahreszeugnis abschreiben lassen und sich in einem Betrieb um eine Lehrstelle bewerben. Anita bekam nur

Absagen. Schuld daran war die Schule. Jeder Betrieb zog Erkundigungen über den jeweiligen zukünftigen Lehrling ein. Über Anita kam immer wieder die Beurteilung an den Betrieb, die Eltern seien „Antragsteller" und das Kind habe sich nicht davon abbringen lassen, den Eltern zu folgen.

In der Bundesrepublik wurde jetzt auf unseren ausdrücklichen Wunsch hin im Fernsehen und in der Presse über unsere Familie berichtet. Wir bekamen immer mehr Briefe von uns völlig fremden Bundesbürgern. Jeden Brief, jede Karte beantwortete ich. Immer wieder schrieb ich, wieviel Ausreiseanträge in der Zwischenzeit gestellt worden und welchen Repressalien wir ausgesetzt waren.

Nach diesen Berichten im Fernsehen bekamen wir vermehrt Vorladungen zum Rat der Stadt. Eine immer wieder gestellte Frage war, wie es möglich sei, daß die Medien der Bundesrepublik über uns berichten konnten. Auskunft gaben wir nie.

Der Oberbürgermeister Dr. Nothe drohte uns jetzt mit scharfen Folgen. Aber diese Redensarten kannten wir ja. Im Grunde standen die Angestellten im Rat der Stadt uns hilflos gegenüber. Pünktlich erschienen wir zu den Vorladungen. Wir hörten uns an, welchen Schaden wir dem Staat zufügten, wenn wir über das Leben in der DDR berichten würden. Vor allem aber sei es eine strafbare Handlung: „staatsfeindliche Verbindungsaufnahme". Bei einer dieser Vorladungen äußerten wir, wir seien froh, daß man in der westlichen Öffentlichkeit über uns berichten würde. Wir wurden beschimpft, angebrüllt und aus dem Haus gewiesen. Noch hatten wir den Humor, die ganze Hilflosigkeit der Abteilung Inneres ins Lächerliche zu ziehen.

Es war wie verhext, der Tag kam, an dem wir die Hilfe der staatlichen Organe brauchten. In unserer Wohnung drohte der Fußboden einzustürzen. Der Kachelofen sackte ab, jeden Tag ein bißchen tiefer. Unsere Schrankwand mußte abgestützt werden, damit die Fächer nicht herausfielen. Die staatliche Bauaufsicht kam und sperrte die Wohnung.

Jetzt mußte der Rat der Stadt, Abteilung Wohnraumlenkung, wieder auf die schnelle eine Wohnung besorgen. Aber wie bei dieser Wohnungsknappheit? Als Staatsfeinde hatten wir keinen Anspruch auf Hilfe. Also begab ich mich zum Rat der Stadt, Abteilung Inneres: Wir benötigten die sofortige Erlaubnis zur Ausreise aus der DDR.

Die Gesichter des Herrn Kersten und der Frau Wiesner werde ich nie vergessen. Sie sahen mich an, als sei ich nicht mehr nor-

Oben: Heile sozialistische Welt: Thälmann-Pioniere gratulieren ihren älteren Mitschülern zur Jugendweihe 1980.
Unten: Fackelzug am Vorabend des 35. Jahrestages der Gründung der DDR 1984.

mal. Ich hatte gesagt: „Mir ist ja bekannt, nur im Kapitalismus gibt es Obdachlose, aber wenn bei uns jetzt nichts geschieht, müssen wir heute abend in einem Zelt auf dem Alten Markt verbringen." Das war nun doch zuviel. Herr Kersten nahm mich am Arm und versuchte mich aus dem Zimmer zu schieben. Aber in diesem Augenblick ging die Tür auf und mein Mann erschien. Er hatte sicher geahnt, daß ich die Gelegenheit nutzen würde, um die staatlichen Organe mit ihren eigenen Waffen zu schlagen. Herr Kersten ließ mich stehen und lief zum Telefon. Ein Pförtner sollte uns aus dem Haus begleiten. Wenn wir nicht gingen, so sagte er, hole er die Polizei. Aber den Triumph wollten wir ihm nicht gönnen. Das wäre eine Art von Unruhestiftung. Und man könnte es als Straftatbestand gegen uns auslegen. Es blieb uns gar nichts anderes übrig, als nach Hause zu gehen. Gereizt hatten wir ja die Behörden wieder einmal zur Genüge.

Wir wohnten nicht weit vom Hauptbahnhof entfernt. So blieb es nicht aus, daß uns auf dem Heimweg Dutzende von politischen Parolen auf Spruchbändern und Plakaten entgegenleuchteten. „Es lebe die feste Freundschaft mit der siegreichen Sowjetunion!" „Arbeiter, kämpft für noch höhere Einsatzbereitschaft in den Betrieben!" „Alles für das Wohl des Volkes, es lebe unser Genosse Honecker!"
Die Geschäfte waren so gut wie leer. Es gab keine Bettwäsche und keine Handtücher mehr. Die Lebensmittelversorgung wurde von Tag zu Tag schlechter. Trotzdem berichteten die Zeitungen immer wieder über Erfolge in der Planerfüllung. Widersprüche wo man ging und stand.
Zu Hause angekommen, schloß ich die Wohnungstür auf. Sofort steigerte sich meine Wut. Die mit Mühe zusammengesparten Möbel standen jetzt so, daß die jeden Augenblick umkippen konnten.
So gut es ging, verhinderten wir das Umkippen der Möbel. So konnte es aber nicht weitergehen. Gleich am nächsten Tag wollte ich wie schon so oft wieder eine Eingabe schreiben. Aber so weit kam es nicht. Ich stand mittags gerade in der Küche und bereitete das Essen zu. Es klingelte. Draußen standen zwei Mitarbeiterinnen der Abteilung Wohnraumlenkung. Schon an der Wohnzimmertür warnte ich, sie möchten nur mit aller Vorsicht eintreten. Da sahen sich die beiden doch recht erschrocken an. Die Dielen bogen sich unter ihren Füßen.
Was nun? Wir konnten ja nichts sagen, denn als einfachen Bürgern stand uns nicht das Recht zu, Vorschläge zu machen.

Der Staat mit all seinen Ämtern und Behörden nahm uns das Denken ab.

So standen wir eine gute Dreiviertelstunde im Flur, bis eine der Frauen sagte: „Es gibt noch eine einzige Wohnung, die wir Ihnen sofort anbieten können, allerdings müßten Sie dann Ihren Ausreiseantrag zurücknehmen!"

Da war also schon wieder diese verdammte Politik im Spiel. Deutlich gaben mein Mann und ich zurück, wir blieben bei diesen Ausreiseanträgen, selbst dann, wenn wir weiter so wohnen müßten wie bisher.

Es muß der Abteilung Wohnraumlenkung schwergefallen sein, nun doch eine Besichtigungskarte für eine Wohnung auszuschreiben. Schließlich erhielten wir eine vorgedruckte Karte, auf der stand, daß wir berechtigt seien, eine Wohnung in der Hans-Grundig-Straße im Neubaugebiet besichtigen zu können.

Nachdem die Frauen gegangen waren, aßen wir erst einmal zu Mittag. Danach zogen wir los. Gute dreißig Minuten fuhren wir mit der Straßenbahn in Richtung Berliner Chaussee. Als wir endlich an der Endstation angekommen waren, mußten wir noch ein Stück laufen. Ringsherum wurde gebaut. Hochhäuser mit zehn, ja mit sechzehn Etagen. Ein Ghetto! Alles war unfreundlich. Mein Mann riß mich aus meinen Gedanken: Wir standen vor der Tür Hans-Grundig-Straße 10.

Auf unserer Besichtigungskarte lasen wir einen Namen. Wir klingelten. Mit einem Summen ging die Haustür auf. Die Wohnung lag im fünften Stock. Wir stiegen die vielen Treppen hoch. Als wir oben angekommen waren, sagte ein Mann: „Sie hätten nicht zu laufen brauchen, es gibt einen Fahrstuhl!" So blöd konnten auch nur wir sein.

Die Wohnung war erst ein Jahr zuvor fertig geworden. Die Mieter mußten sie aufgeben, weil die Frau wegen einer Behinderung eine Parterrewohnung brauchte. Wir besichtigten alles sehr genau und es gefiel uns, entgegen allen Erwartungen. Es gab keine Ofenheizung, sondern Fernheizung! Tag und Nacht kam heißes Wasser aus der Leitung! Wir teilten der Wohnraumlenkung mit, wir zögen in die Wohnung ein.

Diese Zusage schien nun wieder Bedenken bei der Abteilung Inneres heraufbeschworen zu haben. Bis zum Umzug waren es noch gut vier Wochen. Der alte Mieter mußte erst einmal raus sein, damit wir rein konnten. Das wurde ausgenutzt. Bei einer Vorladung führten Herr Kersten und Frau Wiesner mit uns „ein Gespräch". Herr Kersten als Abteilungsleiter überschlug sich fast vor Freundlichkeit: Der Staat sei großzügig und biete uns sogar

Wohnhäuser in der Jacobstraße in Magdeburg, 1979.

eine Neubauwohnung! Da müßten wir uns doch erkenntlich zeigen!

Wir zogen kurze Zeit nach der Wohnungszuweisung um. Über Deckanschriften hatte ich die Zentrale von ,,Hilferufe von drüben" in Lippstadt von unserem Umzug in Kenntnis gesetzt. Das war rechtzeitig geschehen. Denn als ich am Umzugstag früh in die neue Wohnung gefahren war, um dort auf den Möbelwagen zu warten, entdeckte ich in unserem Briefkasten Post. Tage zuvor hatten wir schon unseren Namen an den Briefkasten geschrieben. Ich fand zwei Briefe, beide kamen von ,,Hilferufe von drüben". Oben in der Wohnung öffnete ich sie ziemlich aufgeregt. Ich sah in dem einen Umschlag das Original des Briefes, in dem anderen die Durchschrift. Der Absender hatte sich gedacht, doppelt hält besser.

Aus den Zeilen war klar zu lesen, wie sehr die Menschen in der Bundesrepublik inzwischen an unserem Schicksal teilnahmen. Ich freute mich. Aber gleichzeitig war ich in Sorge: War dieser Brief echt oder war er gestellt? Mir war bekannt, seit sich die Massenmedien in der Bundesrepublik für uns einsetzten, unterlagen wir einer besonderen Kontrolle des Staatssicherheitsdienstes. Da nun der Brief mit Schreibmaschine geschrieben war und auch noch einen Briefbogen mit Kopfanschrift hatte, wurde ich noch unsicherer. Beide Briefe sahen schon von außen zu sehr nach Amtspost aus.

Als wir nach zwei Tagen die Wohnung einigermaßen eingerichtet hatten, nahm ich meine Schreibmaschine. Ich schrieb so wie immer, wenn auch mit noch mehr Angst als zuvor. Ich schrieb auch, es sei eine Gefahr für alle, die in der DDR Hilfe aus der Bundesrepublik benötigten, wenn man sich der „Dienstpost" bediente. Jeder Brief in die DDR müßte mit einer Briefmarke, nicht mit einem Postalia-Stempel versehen sein, möglichst auch noch mit der Hand geschrieben. Dies sei die unauffälligste Möglichkeit, Kontakte aufrechterhalten zu können. Den Brief schickte ich als Einschreiben ab.

Dann kamen qualvolle Tage. Die Zeit verging und nichts geschah. Auch dies sprach dafür, daß die Stasi ihre Hand im Spiel hatte. Bei jedem Klingeln an der Wohnungstür schreckte ich zusammen. Sobald ich auf der Straße, in der Nähe unseres Hauses, einen Polizisten sah, bekam ich Angst. Aber es kamen keine Staatssicherheit und auch keine Polizei.

Aber nach gut vierzehn Tagen kam die erlösende Antwort aus Lippstadt, mein Brief sei eingegangen und Sorgen brauchte ich mir nicht zu machen. Der Brief war diesmal mit der Hand geschrieben und er war auch mit einer Briefmarke versehen.

Am meisten freute ich mich, als ein Schüler aus Frankfurt am Main uns einen Zeitungsausschnitt schickte, aus dem wir sehen konnten, wie über uns öffentlich in der Bundesrepublik berichtet wurde. Täglich nahmen die Sendungen zu, die uns aus der Bundesrepublik erreichten. Viele Menschen ermutigten uns, nicht aufzugeben.

In dem Hochhaus, in dem wir nun wohnten, hatten wir nicht gerade uns freundliche Nachbarn. Der Hausvertrauensmann war ein Kriminalbeamter. Sein Vertreter war Parteisekretär in einem Magdeburger Großbetrieb. Neubauwohnungen werden vorwiegend an Bestarbeiter, Aktivisten und gute Parteigenossen vergeben. Wir waren durch einen ziemlich unglücklichen Umstand in dieses Haus geraten und paßten nur schlecht in diese sogenannte Hausgemeinschaft.

Bereits zum 7. Oktober, dem Gründungstag der DDR, bekamen wir die erste Rüge vom Hausvertrauensmann. Unsere Wohnungsfenster gingen zur Straße raus. Mit einem leichten Schmunzeln sahen wir an unserem Haus empor. Überall hingen fein säuberlich und einheitlich die roten und die schwarzrotgoldenen Fahnen mit Ährenkranz. Nur bei uns nicht. So eckten wir zum erstenmal an. Immerhin wurde ja das am besten geschmückte Haus ausgezeichnet. Unseretwegen fiel dies ins Wasser.

Anita hatte in der Zwischenzeit ihre Lehre bei der Deutschen Post angefangen. Sie hatte zuvor in der Schule den Abschluß der zehnten Klasse gemacht. Weiter ging es nicht, denn zum Abitur war sie nicht zugelassen worden. Nicht wegen ihrer Leistungen, sondern weil sie „politisch nicht tragbar" wäre. Wenn sie sich von uns lossagte, würde man ihr von staatlicher Seite her auch großzügige Hilfe anbieten.

Jetzt bei der Wahl des Berufes mußte sie wieder spüren, daß ihre Eltern schuld daran trügen, daß sie nicht frei ihren Beruf wählen könnte. Immer und überall kam es auf die politische Einstellung des Bewerbers an. Dabei wurden die Einstellungen der Eltern zum Staat fast mehr bewertet als beim jugendlichen Bewerber. Zu gern wäre Anita Kindergärtnerin oder Krankenschwester geworden. Aber auch dazu war sie „nicht geeignet". Schneiderin durfte sie ebenfalls nicht werden. Es gebe dafür zu viele Bewerber, hieß es.

Da es unmöglich wurde, eine geeignete Lehrstelle zu finden, schickten wir Anita zur Berufsberatung. Von dort erhielt sie eine Lehrstelle bei der Deutschen Post. Lehrstellen bei der Post und bei der Bahn wurden nur an die Jugendlichen vergeben, die sonst nirgendwo eine Lehrstelle gefunden hatten. Diese Arbeiten waren die am schlechtesten bezahlten überhaupt. Hinzu kam der Schichtdienst. Anita nahm die Lehrstelle ohne Murren an. Wir wußten, hätte sie sie abgelehnt, wäre sie ohne Arbeit geblieben, und dies wiederum würde heißen, sie sei asozial. Damit wäre der Straftatbestand für die Behörden gegeben. Wir redeten Anita gut zu, die Lehre, so gut es ging, zu absolvieren.

Dann kam der Tag, an dem sich Anita mit einem Mitschüler in der Berufsschule anfreundete. Wir machten uns ein bißchen Sorgen. Ein Freund und eine feste Bindung würden den ganzen Ausreiseplan für uns zunichte machen.

Anita erzählte uns von diesem Freund. Ein „Kumpel", wie sie ihn nannte, mit dem sie alles besprechen konnte. Ihr Vertrauen zu uns war immer groß gewesen. Darum erklärte ich ihr jetzt ganz offen, eine feste Bindung könne nur schaden. Nicht nur sie, sondern auch wir müßten dann in der DDR bleiben.

Aber Anita sollte auf keinen Fall das Gefühl haben, wir würden ihr etwas verbieten wollen. So nahmen wir es hin, wenn der Michael Schilling — so hieß er — bei uns zu Hause auftauchte und Anita abholte. Wir duldeten es auch, daß Anita mit zu den Eltern des „Kumpels" nach Stadtfeld fuhr.

So kam der Tag heran, an dem ich Anita sagte, sie möchte doch mal ihren Freund am Sonntag zum Kaffeetrinken mitbringen. Bisher hatte ich ihn nur immer kurz gesehen und zu einem richtigen Gespräch war es nie gekommen. Anita brachte ihn dann sonntags mal mit, und wir saßen im Wohnzimmer und tranken Kaffee. Wir sprachen über ganz belanglose Dinge, als meinem Mann einfiel, das West-Fernsehen zeige einen alten Film mit Hans Moser. Ich wollte ihn mir gern ansehen und stellte den Fernseher an. Kaum hatte ich den Anfang des Filmes gesehen, sagte ich: „Diesen Film kenne ich schon!"

Michael Schilling sah mich erstaunt an und fragte: „Sie sehen wohl öfter West-Fernsehen?"

Die Frage von dem Michael Schilling machte mich stutzig. Als er gegen Abend nach Hause fuhr, sprach ich über sein seltsames Verhalten mit Anita. Ich solle mir keine Sorgen machen, meinte sie: „Ich weiß, was ich will!"

Jetzt kam der Freund häufiger. Oft schon nach Schulschluß. Ohne vorher sich anzumelden, stand er in der Tür. Anita hatte sich da offenbar nicht durchsetzen können. War ich beim Wäschewaschen, er tauchte auf. War ich beim Bügeln, Herr Schilling war da. Im Kinderzimmer wurden Diskussionen geführt, die sich über Stunden erstreckten. Wenn ich dazukam, hörte ich nur immer etwas von der Arbeit und auch davon, daß Michael Kandidat der Partei werden wollte.

Ich konnte nichts gegen mein Mißtrauen tun, aber ich vermutete langsam, dieser „Freund" arbeite für die Staatssicherheit. Die vielen dicken Bücher, die er uns ins Haus schleppte und die von Politik nur so strotzten, mußten mich ja argwöhnisch machen. Aber Anita blieb blind, wenn auch unser Vertrauensverhältnis untereinander ungestört blieb. Ich brauchte Anita gar nicht zu fragen, sie erzählte alles von allein. Ein Verbot, mit diesem Jungen weiteren Umgang zu haben, wollte ich nicht aussprechen. Immerhin waren die Eltern meines Mannes auch damals gegen eine Freundschaft mit mir und später gegen eine Hochzeit gewesen.

Während der Lehre bei der Deutschen Post mußte Anita regelmäßig an bestimmten Versammlungen in der Berufsschule teilnehmen. Sie war von der Klasse als Vertrauensfrau gewählt worden und so konnte sie bei diesen Versammlungen nicht fehlen. Als Anita von einer dieser Versammlungen abends zurückkam, in ihrer Begleitung Michael Schilling, hatte ich sie vom Schlafzimmerfenster aus gesehen. Ich ging und bereitete das Abendessen vor. Die Zeit verstrich, aber Anita kam und kam nicht die Treppe hoch. Der Fahrstuhl lief auch nicht. Schließlich trat ich an die Gegensprechanlage und wollte gerade sagen: „Anita, komm essen!", da verschlug es mir die Sprache. Ich hörte die Stimme von Michael Schilling. Meine Neugierde wuchs. Er sagte zu Anita: „Am 21. Januar wirst du 18 Jahre alt. Am 23. Januar können wir heiraten!"

Nachdem sie unten im Türeingang endlich ihre Diskussion beendet hatten, kam Anita rauf. Ich zwang mich, ganz ruhig zu sein. Meinem Mann gegenüber sagte ich nur irgend etwas. Anita sagte auch nichts von dem, was ich durch die Gegensprechanlage mitgehört hatte. Sie aß ihr Abendbrot und ging in ihr Zimmer.

Seit sie ganz klein war, hatte ich mir immer die Zeit genommen, mich am Abend an ihr Bett zu setzen und mit ihr zu sprechen. Auch diesmal waren wir ganz ehrlich zueinander. Anita sagte von sich aus, Michael Schilling habe ihr einen Heiratsantrag gemacht. Mir fiel ein Stein vom Herzen. Anita hatte auch weiterhin Vertrauen zu mir. Ich fragte lediglich, wie sie diesen Heiratsantrag aufgenommen hätte. Sie lachte und sagte: „Ich will mich doch hier nicht binden!"

Monate vergingen. Anita klammerte sich immer mehr an diesen Michael. Wenn ich abends bei Anita im Zimmer saß, spürte ich deutlich, sie entfernte sich immer mehr von uns. Wenn wir Briefe aus der Bundesrepublik bekamen, die uns Mut machten, lehnte Anita es ab, sie zu lesen. Sie wollte nicht mehr wissen, mit wem wir Kontakt hätten. Über das Leben in der Bundesrepublik sprach sie nur noch negativ. „Michael hat mir erzählt, im Westen müssen Menschen verhungern", sagte Anita.

Es kam ein Tag, da saß ich ganze vier Stunden mit Anita zusammen und diskutierte. In diesen vier Stunden hörte ich nichts weiter als: „Ich möchte mit Michael zusammenbleiben. Heiraten wollen wir zwar nicht, aber ich lebe hier ruhiger als im Westen!"

Diesen Tag werde ich nie vergessen. Mir war mein eigenes Kind aus den Händen geglitten. Ich fragte mich in der Nacht, wenn ich schlaflos lag, was ich falsch gemacht hätte. Gemeinsam mit meiner Familie wollte ich diesen Staat verlassen. Und zu dieser Familie gehörte auch Anita. Ich weigerte mich innerlich, sie allein in diesem Staat zurückzulassen. Nein, das konnte und

Durch das öffentliche Bekenntnis festgenagelt.

durfte nicht wahr sein. Lieber wollte auch ich auf die Ausreise verzichten und weiterhin den Repressalien ausgesetzt sein.

Ich wollte die ganze Angelegenheit schon vergessen. Bis etwas geschah, was nun wirklich nicht mehr zu vergessen war. Eines Tages beim Mittagessen sagte Anita: „Mutti, weißt du, was der Michael macht? Er hört im Fach Staatsbürgerkunde seine Mitschüler aus."

Am liebsten hätte ich jetzt laut geschrien: „Begreife doch endlich, dieser Michael treibt ein falsches Spiel auch mit dir!" Aber ich schwieg. Nach einer Weile fragte ich dann doch, ob sie solche Art und Weise dulden würde. Ihre Antwort: „Nein, ich habe mich deshalb auch mit Michael gezankt!" Der Politunterricht, den Anita bekommen hatte, war offensichtlich gescheitert. Ich konnte also wieder hoffen!

Dann kam ein anderer Tag: Mein Mann und ich waren, wie oft im Frühjahr und Sommer, in den Garten gefahren. Anita hatte Nachtschicht bei der Bahnpost gemacht und schlief zu Hause. Wir kamen mit dem Fahrrad zurück, als wir Michael Schilling vor unserer Haustür sahen. Mein erster Gedanke war, daß er es erreicht hätte, hinter unserem Rücken in die Wohnung zu kommen. Die Wut packte mich. Ich hatte die Absicht, ihm gehörig die Meinung zu sagen. Aber es war nicht notwendig.

Mein Mann öffnete die Haustür, damit er die Fahrräder reinbringen konnte. Michael Schilling kam auf mich zu und sagte: „Frau Krüger, ich hätte Sie gern einmal gesprochen!" Ich lehnte ab. Wir hätten nichts mehr zu besprechen. Er könne sich ja mit Anita unterhalten, aber nicht in unserer Wohnung.

Anita höre das Klingeln nicht oder sie mache absichtlich die Tür nicht auf, sagte Michael.

In diesem Augenblick kam mein Mann aus dem Fahrradkeller. Er fragte, ob Michael uns nicht verstehen könnte, wenn wir gegen ihn seien. Mein Mann machte ihm klar, Anita könne allein entscheiden, aber wir gäben nicht unseren Segen dazu.

„Nein, nein", meinte Michael, „ich wollte doch etwas ganz anderes sagen."

So ließen wir Michael nun doch in unsere Wohnung. Anita war in der Zwischenzeit schon aufgestanden. Michael Schilling, ein Jugendlicher, der so hoch auf seinem Pferd gesessen hatte, legte eine Beichte ab. Seine Worte klingen mir noch heute in den Ohren: „Herr und Frau Krüger, ich muß Ihnen etwas sagen, was mich sehr belastet. Ich habe vom Ministerium für Staatssicherheit den Auftrag erhalten, mich mit Ihrer Tochter anzufreunden. Da ich aber sonst keine Möglichkeit mehr sehe, Ihr Mißtrauen zu zerstreuen, sage ich Ihnen auch, daß ich den Auftrag von einem Hauptmann Hahn erhalten habe."

Ich weiß nicht, sagen konnte ich nicht viel. Immerhin hatte ich schon lange den Verdacht gehabt, daß dieser Junge nicht ganz „echt" sei. Ich sah Anita in der Tür stehen, blaß und zitternd. Ich stand plötzlich vor einer Situation, die ich so nicht gewollt hatte. Da war auf der einen Seite der Michael, der die Freundschaft doch ernster meinte, als der Staatssicherheitsdienst zuließ. Auf der anderen Seite stand Anita, die sich schon so weit von uns getrennt hatte, nur um mit diesem Michael zusammenbleiben zu können. Wo sollte ich zuerst helfen?

Ehe ich mich versah, war Anita verschwunden. Ich überließ es meinem Mann, mit Michael weiter zu sprechen, und lief ins Kinderzimmer. Anita lag auf ihrem Bett und weinte. Ich wollte sie trösten. „Laßt mich alle in Ruhe", sagte sie nur. Hilflos saß ich auf dem Bettrand.

Ich ging ins Wohnzimmer zurück. Dort erzählte Michael weiter, wie er Anita von uns hatte trennen sollen.

Michael Schilling hatte keine Angst mehr davor, ihm könne etwas passieren, wenn er sich uns zu erkennen gebe. Nur zu gut war ihm klar, daß zumindest ich alles unternehmen würde, damit diese Schweinerei aufgedeckt würde. Ich sagte es ihm auch: „Bist du dir im klaren, welche Schritte ich jetzt unternehmen werde?"

Um der ganzen „Beichte" Hand und Fuß geben zu können, ließen mein Mann und ich uns erklären, wie dieser Jugendliche überhaupt zu einem solchen Auftrag gekommen war.

Der Opa von Michael Schilling war, bevor er Rentner wurde, bei der SED-Bezirksleitung beschäftigt gewesen. So war er auch ein Duzfreund vom Ersten Sekretär der Bezirksleitung Magdeburg, Herrn Pisnik, geworden. Dieser Opa wollte aus seinem Enkel einen „guten Kommunisten" machen. Michaels Eltern hatten dabei keine Ahnung, warum ihr Sohn manchmal nachts nicht zu Hause war, daß er dann Beobachtungsdienst für die Stasi leistete. Er habe bei einem Freund übernachtet, log er ihnen vor. Bereits mit 14 sollte er für Opas Freunde seine Mitschüler aushorchen. Ihm sagte man, für den Staat sei es wichtig zu erkennen, wo Kinder nicht im Sinne des Staates erzogen würden. Als Lohn erhielt Michael dann ein kleines Taschengeld.

Michael hatte schon in der 9. Klasse, also mit 15 Jahren, den Wunsch, später bei der Staatssicherheit arbeiten zu können. Er bewarb sich auch. Mit Hilfe der Stasi bekam er eine Lehrstelle als Nachrichtentechniker bei der Deutschen Post. Nach dieser

Lehrzeit wollte er drei Jahre zur Bereitschaftspolizei gehen, um sich da weiter für die Stasi ausbilden zu lassen.

Der Hauptmann Hahn, der ihn als Kaderführer ständig mit kleinen oder größeren Aufgaben betraute, gab ihm auch die Anweisung, sich mit Anita anzufreunden. Was mich am meisten betroffen machte, war, daß die Stasi schon lange vor dieser abgesprochenen „Freundschaft" genau wußte, wie wir lebten, was wir für Hobbys hätten und wie Anita sich verhielte. In Magdeburg wußte man auch genau, daß wir ohne Anita niemals die DDR verlassen würden.

Wir erfuhren, daß Michael einmal in der Woche sich mit seinem Kaderführer, dem Hauptmann Hahn, in einer Gaststätte traf und da seine „Berichte" abgab. Dafür bekam er monatlich 80 Mark. Das geschah, als er mit Anita „befreundet" war. Auch Eintrittskarten für Discos und Konzerte bekam er. Auf gut deutsch, er sollte Anita etwas bieten, was wir nicht konnten: Wegen unserer negativen Haltung zum Staat kamen wir kaum an Eintrittskarten heran. Schon gar nicht für Veranstaltungen, wenn zum Beispiel ein westdeutscher Schlagersänger auftrat. Viele junge Menschen stellten sich schon in der Nacht wegen solcher Karten an. Wenn die Kasse geöffnet wurde, waren alle bis auf zehn oder zwanzig ausverkauft.

Ich muß mich innerlich bei dem Anhören dieses Geständnisses zu sehr aufgeregt haben, denn ich unterbrach nach einer guten Stunde das Gespräch: Ich wies Michael die Tür. Ich konnte nichts mehr verarbeiten. Auch mein Mann saß da, als hätte der Blitz ihn getroffen. An der Tür sagte ich noch einmal zu Michael: „Du weißt genau, daß ich jetzt Eingaben schreibe und die ganze Sauerei anprangere!" Michael nickte: „Ja, ich weiß, aber ich mußte es Ihnen sagen." Es gab keine einzige Minute mehr, in der Michael ein paar erklärende Worte zu Anita hätte sagen können. Anita wollte nicht aus ihrem Zimmer kommen. Und sie weigerte sich, Michael in ihr Zimmer zu lassen.

Unsere Familie blieb wie ein Häufchen Unglück in der Wohnung zurück. Ein jeder für sich allein. Anita im Kinderzimmer, mein Mann im Wohnzimmer und ich in der Küche am Fenster. Ich sah auf die Straße, ohne zu erfassen, was auf dieser Straße geschah. Ich war wie gelähmt.

Für Anita brach eine Welt zusammen. Sie hatte durch die Tür im Kinderzimmer das Gespräch verfolgt. Wir riefen den Notarzt an, der Anita wegen eines Nervenzusammenbruchs krank schrieb. Mein Mann verständigte die Bahnpost: Anita könnte nicht zur Nachtschicht kommen. Weder dem Arzt noch bei der

Bahnpost sagten wir die Gründe für die plötzliche Erkrankung. Dem Arzt hatten wir nicht viel zu erklären brauchen, er sagte von sich aus, daß Anita große Aufregungen gehabt haben müsse. Sie bekam eine Spritze und ein paar Tabletten, wonach sie auch einschlief.

Ich selbst setzte mich noch spät am Abend hin und schrieb mehrere Briefe an Freunde in der Bundesrepublik. Sie sollten schnell wissen, was uns und vor allem was Anita widerfahren war. Erst gegen Morgen legte ich mich hin. Ich hoffte und wünschte mir, daß ein Jugendlicher aus der Bundesrepublik an Anita schriebe. Es sollte keine „Entschädigung" sein, aber ein bißchen Ermutigung und Zuspruch müßte Anita jetzt bekommen. Wir als Eltern fühlten uns zum Teil schuldig. Hätten wir keine Ausreiseanträge gestellt, wäre Anita nicht in eine solche Situation gekommen.

Wir mußten erleben, wie sie an Gewicht verlor und wie wenig sie noch aß. Als sie weiter krank geschrieben war, geisterte sie wie ein Gespenst durch die Wohnung. Auch als sie wieder zur Arbeit ging, sprach sie kaum ein Wort. Mein Mann und ich waren uns einig, Anita im Augenblick nicht mehr zu belasten.

Aber, was ich dem Michael Schilling gesagt hatte, tat ich auch: Ich schrieb einige saftige Beschwerden nach Berlin. Ich schilderte die Art und Weise, wie versucht worden war, unsere Familie zu trennen und sie noch zusätzlich zu belasten. Aber keiner der hohen Herren antwortete. Meine Eingaben mußten ihnen ja auch peinlich sein, denn immerhin konnte ich Namen und Adressen von Verantwortlichen nennen: Hauptmann Hahn und Hauptmann Richter. Außerdem gab es einen Zeugen. Dieser Zeuge konnte ja nicht als „Hirngespinst" abgetan werden. Herrn Mielke, den Minister für Staatssicherheit, klagte ich an, schon Kinder für die Dienste des Staatssicherheitsdienstes zu werben. Und ich sparte dabei nicht an Ironie.

Ich fühlte und ahnte, daß innerhalb der staatlichen Organe über unseren Vorfall gesprochen wurde, aber keiner wagte es, mit uns darüber zu sprechen. Mir war ganz klar, in diesem Fall saßen wir oben, die Ämter und Behörden unten. Bisher waren wir immer die Dummen gewesen. Sobald wir etwas Falsches getan oder auch nur gedacht hatten, gleich waren wir auf das „Gesetzwidrige" hingestoßen worden — mit Nachteilen aller nur möglichen Art.

Anita erholte sich nur sehr langsam. Wenige Wochen nach dem Geständnis von Michael Schilling erzählte sie beim Essen, während einer Versammlung im Bahnpostamt habe sie erfahren,

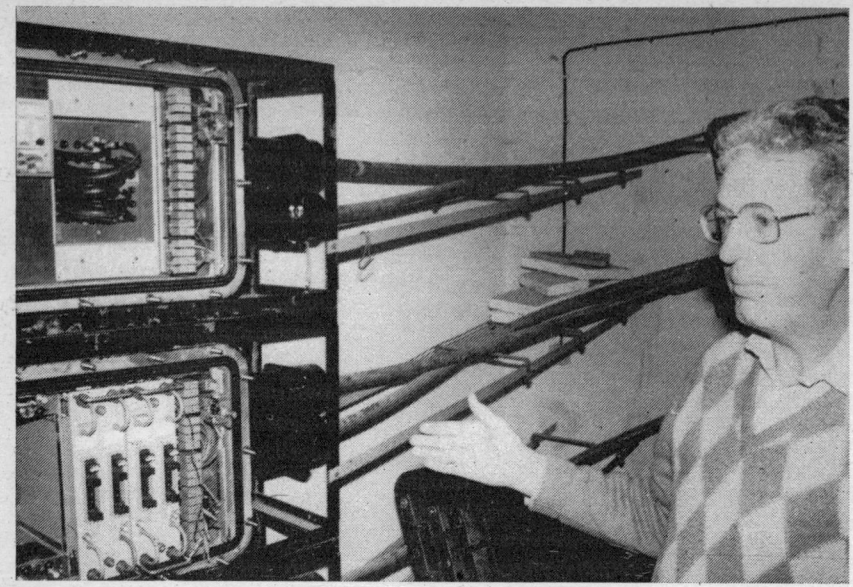

Oben: Das System der Überwachung und Bespitzelung durch die Stasi war perfekt. – Im Januar 1990 entdeckte das Bürgerkomitee in Magdeburg zahlreiche Abhöreinrichtungen. Das Foto zeigt eine Telefon-Abhöranlage unter der Gaststätte „Stadt Prag".
Unten: Die Grenzanlagen zur BRD waren so gesichert, daß man unerlaubt nicht einmal auf 5 km in ihre Nähe kommen konnte.

daß sie nach Abschluß der Lehre nicht an einem Postschalter arbeiten dürfte. Die Ausbildung erhielte sie zwar, danach aber werde sie zum Paketestapeln und -sortieren abkommandiert. Also zu einer Tätigkeit, die sonst ungelernte Arbeiter und Hausfrauen, die sich etwas Geld nebenbei verdienen wollten, ausübten. Auf Grund der Ausreiseanträge dürfe Anita keine dienstlichen Unterlagen mehr einsehen. Wenn sie am Postschalter arbeiten würde, müßte sie ja ständig mit diesen Dienstanweisungen leben und arbeiten. Anders ginge es ja nicht.

Anita setzte sich noch am gleichen Tag hin und schrieb ihren ersten Ausreiseantrag allein. All ihrer Wut und ihrem Zorn ließ sie dabei freien Lauf. Um all ihren Ärger loszuwerden, legte sie in diesen Brief ihren Ausweis der Freien Deutschen Jugend, die Mitgliedskarte der Gesellschaft für deutsch-sowjetische Freundschaft und den Ausweis des Freien Deutschen Gewerkschaftsbundes rein. Per Einschreiben ging nun alles an Herrn Kersten vom Rat der Stadt Magdeburg, Abteilung Inneres.

Mitte 1979 setzten ganz massiv Repressalien ein. Immer öfter merkten wir, daß Briefe, die wir in die Bundesrepublik schrieben, nicht ankamen. Was wir erhielten, war oft primitiv geöffnet und wieder verklebt worden. Ich sah mir dies eine ganze Weile mit an, dann platzte mir der Kragen. Wer hat an unserer Post etwas zu suchen?

Bevor Anita zum Bahnpostamt verbannt worden war, hatte sie eine kurze Ausbildung im Briefverteileramt des Hauptpostamtes Magdeburg. Wir wußten also sehr genau, wie man grundsätzlich mit Post aus der Bundesrepublik und in die Bundesrepublik verfuhr: Alles kam in Säcke in einen speziellen Raum, der nur von innen zu öffnen war. In diesem Raum wurden die Briefe geöffnet, durchleuchtet oder auch beschlagnahmt. Durch einen Kollegen von Anita hatten wir auch erfahren, unser Name stand auf der „Schwarzen Liste". Ich setzte mich hin und schrieb erneut an den Minister für Staatssicherheit. Ich hatte keine Angst mehr. Einen Briefumschlag, an dem gut zu ersehen war, daß er geöffnet worden war, legte ich bei. Ja, ich war sogar so „frech", nahm einen roten Filzstift und schrieb auf den Umschlag: „Guten Tag, Genosse Schnüffler!" Dann kreiste ich die Stellen ein, an denen deutlich zu erkennen war, wo der Brief geöffnet war. Falsch war das sicher nicht, die Frage war lediglich: Wie reagiert die Stasi jetzt?

Es vergingen keine 14 Tage und eines Abends, 21 Uhr, klingelte es an der Tür. Mein Mann öffnete. Ein junger Mann zeigte einen Dienstausweis und sagte: „Ich möchte zu Ihrer Frau!" Er käme wegen meiner Eingabe an das Ministerium für Staatssicherheit. Mir legte der junge Mann einen Zettel vor, auf dem mir kurz und knapp mitgeteilt wurde, ich möge mich am folgenden Tag, zwölf Uhr mittags, in der Bezirksstelle des Ministeriums für Staatssicherheit einfinden. Dort möchten sich die Verantwortlichen mit mir über meine Eingabe unterhalten.

So lief ich am nächsten Tag zur Straßenbahn und fuhr bis zum Zentrum. Am Fernmeldeamt entlang führte mich der Weg zur Walter-Rathenau-Straße. Schon von weitem war das Gebäude der Staatssicherheit zu erkennen. Vor dem Eingang stand ein Wachposten. Er nahm mir den Personalausweis ab und deutete auf eine Tür, die auf Knopfdruck geöffnet wurde. Dort sollte ich warten.

Ich betrat einen Raum, dessen Tür von innen keine Klinke hatte. Eine Couch und zwei Sessel standen da. Auf dem Tisch lag ein Berg Zeitungen. Ich setzte mich in einen dieser Sessel und sah mich ein bißchen genauer um. Viel war nicht zu sehen. Erich Honecker griente mir von der Wand entgegen. Gegenüber der Tür hing ein Plakat mit der Aufschrift: „Wir lieben und schützen unsere Heimat!"

Ich hatte zwei Stunden Zeit, in aller Ruhe nachzudenken. Was würde mich wohl erwarten? Draußen in der Stadt lief inzwischen der Berufsverkehr. Mein Mann und meine Tochter würden sich sicher schon Sorgen machen.

Plötzlich wurde geöffnet. Ein großer schlanker Mann stand in der Tür und nannte meinen Namen. „Bitte, kommen Sie", sagte er. Das Wort „Bitte" war ja mehr als höflich. Ich wurde im untersten Stock in ein Zimmer geführt. Ein richtiges Büro, allerdings recht luxuriös. Ich durfte mich in einen der Sessel setzen, und schon erschien ein zweiter junger Mann. Er sollte offenbar Zeuge sein.

Ich hatte eine Handtasche und einen Plastikbeutel bei mir. Beides wurde kurz von einem Wachposten durchsucht. Selbst die Stasi hat also Angst um ihr Leben. Es hätte ja eine Bombe darin sein können.

Bissig sagte mir der große schlanke Mann, seinen Namen nannte er nicht: „Sehen Sie sich ruhig genau hier um. Vielleicht können Sie draußen erzählen, wie es bei der Staatssicherheit aussieht. Ich sage Ihnen gleich noch dazu: Sie befinden sich im Zimmer drei!"

Am liebsten wäre ich aufgesprungen und hätte dem Herrn eine Ohrfeige verpaßt. Aber wenn ich aus diesem Zimmer wieder heil rauskommen sollte, mußte ich mich zusammennehmen.

Auf dem Tisch lag eine Akte, die nun geöffnet wurde. Ein Briefumschlag kam zum Vorschein. Ich wurde gefragt, ob ich diesen Umschlag kenne. Ich erklärte, mir sei dieser Umschlag bekannt, ich hätte ihn ja selber als Beweisstück nach Berlin an die Staatssicherheit geschickt. Ich wollte wissen, wer sich an unserer Post vergreift. Ich hätte ein Recht darauf, dies zu erfahren. So wollte ich sagen. Aber der Stasibeamte schrie mich an: „Sie sind noch viel zu grün hinter den Ohren, um sich über die Staatssicherheit beschweren zu können! Wer gibt Ihnen eigentlich das Recht zu behaupten, die Staatssicherheit würde Ihre Post öffnen?"

Obwohl ich mich durch dieses Gebrüll erschrocken hatte, konterte ich: „Mir ist nicht bekannt, ob tatsächlich die Staatssicherheit die Post kontrolliert. Ich weiß nur, einer muß ja ständig unsere Briefe lesen."

Durch Zufall hörte ich den Vornamen des zweiten jungen Mannes, der mit im Raum war. Der Gesprächsleiter sagte nämlich: „Wolfgang, erklär Frau Krüger, wer die Post öffnet! Erklär ihr die Sache mit dem Kleber!" Aber ob dieser Name nun echt war oder nicht, was spielte dies für eine Rolle.

Ich erfuhr, die eingesandten Briefumschläge habe man im kriminaltechnischen Labor untersuchen lassen. Dabei habe man festgestellt, nicht der Staatssicherheitsdienst öffne die Briefe, sondern der Bundesnachrichtendienst im Westen.

Ich konnte gar nicht so schnell reagieren, denn gleich rief der Vorgesetzte mir zu: „Und in diesen Westen, der heute schon Ihre Post durchwühlt, wollen Sie gehen. Sie sind doch heute schon ein Außenseiter!"

Sollte ich lachen oder weinen? Wenn der Bundesnachrichtendienst tatsächlich unsere Briefe liest, dann ist es doch gut! Wir wollten doch raus aus der DDR!

Ich bot den Stasibeamten weitere Briefumschläge an, aus denen ersichtlich war, daß unsere Post tatsächlich kontrolliert wird. Beide baten mich, eine Weile noch zu warten, man werde die Ermittlungen weiterführen, und ich sollte noch etwas warten. An meinen Verstand appellierten sie, ich möge doch endlich einsehen, der Westen sei kein Land für Menschen, wie wir es sind. Die Arroganz dieser Stasimenschen kotzte mich an. Wie ein dummes Schulkind saß ich da und mußte mir anhören, wie sicher und beschwerdefrei man doch in der DDR lebe, wenn man sich einfüge. Ich schüttelte nur den Kopf. Worauf ich gefragt wurde, weshalb ich so ungläubig sei. Ich mußte es sagen, sonst würde ich mir hinterher Vorwürfe machen, etwas versäumt zu haben. Ich schilderte die Sache mit meiner Tochter und Michael Schilling.

Das Gespräch wurde nun angeblich wegen Zeitmangel abgebrochen. In Wirklichkeit war den Stasileuten die ganze Sache jetzt selbst peinlich. Mit den Worten: „Wir sind ja gar nicht so schlimm, wie man draußen erzählt!" erhielt ich meinen Personalausweis zurück. Ich durfte meine Sachen zusammenpacken. Dann brachte mich ein Wachposten zur Tür.

Es war ziemlich spät geworden. Der abendliche Berufsverkehr hatte schon eingesetzt. Ich lief schnell zur Bahn und fuhr heim. Von der Straßenbahnhaltestelle aus mußte ich noch über eine Brücke, die über die Westtangente gebaut war. Von dieser Brücke aus konnte ich unser Haus sehen. Schon von weitem bemerkte ich meinen Mann, der unruhig mit unserem kleinen Pudel hin und her lief. Anita saß am Fenster. Vor Freude kam sie sofort mit dem Fahrstuhl runter. Uns allen war ein Stein vom Herzen gefallen. Ich hatte nicht damit gerechnet, dort wieder rauszukommen.

Am Abend setzte ich mich wieder hin und schrieb Briefe an Freunde in der Bundesrepublik. Mir war es egal, ob nun die Post mitgelesen wurde oder nicht. Wichtig war nur, es ginge überhaupt noch Post durch.

So verstrichen wieder gut acht Tage, als es unter Mittag klingelte. Vor der Tür stand ein Mann, groß, breitschultrig und ziemlich kräftig gebaut. Er wies sich als Mitarbeiter der Bezirksbehörde der Deutschen Volkspolizei aus. Er käme wegen meiner Beschwerden, die bisher angeblich nur ungenügend bearbeitet worden seien.

Hauptmann Richter, so stellte er sich vor, begann sein Gespräch mit den Briefen, die bei uns immer wieder geöffnet ankamen. Er sagte, nach wie vor gäbe es niemanden innerhalb der DDR, der ein Interesse an unserer Post habe. Dem mußte ich widersprechen. Natürlich war ein Interesse vorhanden. Warum hatte die Staatssicherheit zu mir gesagt, es wäre gut und in unserem Interesse, wenn wir den Briefkontakt mit den „fremden" Bundesbürgern einstellen würden?

Dieser Hauptmann Richter kam bald auf den Kern seines Besuches. Post würde vom SSD oder von der Kriminalpolizei, zu der er selbst gehöre, weder festgehalten noch kontrolliert. Nun gut, wenn der Hauptmann Richter ebenfalls sagt, die Kripo kontrolliere auch nicht unsere Post, dann muß es wohl doch der Westen sein.

Mich interessierte dann, was die Kripo, die ja mit der Stasi zusammenarbeitet, zu dem Fall Michael Schilling sagte. Hauptmann Richter nahm sich diese Sache gut vorbereitet zur „Brust". Wie ein Tonband ratterte er den Satz runter: „Ja, das mit Michael Schilling stimmt. Wir meinten es doch nur gut. Warum soll Ihre Tochter mit in den Westen gehen, sie hat ja dort gar keine Zukunft!"

Hier bei diesem „Gespräch" ging es aber schon nicht mehr allein um die Frage, wer unsere Post öffnet oder gar verschwinden läßt, oder darum, was man meiner Tochter angetan hat, sondern es ging um andere Dinge.

Hauptmann Richter holte aus seiner Tasche ein DIN-A4-Blatt. Um erläuternd auf den darauf geschriebenen Text einzugehen, mußte sich der Hauptmann erst einmal eine Zigarette anstecken. Dann sagte er: „Frau Krüger, Sie sind doch die, die immer die Post in den Westen schreibt. Bitte, unterlassen Sie dies in Zukunft! Keiner kann mehr garantieren, wie weit unsere Geduld noch reicht." Er fuchtelte mit dem Stück Papier herum: „Sie können sich Ihre Lage, in der Sie sich befinden, erleichtern, indem Sie oder Ihr Mann hier folgendes unterschreiben." Er reichte mir den Bogen herüber. Im Kopf stand unser Name mit der Anschrift. Adressiert war das Papier an das ZDF-Magazin, Herrn Löwenthal. Dann hieß es, als Familie verwahren wir uns dagegen, daß unser Name in den westdeutschen Massenmedien genannt wird.

Ein gleiches Schreiben war an den Verein „Hilferufe von drüben" in Lippstadt vorbereitet. Auch dort sollten wir bekunden, daß wir eine solche „Öffentlichkeitsarbeit" nicht wollten. Der haarsträubendste Satz: „Die staatlichen Organe der DDR sind bemüht, die bestehenden Schwierigkeiten mit uns gemeinsam zu bewältigen!"

Ich gab das Blatt meinem Mann. Er las nur den ersten Satz, warf den Bogen über den Tisch, stand auf und sagte: „Nicht mit mir!" Er ging raus aus dem Zimmer.

Hauptmann Richter saß da und drängte. Ich mußte die Situation ausnutzen, wenn ich erfahren wollte, wie dieser Brief denn nun in die Bundesrepublik gelangen sollte. Doch nicht mit der ganz gewöhnlichen Post?! Er könne ja verlorengehen!

„Nein", sagte der Hauptmann, „wir haben die Möglichkeit, diesen Brief jemandem mitzugeben."

„Also persönliche Boten?" wollte ich wissen.

„Ich kann Ihnen darüber keine Auskunft geben!"

Ich wollte noch retten, was zu retten war. Wollte um Verständnis bitten, aber es gelang mir nicht. Ich erzählte, was man mit Anita nun auch noch am Arbeitsplatz mache. Sie mußte im zweiten Lehrjahr in drei Schichten arbeiten. Früh-, Spät- und Nachtschicht. An den Sonn- und Festtagen waren es zwölf Stunden Dienst. Und dies bei einer körperlich schweren Arbeit. Die Pakete waren ja nicht leicht, die sie stapeln und verladen mußte.

Ich sagte, weder die Regierung noch die einzelnen Behörden hielten sich an die Gesetze der DDR. So hintergingen die Behörden, ja selbst Herr Honecker, das Eingabengesetz: In diesem Eingabengesetz steht klipp und klar, daß Eingaben von Bürgern nach vier Wochen bearbeitet sein müßten. „Wir haben so gut wie nie Antworten auf unsere Eingaben und Ausreiseanträge bekommen." Dies hielt ich dem Hauptmann Richter unter die Nase.

Er antwortete: „Ich weiß, Sie schlafen mit dem Gesetzbuch unter dem Kopfkissen!"

„Natürlich!" sagte ich. „Ich beschäftige mich viel mit Gesetzen und Verordnungen!" Es sei so eine Art Hobby von mir. Auch die Verfassung nehme ich ernst. Da stände zum Beispiel drin, wer sich mit Eingaben und Beschwerden an staatliche Dienststellen wendet, darf daraus keinerlei Nachteile haben! Die Wirklichkeit sehe aber anders aus.

Hauptmann Richter sah ein, in unserem Falle sei „die ganze Sache verzwickt". Dies war ein Satz von ihm. Er gab zu, wenn sich alle staatlichen Organe an ihre Pflichten gehalten hätten, hätten wir nie einen Ausreiseantrag gestellt. Aber wenn wir jetzt die Unterschrift leisten und den Ausreiseantrag zurücknehmen würden, könnten wir Hilfe und Unterstützung von staatlicher Seite bekommen. Das war in meinen Augen eine glatte Erpressung. Die Versprechen waren süß wie Honig. Trotzdem: Wir trauten diesem Hauptmann und seinen Hintermännern nicht. Wir waren froh, Hilfe aus der Bundesrepublik zu bekommen, und da wäre es absurd gewesen, jetzt zu unterschreiben, daß wir keine Veröffentlichungen, keine Hilfe wollten. Daß dieser Hauptmann Richter zwei Jahre zuvor versucht hatte, Anita zu adoptieren, um sie von uns, ihren Eltern, zu trennen, das gab er nicht zu. Uns war es aber aus guter Quelle bekannt.

Mit dem vorformulierten Schreiben, das wir hatten unterzeichnen sollen, verließ Hauptmann Richter unsere Wohnung. Ohne unsere Unterschrift, und dies machte ihn wütend.

FÜNFTE ABTEILUNG

Ich plante den Hungerstreik
zum Tag der deutschen Einheit

Anita war Mitglied in der FDJ, im FDGB und in der DSF. Aber nun hatte sie all diese Mitgliedsausweise, also den von der Freien Deutschen Jugend, den vom Freien Deutschen Gewerkschaftsbund und den von der Gesellschaft für deutsch-sowjetische Freundschaft, an den Rat der Stadt geschickt: Da habt Ihr den Krempel! Das war gewiß eine tolle Herausforderung, aber weil Anita noch nicht volljährig war, bekam ich als Mutter eine Vorladung zum Rat der Stadt.

Ohne große Diskussion gab mir dort Herr Kersten die Ausweise zurück. Er sagte lediglich: ,,Die Ausweise sind vermutlich versehentlich bei uns gelandet." Ich erklärte ihm, nein, dies sei mit voller Absicht geschehen, er könne ja meine Tochter vorladen. Darauf er: ,,Ihre Tochter interessiert uns nicht. Noch ist sie nicht 18 Jahre. Sie als Mutter müssen Einfluß auf sie ausüben, damit sie solchen Unfug nicht noch einmal macht."

Anita erzählte jetzt überall, was ihr mit Michael Schilling passiert war. Selbst in der Berufsschule. Alle, die mit Michael Schilling in eine Klasse gingen oder Kontakt zu ihm hatten, mieden ihn jetzt. Es dauerte nicht lange, und er beendete seine Lehre vorzeitig und verschwand.

Mein Mann fuhr zu den Eltern von Michael Schilling. Anita nahm er mit. Absichtlich hatten wir abgewartet, bis Anita sich wieder gefangen hatte. Besonders die Mutter fiel aus allen Wolken, als sie hörte, was geschehen war. Sie hatte sich gewundert, daß Anita nicht mehr zu ihnen kam. Jetzt weinte sie. Der Vater wollte seinen Sohn vor die Tür setzen. Das war aber leichter gedacht als getan.

Als Anita wenige Tage nach dem Besuch bei Michaels Eltern von der Arbeit nach Hause kam, sagte sie mir, daß sie die Ausweise jetzt beim Abteilungsleiter der Bahnpost, Herrn Hesse, abgegeben habe. Sie hatte die Ausweise auf seinen Schreibtisch gelegt und in einem Schreiben erklärt, warum sie aus den Massenorganisationen austrete.

Es vergingen nur wenige Tage, da bekamen mein Mann und ich sowie Anita eine Vorladung zum Betriebsdirektor der Bahnpost. Anwesend waren der Betriebsdirektor, der Kaderleiter der Bahnpost, Herr Hesse als Abteilungsleiter und ein Gewerkschaftsleiter. Natürlich holte der Betriebsdirektor die Ausweise von Anita hervor.

Der Betriebsdirektor fragte Anita, ob sie wisse, welche Folgen ihr Austritt aus den Massenorganisationen haben würde. Darauf antwortete Anita klar und deutlich: „Natürlich, Nachteile in jeder Form." „Gut", sagte der Direktor, „dann nehmen Sie die Nachteile auch in Kauf." „Schlimmer als bisher kann es auch nicht mehr werden", sagte Anita.

Jetzt war der Punkt erreicht, wo wir als Eltern — besonders ich als Mutter — angegriffen wurden. Der Vertreter der Gewerkschaftsleitung warf mir vor, ich würde bei meiner Tochter „Feindpropaganda" anwenden. Er schrie: „Der Kapitalismus, also der Westen, ist für Ihre Tochter das Todesurteil!" Nun warf auch noch der Kaderleiter seine Argumente dazwischen: „Sie haben Ihrer Tochter nur Negatives von unserem Staat erzählt. Sie haben Ihre Tochter gegen den Staat aufgehetzt. Damit haben Sie die Grundlagen für eine gute Weiterentwicklung Ihrer Tochter zerstört."

Ich setzte mich zur Wehr, indem ich alles aufzählte, was ich an Unterdrückung und Überforderung bei Jugendlichen in der DDR feststellen mußte. Die Jugend in der DDR würde wie ein bloßes Eigentum des Staates behandelt. Die Eltern hätten nur noch das Recht, ihre Kinder zu ernähren. Ich fragte den Gewerkschaftsleiter, von dem ich wußte, er arbeitete so „nebenbei" für die Staatssicherheit, warum bereits Kinder im Kindergarten Waffen zeichnen müßten und warum die Jugendlichen in den Schulen nun auch noch Wehrkundeunterricht hätten. Seine dumme Antwort, der Staat müsse sich vor seinen Feinden schützen, brachte mich herzhaft zum Lachen. In meinen Augen sei der Staat DDR nur darauf bedacht, jeden Bürger, vom Kleinkind bis zum Rentner, auf einen neuen Krieg vorzubereiten. Ich kritisierte weiter, auch im Fall meiner Tochter käme es immer wieder zu Überforderungen am Arbeitsplatz. Obwohl sie

Oben: Ein Schüler am elektronischen Schießstand der Volkspolizei-Bereit-
schaften, im Juni 1984.
Unten: Vor der Kreuzkirche in Dresden fordern junge Demonstranten das
Recht auf „Zivildienst" statt Wehrdienst.

noch in der Ausbildung sei, müßte sie schon dasselbe leisten wie ein Facharbeiter. Es sei eine Schande, wenn Jugendliche mit 17 Jahren schon zwölf Stunden arbeiten müßten. Und dies vorwiegend an Sonn- und Feiertagen. Ich sagte sehr deutlich, hier überträfe der Sozialismus den Kapitalismus. Als ich sagte, jeder Mensch solle doch den Dreck zuerst vor seiner eigenen Tür kehren, wurde das Gespräch von seiten des Kaderleiters und des Betriebsdirektors abgebrochen. Anita bekam alle Ausweise zurück, mit dem Hinweis, sie möge sich alles noch einmal durch den Kopf gehen lassen.

Am 6. Dezember 1979 bekam ich erneut eine Vorladung zum Rat der Stadt, Abteilung Inneres. Wieder nahm mein Mann sich die Zeit und kam mit. Ich hatte in den letzten Wochen fast täglich einen Ausreiseantrag gestellt. Egal ob in den Geschäften oder in den Betrieben oder auch bei Nachbarn, wir sprachen von unseren Anträgen. Aber im Rat der Stadt kamen wir wieder nur bis zu Herrn Kersten und dieser Frau Wiesner. Kaum waren wir eingetreten, da brüllte Herr Kersten schon los. Ich hätte nicht genügend auf meine Tochter eingewirkt. Da sie noch nicht mündig sei, müßten wir als Eltern für sie haften.

Einen kleinen Hoffnungsschimmer sahen wir aber trotz dieses Tobsuchtsanfalls des Herrn Kersten. Er sprach zwar mir, meinem Mann und unserer Tochter ein Hausverbot für den Rat der Stadt aus, aber bevor wir gingen, sagte er: ,,Wenn Sie sich in Zukunft ruhig verhalten, fangen wir an, Ihre Ausreiseanträge noch einmal wohlwollend zu prüfen.''

Obwohl wir ein Hausverbot erhalten hatten, erkundigte ich mich Anfang Januar 1980 telefonisch bei Herrn Kersten nach dem Stand der ,,Bearbeitung'' unseres Ausreiseantrages. Herr Kersten gab am Telefon keine Auskunft. Unangemeldet gingen mein Mann und ich Mitte Januar zu ihm. Er versuchte, uns sofort hinauszuwerfen. Aber es gelang ihm nicht, obwohl wir damit rechnen mußten, daß er die Polizei holte. Ich sagte: ,,Wir gehen erst dann, wenn wir einen Termin zur Aussprache beim Oberbürgermeister haben.'' Wir hatten endlich genug, uns mit diesen Vorzimmerleuten auseinandersetzen zu müssen. Der vor Wut schon rotangelaufene Herr Kersten verschwand aus dem Raum. Als er nach wenigen Minuten wieder auftauchte, sagte er, am 3. März sei der Stellvertretende Oberbürgermeister für Inneres für uns zu sprechen. Wir sollten pünktlich um neun Uhr im Rat der Stadt sein.

Sofort sandten wir ein Einschreiben an eine befreundete Familie in der Bundesrepublik. Ihr teilten wir mit, was sich bis zu diesem Tag ereignet hatte. Wir schickten den Brief per Einschreiben mit Rückschein. Er kam auch an. Aber Post an uns erreichte uns immer seltener. Wir mußten uns Mittel bedienen, die wir eigentlich nicht anwenden wollten.

Zum ersten hatte ich als Diakon einer Kirchengemeinde Kontakt zu vielen Gemeindemitgliedern. Auch zu dem Prediger, der nicht gerade ein Freund des Staates war. Er half besonders da, wo Bürgerrechtler behindert wurden. So bekam ich von ihm einige Anschriften von Gemeindemitgliedern, die bereit waren, Post für mich in Empfang zu nehmen. Der Prediger hatte einen guten Einblick in die Herzen seiner Gemeindemitglieder. Ich wußte, er würde mir keinen Namen und keine Anschrift nennen, von denen ich befürchten mußte, daß über sie eine Meldung an den Staatssicherheitsdienst gehen würde.

Ich betreute nebenbei eine ältere Dame aus Neustadt. Sie war bereits an die Siebzig, wohnte in einer ganz heruntergekommenen Wohnung. Kein Keller, keine richtige Heizmöglichkeit, und die Toilette war auf dem Hof. Bei ihr wohnte eine körperbehinderte Tochter, die allerdings kurz vor dem Umzug in eine neue Wohnung verstarb. Jeden Dienstag und Freitag war ich bei der Wohnraumlenkung gewesen, bis die Dame eine andere Wohnung erhielt. Den Umzug in die neue Wohnung führte der Prediger mit einigen Gemeindemitgliedern aus. Wohl aus Dankbarkeit gab sie ihr Einverständnis, daß auch ein Teil meiner Post aus der Bundesrepublik an sie gehen würde.

Es gab immer mehr Menschen in der Bundesrepublik, die uns schrieben. Manchmal Karten, manchmal Briefe. Unglücklicherweise gab der eine oder andere Absender eine falsche Anschrift an. So geschah es einige Male, daß Post an mich zurückkam mit dem Vermerk „Empfänger unbekannt!" Ein Bundesbürger ahnt ja nicht, was die Staatssicherheit so alles fertigbringt. Einen Teil dieser nicht zustellbaren und daher zurückgekommenen Briefe legte man mir später bei der Verhaftung vor.

Der Prediger selbst nahm für uns einige Post an. Auch Pakete, die uns sonst nicht erreicht hätten. Hinzu kamen die Telefongespräche mit der Bundesrepublik.

Aber es gab noch andere Menschen, die uns helfen sollten. Bei uns in der Hans-Grundig-Straße, genau auf unserem Flur, erhielten zwei Schweizer Monteure eine Wohnung. Wenige Häuser weiter waren gleich fünf Schweizer untergebracht. Wir halfen die ersten Tage bei der nötigen Orientierung. Wir erklärten, wo sie Geld tauschen konnten, wo es bestimmte Lebensmittel gab und wohin sie am Abend einmal ausgehen konnten.

Diese Gruppe bestand fast nur aus Männern. Lediglich ihr Meister hatte Frau und Tochter mitgebracht. Bei uns im Haus wurde den beiden Schweizern, Toni und Hans-Ulrich, sofort von dem Hausvertrauensmann, Herrn Hollinger, eröffnet, mit uns sollten sie den Kontakt meiden. Die Schweizer erzählten uns dies wieder. In aller Offenheit nahm ich die Wäsche der beiden jungen Monteure und wusch sie mit. Damit bekundeten wir, wie wenig wir und die Schweizer sich bevormunden ließen.

Ich hatte für die beiden Schweizer schon mehrmals Einkäufe gemacht und auch die Wäsche gewaschen, als sie uns eines Abends zu sich einluden. Wir spürten, sie wollten uns helfen. So gaben wir zu, daß wir den Staat DDR verlassen wollten, aber im Augenblick einen nervenzermürbenden Kampf führten. Wir sprachen auch über die nicht ankommende Post. Eigentlich hätten jetzt die Schweizer sagen müssen, sie könnten nicht helfen. Aber das Gegenteil geschah. Als Schweizer durften sie so oft sie wollten nach Helmstedt oder West-Berlin zum Einkaufen fahren. Sie boten uns an, Briefe oder Karten mit in die Bundesrepublik zu nehmen. Wenn sie innerhalb der DDR unterwegs waren, steckten sie unsere Sendungen in einer anderen Stadt ein. Sie riskierten ihren Arbeitsplatz und auch noch eine harte Bestrafung durch die staatlichen Organe der DDR.

Auf normalem Wege erhielten wir jetzt nur noch selten Post. Das stimmte uns traurig. Nicht selten kam es vor, daß Briefe, die nun wirklich harmlos und ohne jegliche Bedeutung waren, verschwanden. Das war für uns ein Signal.

Mit dem Prediger sprachen wir ab, was zu tun sei, wenn wir am 3. März nicht wieder aus dem Rat der Stadt herauskommen würden. Wir hatten zwar einen Termin, aber es waren schon manche „Antragsteller" innerhalb der DDR in solchen Ämtern verhaftet worden. Der Prediger sollte dann ein Telegramm in die Bundesrepublik schicken: „Herzliches Beileid!" Als Unterschrift sollten die Namen derer geschrieben werden, die verhaftet worden waren.

Am 3. März 1980 brachen mein Mann und ich so zeitig auf, daß wir überpünktlich am Alten Markt ankamen. Um die Zeit bis um neun Uhr totzuschlagen, sahen wir uns die Geschäfte im Zentrum an. Parolen zum 1. Mai waren schon jetzt an den Geschäften zu sehen. Bilder von Bestarbeitern standen in den Schaufenstern. Ein Bild von einem „Kollektiv der Sozialistischen Arbeit" füllte schon ein Fenster. Da brauchte keine Ware mehr rein, die es ja auch kaum gab.

Als es wenige Minuten vor neun Uhr war, betraten wir den Rat der Stadt. Ein älterer Mann, der Pförtner, nahm uns den Personalausweis ab. Einen Blick warf er rein, dann reichte er ihn weiter an eine Frau mittleren Alters. Wir waren schon oft im Rat der Stadt gewesen, aber eine solch gründliche Prüfung hatten wir noch nie erlebt. Alle, die nach uns das Haus betraten, wurden schnell abgefertigt. Wir aber blieben im Vorraum beim Pförtner. Es verging eine Weile, ehe wir die erste Haupttür, die nur von innen zu öffnen war, passieren durften. Als wir an der Pförtnerloge vorbeigingen, telefonierte die Frau.

Uns war doch recht merkwürdig zumute. Bisher hatte ich nie so ein bedrückendes Gefühl gehabt wie jetzt. Ich ahnte, heute gab es kein „normales" Gespräch. Meinem Mann erging es ebenso. Wenn er aufgeregt war, mußte er eine Toilette aufsuchen. Leise sagte ich immer wieder zu meinem Mann: „Heute nur die Ruhe bewahren und nicht provozieren lassen!" Als ich ihn am Ärmel zog, erschrak er. Also doch ein bißchen Angst! Beide hatten wir Angst.

Langsam und bedächtig stiegen wir die Treppe zum ersten Stock empor. Vor dem Zimmer 18 setzten wir uns für einen Augenblick auf die Bank, wo noch mehr Leute warteten. Meine Gedanken liefen zu dem Anfangspunkt unserer Ausreiseanträge zurück. Merkwürdig, jetzt, wo eine Entscheidung fallen sollte, hatte ich plötzlich keine richtige Lust mehr weiterzukämpfen, falls es notwendig werden sollte.

Im Zimmer 18 gab es einen Herrn, der sich offenbar Luft machte. Durch die Tür hörten wir sein Geschimpfe. Er hatte wohl ähnliche Probleme wie wir. Herr Kersten warf den Mann aus seinem Büro. Gerade wollte Kersten einen neuen Besucher aufrufen, als er uns bemerkte. Er sagte: „Sie haben einen Termin beim Stellvertretenden Oberbürgermeister für Inneres. Melden Sie sich bitte in Zimmer 21!"

Zimmer 21 war gleich um die Ecke. Hier saßen die Vorzimmerdamen, auch Sekretärinnen genannt. Nachdem wir uns vorgestellt hatten, wurden wir gebeten, draußen vor der Tür Platz zu nehmen. Mein Mann hatte wieder einen Grund, zur Toilette zu laufen, und ich saß, mit eiskalten Händen, auf meinem Stuhl.

Dann endlich wurden wir von einer Sekretärin ins Vorzimmer gerufen. Höflich nahm sie mir den Mantel ab und hing ihn an die Garderobe. Oh, dachte ich, wenn das so höflich und zuvorkommend weitergeht, könnte ich direkt schwach werden und tatsächlich bleiben.

Jetzt ging die Tür zum Hauptzimmer auf. Ein Herr in mittleren Jahren stellte sich als Dr. Nothe vor, Stellvertretender Oberbürgermeister für Inneres. Gesehen hatte ich ihn noch nie, aber viel über ihn gelesen. Dieser Dr. Nothe war früher Rechtsanwalt in einem Magdeburger Großbetrieb gewesen.

Dr. Nothe bat uns, in sein Büro einzutreten. Dort, am Tisch, saß schon Herr Kersten. Ich hatte ihn gar nicht gesehen, wie er hier hereingekommen war. Normalerweise müßte er an uns vorbeigegangen sein. Ist aber auch egal! Neben Herrn Kersten saß eine Sekretärin mit einem Schreibblock in der Hand. Sicherlich sollte sie Protokoll führen.

Gerade wollte ich mich hinsetzen, da sprang mein Mann auf und lief zum Schreibtisch. Hatte er die Nerven verloren? Nein, aber er hatte ein Tonbandgerät entdeckt, das ganz geschickt hinter Büchern und Akten verborgen war. Das Mikrophon stand fast neben uns. „Was soll das?", fragte mein Mann. Dr. Nothe antwortete: „Ich zeichne alles auf, um bei einer eventuellen Verhandlung als Zeuge auftreten zu können!" So war es also, jetzt wurden sogar schon Zeugen gegen uns gesucht!

Dr. Nothe begann recht sachlich. Er war erst kurze Zeit im Amt und wollte überall noch Lorbeeren ernten. Selbst bei Gegnern des Staates. Wir sollten ihm erklären, was der eigentliche Grund für unseren Ausreisewunsch sei. Wie sollten wir ihm das erklären? Es würde Stunden dauern. Ich überlegte einen Augenblick. Doch mein Mann war schneller. Er sagte: „Ich lehne jegliche Unterredung ab, die mit Tonband geführt wird. Ich will raus aus diesem Staat, geben Sie mir die Ausreise!"

Dr. Nothe und Herr Kersten sahen sich hilflos an. Dann griff Nothe rüber zum Schreibtisch und hatte einen Zettel in der Hand. Er nannte uns einige Daten, an denen in der Bundesrepublik in Zeitungen über uns berichtet worden war. Das sei „staatsfeindliche Hetze" mit „staatsfeindlicher Verbindungsaufnahme". Das waren für mich lachhafte Worte. Wenn mir jemand schreibt oder ich zur Feder greife, soll dies „staatsfeindlich" sein! Dr. Nothe erklärte uns, im Rat der Stadt und auch bei anderen Dienststellen habe man überlegt und auch wohlwollend geprüft, ob man uns ausreisen lassen könne. Das Ergebnis sei eine Ablehnung. Nie dürften wir die DDR verlassen.

Für mich brach eine Welt zusammen. Ich mußte versuchen, die Sache doch noch weiter zu verfolgen. Froh werden würden wir ohnehin nicht mehr. „Wie würden Sie sich verhalten", so fragte ich, „wenn Sie als junger Mensch von Mitarbeitern des Staatssicherheitsdienstes geschlagen worden wären? Was würden

Sie tun, wenn man Ihnen das eigene Kind wegnehmen wollte? Was würden Sie denken, wenn Ihnen verboten würde, Ihre Meinung frei und offen zu sagen, obwohl die Redefreiheit durch die Verfassung garantiert worden ist? Was würden Sie tun, wenn Ihnen vorgeschrieben würde, welchen Beruf und welche Arbeit Sie widerspruchslos zu verrichten hätten?"

Dr. Nothe schielte zum Tonband. Er mußte jetzt Worte wählen, die ihm später nicht zur Last gelegt werden konnten. So sagte er nur: „Ich komme nie in eine solche Lage wie Sie, darum brauche ich auch keine Antwort zu geben!"

Ja, auch so konnte man sich aus der Verantwortung stehlen. Ich wollte jetzt, daß noch mehr auf das Tonband käme. Die, die es hinterher abhören mußten, sollten vor Staunen nicht mehr denken können. So schilderte ich frei und offen die Bespitzelung eines Jugendlichen. Ich nannte Namen und Anschriften! Dr. Nothe und Herr Kersten wurden unruhig. Nicht nur das Tonband störte, sondern die Sekretärin, die den Auftrag hatte, alles mitzuschreiben, störte plötzlich auch. Es war für diesen Bürgermeister schon ziemlich peinlich, zumal er von Beruf Jurist war. Immer wieder wollte er, daß ich aufhörte zu erzählen. Dies interessiere doch niemanden.

„Doch", sagte ich. „Jeder, der dieses Tonband hört, muß nachdenklich werden." Ich wollte die Lage nutzen, um recht viele Fehler den Behörden nachweisen zu können. Dann erst würden sie in ihren eigenen Reihen den Sündenbock suchen.

Ich begann, Herrn Dr. Nothe die Nachteile aufzuzählen, die wir hatten, nur weil wir ausreisen wollten:

1. Meine fristlose Entlassung als Sachbearbeiterin beim Bezirks-Hygiene-Institut.
2. Schlechte Zensuren für unsere Tochter in der Schule.
3. Androhen der Zwangsadoption unserer Tochter durch Hauptmann Richter.
4. Verbot für meinen Mann, Kontakt zur Kundschaft zu pflegen. Versetzung auf einen schlechteren Arbeitsplatz.
5. Kürzungen des Lohnes und der Prämien für meinen Mann.
6. Keine Berücksichtigung bei der Vergabe von billigen Urlaubsplätzen durch die Gewerkschaft.
7. Verbot, ins Ausland zu fahren.
8. Besuchsverbot von Freunden und Bekannten aus der Bundesrepublik.
9. Postkontrolle und Verlust von Brief- und Paketsendungen.
10. Keine freie Berufswahl, keine freie Meinungsäußerung, keine Wahlfreiheit.

11. Beschimpfungen durch Hausbewohner und Parteigenossen.
12. Falsche Berichterstattung durch die Presse und das Fernsehen in der DDR über den Westen.

Ich könnte diese Reihe noch weiter fortsetzen, erklärte ich Herrn Dr. Nothe. Aber ich merkte, er war fertig. Das einzige, was er noch sagte, war: „Wir vom Rat der Stadt besorgen Ihnen eine andere Wohnung in einem neuen Stadtteil, so daß die Beschimpfungen durch Nachbarn und Funktionäre des Wohnbezirks aufhören." Voraussetzung dafür sei aber, die Ausreiseanträge zurückzuziehen. Auch wegen der Arbeit in dem Betrieb meines Mannes wollte sich Dr. Nothe einsetzen, aber wir lehnten alles ab. Nichts könne uns noch locken, in der DDR zu bleiben.

Dr. Nothe bat uns, alles noch einmal zu überdenken und ihm am 3. April Bescheid zu geben, ob wir Hilfe vom Rat der Stadt annehmen würden.

Wir waren noch nicht lange vom Rat der Stadt zurück, als es klingelte. Mein Gemeindeprediger stand vor der Tür. Er wußte, daß wir beim Rat der Stadt gewesen waren, und er wußte auch, diese „Aussprache" würde eine Entscheidung bringen. Jetzt mußte ihm gesagt werden, daß wir niemals ausreisen dürften. Neue Anträge zu stellen wäre eine strafbare Handlung. Der Prediger war bereit, sobald einer unserer Freunde aus der Bundesrepublik bei ihm anrief, die Nachricht zu übermitteln.

Mit dem Prediger besprachen wir auch, wie wir uns gegenüber Anita verhalten sollten, wenn sie von der Arbeit käme. Es war furchtbar schwer, eine Lösung zu finden. Doch dann hatten wir sie. Wir sagten Anita — sie war kaum in der Wohnung —, daß die Entscheidung wegen der Ausreise noch nicht gefallen sei. Wir würden am 3. April weitere Nachrichten bekommen. Das war eine Lüge, aber ich konnte Anita nicht noch mehr seelischen Belastungen aussetzen. Trotzdem war Anita enttäuscht.

Sie hatte in der Zwischenzeit einen Jugendlichen aus der Bundesrepublik gefunden, der ihr regelmäßig schrieb. Anita war sehr froh darüber. Sie war inzwischen 18 Jahre alt geworden und galt nun als mündig. Das hatte den Nachteil, daß es zweifelhaft war, ob Anita jemals mit uns in den Westen gehen könnte, wenn wir es doch schließlich dürften. So war es für uns eine Erleichterung, als dieser Jugendliche einen sehr netten Brief an Anita schrieb. In diesem Brief — er kam gerade wenige Tage nach der „Aussprache" im Rat der Stadt — bot sich der Jugendliche an, Anita zu heiraten. Das gab Anita die Möglichkeit, einen Antrag auf Familienzusammenführung zu stellen. Was ich ihm als hochanständig anrechnete, war die Tatsache, daß er Anita in keiner Form binden wollte. Er sah darin lediglich eine Möglichkeit, Anita trotz ihrer Mündigkeit aus der DDR rausholen zu können. Anita setzte sich also hin und schrieb die Ausreiseanträge auf „Familienzusammenführung".

Nach dem 3. März stellten wir fest, daß wir rund um die Uhr Stasi-Beamte hinter uns hatten. Selbst beim Einkauf hatte ich „Begleitschutz". Manchmal glaubte ich, die Staatssicherheit hätte nichts weiter zu tun, als Leute zu bewachen.

Anita bekam einen Arbeitsplatz bei einer Parteigenossin im Paketschuppen. Diese hatte die Aufgabe, Anita umzuerziehen. Was wir als Eltern versäumt hatten, sollte sie nachholen.

Anita ging zur Nachtschicht und erzählte uns am nächsten Morgen, was man ihr mit dem Hinweis gezeigt hatte, so sei der Westen in Wirklichkeit! Anita war in das Büro des Schichtleiters bestellt worden: Auf dem Tisch lag ein geöffnetes Paket. Es enthielt Kartoffeln, Marmelade, Erbsen und ähnliches mehr. Anita sollte sich dieses Paket genau ansehen. Aus Absender und Empfänger ging hervor, ein DDR-Bürger hätte an seine Verwandten in der Bundesrepublik Lebensmittel schicken wollen. Der Schichtleiter und die Parteigenossin meinten: „So schlimm ist es im Westen, die Leute brauchen die Hilfe von uns, um nicht verhungern zu müssen!"

Ein weiteres Erlebnis hatte Anita wenige Tage danach. In ihre Nachtschicht hinein wurden zwei junge Männer geschleust, die Anita ausfragten. Die beiden taten es so ungeschickt, daß auch andere Kollegen sofort wußten, hier ist die Stasi am Werk. In der Pause wurden andere Kolleginnen gefragt, was sie davon hielten, daß Anita in die Bundesrepublik wolle. Die meisten sagten nichts — es waren ohnehin nicht viele so linientreu, wie es von den Behörden angenommen wurde. Die Parteigenossin allerdings beschimpfte Anita. Sie sei dumm und rückständig. Sie lasse sich von den Eltern und vom Westfernsehen leiten. Außerdem fehle ihr der Sinn für die Realitäten des täglichen Lebens.

Als Anita uns dies berichtet hatte, legte ich Beschwerde bei der Kaderleitung der Deutschen Post ein. Schriftlich. Aber das reichte meinem Mann nicht: Er setzte sich in die Straßenbahn und fuhr persönlich zur Kaderleitung. Dort erklärte ihm der Kaderleiter, was im Betrieb geschehe, ginge ihn nichts an. Es gäbe viele, die nur ein oder zwei Nachtschichten machten, um sich ein bißchen Geld zu verdienen.

Mein Mann bekam von seiner Firma einen anderen Arbeitsplatz. Gleich gegenüber von uns wurde inmitten des Neubaugebietes eine Kirche errichtet. Alles mit hartem Westgeld. Mein Mann mußte allerdings nur die Kantine saubermachen und Essen austeilen. Das war wieder eine der vielen Schikanen!

Nach dem Gesetz hätte mein Mann den gleichen Lohn wie zuvor erhalten sollen. Aber nein, er bekam als „Putzfrau" nur 1,61 Mark in der Stunde. Natürlich in Ost-Mark, während der Staat als Bauherr alles von der Kirche in West-Mark erhielt. All diese Schikanen wurden fast unerträglich. Bei uns machten sich jetzt Streit und Unzufriedenheit bemerkbar. Ohne daß wir es wollten, entstanden durch unsere Nervosität Situationen, die wir wirklich nicht wollten. Auch daß wir so gut wie keine Post mehr erhielten, zerrte an den Nerven. Uns fiel ein, was Dr. Nothe uns bei dem Gespräch im Rat der Stadt gesagt hatte. Er hatte die Zeitung „Hilferufe von drüben" auf den Tisch gelegt und gesagt: „Sie können die Zeitung durchwühlen, Ihr Name steht nicht mehr drin! Der Westen hat kein Interesse mehr an Ihnen!"

Hinzu kam noch eine für mich sehr bittere Pille. Die alte Dame, die ich von der Kirche aus betreute, gab mir zu verstehen, ich dürfe keine Post mehr an ihren Namen schicken lassen. Ihre Enkelin wolle zur Polizei gehen und mich anzeigen. Das war ein harter Schlag. Da hatte sich über Jahre niemand um die alte Dame gekümmert. Im Winter hatte sie bei sechs Grad in ihrer Wohnung gesessen, immer in Decken eingehüllt. Manchmal war es so kalt, daß sie im Bett blieb. Zu dieser Zeit war keine Enkelin gekommen und hatte für die Frau gesorgt.

Die Schweizer boten zwar an, weiter Post von uns anzunehmen, aber das wollten wir nicht mehr. Der Staatssicherheitsdienst würde jetzt sehr bald die Quelle finden, die uns noch Post aushändigte.

An einem Wochenende im März 1980 wurden in allen Häusern, Betrieben, Schulen und Institutionen Unterschriften gesammelt. Die Aktion stand unter dem Motto: Truppenabzug der Sowjetarmee! Was sich hinter dieser Sache verbarg, war nicht schwer zu erkennen. Die Bürger in der DDR sollten glauben, die Sowjetarmee sei wirklich dabei, ihre Streitkräfte zu reduzieren. Der Westen — gemeint waren die Amerikaner — sollte diesem Beispiel folgen und die Truppen in der Bundesrepublik ebenfalls reduzieren.

Die Hausvertrauensleute gingen von Tür zu Tür. In unserem Haus waren 40 Wohnungen. Jeder, der mündig war, gab seine Unterschrift. Das schien aber nicht zu reichen. Auch Schüler

Vor dem sowjetischen Ehrenmal in Berlin-Treptow im Juli 1981 – Lenin-Pio-
niere und Komsomolzen aus der Sowjetunion gemeinsam mit Thälmann-Pio-
nieren und FDJ-Mitgliedern aus der DDR bei einem feierlichen Appell.

und Kinder, die überhaupt nicht begriffen, was man von ihnen verlangte, mußten unterschreiben. Es sei, so sagte die Partei, eine Ehrensache eines jeden Menschen, der den Frieden liebe. Auch an unserer Tür klingelte Herr Hollinger, der Hausvertrauensmann. Mit ihm kam Herr Henning, der für die Parteiarbeit im Wohnbezirk zuständig war. Mir, die ich die Tür öffnete, wurde ein Kugelschreiber in die Hand gedrückt. Dazu ein Bogen Papier. Herr Hollinger wollte gerade beginnen, mir zu erklären, was ich da für ein gutes Werk tun würde, wenn ich unterschriebe. Ich schnitt ihm von vornherein das Wort ab. Den Kugelschreiber gab ich zurück und sagte ziemlich laut: „Ich werde meine Unterschrift nicht geben, da ich es mit meinem Gewissen nicht vereinbaren kann." Jetzt wollte Herr Hollinger wissen, welche Gewissensbisse ich haben könnte. Die Antwort war einfach: „Ich weiß nicht, ob die Soldaten und Panzer tatsächlich in ihre Heimat gehen. Ich bin mir fast sicher, dies ist nur eine Täuschung!" Ich dachte, das Haus stürzt ein. Herr Henning, der Parteigenosse, brüllte mich an: „Sie sind also gegen den Frieden und die Abrüstung!" „Nein", sagte ich, „so wie es das Gesetz und die Verfassung garantieren, mache ich von meinem Recht Gebrauch, die Unterschrift zu verweigern. Außerdem muß ich aus Glaubens- und Gewissensgründen ablehnen. Mein Glaube verbietet es mir, überhaupt an Waffen zu denken, und mein Gewissen sagt mir, entweder alle Panzer und Raketen weg oder gar nichts!"

Mein Mann kam an die Tür und lehnte ebenfalls ab. Das hatte offenbar keiner im Haus gewagt. Die heiße Diskussion im Hausflur hatte einige Mieter vor die Wohnungstür gelockt. Jeder war neugierig, wie es mit uns weitergehen würde. Auch unsere Schweizer Freunde sahen durch einen Türspalt, was sich da abspielte. Ich hatte das Gefühl, die beiden Funktionäre verstanden mich nicht. Also wiederholte ich meine Bedenken: „Ich bin für Frieden und Abrüstung, aber nicht für eine einseitige Sache. Wer garantiert mir, daß die abgezogenen sowjetischen Truppen nicht in ein anderes Land, nach Afghanistan, gehen müssen?" Diese Zusicherung konnte mir keiner der beiden geben. „Sie sind ein Kriegstreiber", sagte Herr Henning. Nun reichte es mir. Das Haus hatte seine Theatervorstellung gehabt. Ich machte den Herren Hollinger und Henning die Tür vor der Nase zu.

Jetzt gab es noch heftigere Reden im Hausflur. Der eine oder andere wollte unbedingt beweisen, wie linientreu er sei. Vielleicht, so glaubten die Leute, bekämen sie eine Auszeichnung, wenn sie besonders schlimme Ausdrücke für uns fänden.

Einen Tag nach diesem Zwischenfall kam meine Tochter nach Hause. Sie hatte von der Arbeit aus ein paar Einkäufe gemacht und dachte, sie könne mit uns in Ruhe Abendbrot essen. Unten im Haus stand eine Gruppe von Hausbewohnern, die heftig aufeinander einredeten. Anita wollte zum Fahrstuhl, als ihr plötzlich ein junger Mann den Weg versperrte. „Du trittst in die Fußstapfen deiner Eltern", sagte er. Anita behielt die Ruhe. „Ich kann machen was ich will", erwiderte sie. „Außerdem hat mich keiner nach meiner Unterschrift gefragt", sagte sie weiter.

Es stimmte, Anita war zwar in der Wohnung gewesen, volljährig war sie auch, aber Hollinger und Henning hatten nicht gefragt, ob sie eine Unterschrift geben würde. Ich empfand das neue Geschehen im Haus als Nötigung und Erpressung. Das war eine Straftat. Ich wollte mich dagegen wehren. Sofort, ohne auch nur noch eine Minute verstreichen zu lassen.

So fuhr ich mit dem Fahrstuhl ein paar Etagen weiter hoch. Ich klingelte bei Herrn Hollinger. Er war ja nicht nur Hausvertrauensmann, sondern auch Kriminalbeamter.

Herr Hollinger öffnete seine Tür. Er ließ mich draußen stehen, genau so, wie es ihm bei uns ergangen war. Ich bat Herrn Hollinger, er möge doch einigen Hausbewohnern klarmachen, daß wir frei entscheiden könnten, was wir bei dieser Unterschriften-Aktion machten und was nicht. Hollinger sagte zwar ja, aber uns Hilfestellung zu geben, das war wohl zuviel verlangt.

Als ich wieder in meine Wohnung wollte, kam eine junge Frau auf mich zu, die mich leise in ihre Wohnung zog. Dort sagte sie mir, sie bewundere unsere Haltung. Sie selber habe auch nicht unterschreiben wollen, aber mehr oder weniger habe man sie gezwungen. „Wehren konnte ich mich nicht", sagte sie. „Es waren drei Mann bei mir", fuhr sie fort.

Noch in der gleichen Woche, in der die Unterschriften-Aktion stattfand, wollte mein Mann zur Kaufhalle gehen, um einzukaufen. Unten auf der Straße fegte ein älterer Hausbewohner die Straße. Kaum sah er meinen Mann, da ging er wütend auf ihn zu. Herr Müller, so hieß dieser Mensch, wollte wissen, warum wir nicht unsere Unterschrift gegeben hätten. Mein Mann ließ ihn links liegen und setzte seinen Weg fort. Ich hatte in der Wohnung die Fenster auf. Plötzlich hörte ich die Worte „Faschist" und „Kriegstreiber". Ich dachte, nicht richtig gehört zu haben, aber als ich ans Fenster trat, sah ich die Bescherung. Gemeinsam mit Leuten aus dem Nachbarhaus ließ Herr Müller diese und andere Schimpfworte nun so frei über meinen Mann aus. In mir kochte es. Ich mußte mir Luft machen. Am liebsten hätte ich einen Blumentopf genommen und aus dem Fenster geworfen. Ich fuhr mit dem Fahrstuhl nach unten und ging auf die Straße. Sofort war Herr Müller bei mir. Vermutlich wollte er nun auch mit mir Streit beginnen. Meine ganze Kraft nahm ich zusammen und sagte: „In meinen Augen sind Sie, Herr Müller, ein Mitläufer und Trottel in einem!"

Für uns wurde das Leben von Tag zu Tag schwerer. Es konnte kommen was wollte, wir mußten hier weg! Da fiel mir aber wieder Dr. Nothe ein. Er als Stellvertretender Oberbürgermeister hatte gesagt, er würde uns auch in ein anderes Neubaugebiet umsiedeln, wenn wir bereit wären, den Ausreiseantrag zurückzunehmen. Es war ein verlockendes Angebot, aber wie sollten wir jemals die damit verbundenen Nachteile verkraften? Ich fühlte mich so eingeengt und mutlos, daß ich heulte. Die Tränen erleichterten mich. Als der Prediger kam, war ich wieder zuversichtlicher. Er brachte mir die Nachricht von einem Telefongespräch mit. Da ließ ein Freund aus der Bundesrepublik uns wissen, daß man uns nicht vergessen hätte.

Von unserem Haus aus, das genau an der Westtangente lag, konnte ich beobachten, wie der Verkehr in Richtung Autobahn lief. Hier kamen auch die Fahrzeuge aus der Bundesrepublik herein. Nicht selten hielt die Polizei sie an. Mich ärgerte es jedesmal, wenn alle Westwagen an die Seite der Straße gelotst wurden. Mir war das selbst als Noch-DDR-Bürger peinlich. An der Grenze konnte man das machen, aber hier an der Einfahrt von Magdeburg war das eine Gemeinheit.

Die Zeit verging, es näherte sich der 3. April, der Tag, an dem wir erneut zum Rat der Stadt mußten. Wie verlangt, hatten wir vier Wochen hart darüber diskutiert, was für uns wohl das beste sein würde. Wir beschlossen, diesmal Anita mitzunehmen, obwohl sie ja nicht wußte, was wir vier Wochen zuvor für eine Ablehnung erhalten hatten. Diesmal sollte sie es auch aus dem Munde vom Stadtrat oder Bürgermeister selbst hören. Uns war bei dem Gedanken gar nicht wohl. Wir sprachen auch wieder mit dem Prediger ab, was er zu tun habe, wenn wir uns nicht bis abends 18 Uhr gemeldet hätten. Dann sei mit Sicherheit eine Inhaftierung durchgeführt worden.

Anita bekam, genau wie mein Mann, an diesem Tag frei. Am Morgen fuhren wir Richtung Stadt. Wieder waren wir zu früh da. Die Beine vertraten wir uns erneut mit der Besichtigung der Schaufenster. Und wie zuvor mußte mein Mann wieder etliche Male auf die Toilette. Mich machte alles ganz nervös.

Beim Pförtner im Rat der Stadt gab es diesmal nichts Ungewöhnliches. Der Mann kannte uns schon. Was er wohl denken
mochte? Nachdem er uns die Ausweise abgenommen hatte,
sagte er gleich, wir sollten zum Zimmer des Stellvertretenden
Oberbürgermeisters gehen.

Wir saßen noch nicht, da holte Dr. Nothe einen Zettel hervor und sagte: „Alles, was wir beim letzten Mal besprochen hatten, ist in einer westlichen Zeitung erschienen. Zum Teil sogar
Wort für Wort!" Mich fragte er: „Frau Krüger, wie erklären Sie
sich das?"

Am liebsten hätte ich losgelacht, aber die Sache war ernst.
„Tut mir leid, Herr Dr. Nothe", sagte ich. „Von uns aus kann
gar nichts in den Westen gelangen, denn wir haben ja seit gut
vier Wochen so gut wie keine Postverbindung mehr."

Dr. Nothe schwieg. Jetzt klagte Herr Kersten: Auch sein Name sei im „Westblatt" erschienen. „Wenn das so weitergeht,
kann ich hier nicht mehr arbeiten." Ich sah meinen Mann an,
der griente. Wir wollten den Leuten in Magdeburg so lange auf
die Nerven gehen, bis sie die Schnauze voll hätten.

Dr. Nothe machte sich am Tonbandgerät zu schaffen. Als er
sich wieder hingesetzt hatte, sagte ich: „Die Strafprozeßordnung
der DDR besagt, daß jede Tonbandaufzeichnung zu Beginn und
am Ende unterschrieben werden muß. Anderenfalls würde das
Gericht gezwungen sein, die Aufzeichnungen für falsch oder un-
vollständig erklären zu lassen." Bereits im ersten Fall, vor vier
Wochen, habe er gegen das Gesetz verstoßen. Dr. Nothe sah
mich an und dann meinen Mann und meine Tochter: „Im
Augenblick bin ich das Gesetz, Sie haben sich zu fügen!"

Dr. Nothe begann nun zu fragen, ob wir uns seinen Vorschlag
überlegt hätten. Er sei, wie schon gesagt, bereit, uns zu helfen
und die vielen Fehler und Nachteile abzubauen. Alles allerdings
könne er nicht „reparieren", da er erst kurze Zeit im Amt sei.

Mein Mann hatte keine Gewalt mehr über sich. Er schrie
plötzlich: „Ich will hier raus, egal was es kostet! Immerhin bin
ich als Faschist und Kriegstreiber bezeichnet worden."

Dr. Nothe rührte sich nicht. Dafür aber Herr Kersten: „Wenn
Sie als Faschist und Kriegstreiber bezeichnet wurden, dann sind
Sie es auch! Die Leute werden schon wissen, was sie sagen."

Dr. Nothe wollte jetzt nicht mehr so recht mit dem Fragen
weitermachen. Herr Kersten hatte die Grundlage verdorben.
An meine Tochter gerichtet, fragte Dr. Nothe: „Fräulein Krüger,
wollen Sie auch noch nach wie vor in den Westen?" Anita sagte:
„Ja, ich will hier raus, lieber heute als morgen." Sie hatte ihre

letzten Ausreiseanträge ständig wegen einer „Familienzusammenführung" gestellt. Das paßte Herrn Kersten überhaupt nicht. Er meinte, in der DDR gäbe es genug Männer zum Heiraten. Außerdem kenne sie ja ihren Freund nicht. Anita war schlau und erwiderte: „Ich kenne meinen Freund so gut, wie ich keinen anderen kenne." Anita kam jetzt auf den Zwischenfall mit Michael Schilling. Hier, wo ein Tonband lief, konnte sie ihre Meinung sagen. Mit Sicherheit hörte die Staatssicherheit später das Band ab.

Ohne eine eigentliche „Aussprache" zu führen, kam man jetzt auf die allgemeine politische Lage zu sprechen. Mir war klar, hier sollte unsere Tochter aus erfahrenem Mund hören, was die bösen Kapitalisten alles tun. So sei die Zahl der Arbeitslosen so hoch, daß Anita keine Arbeits- oder Ausbildungsstelle finden werde. Auch mein Mann bekäme keine Arbeit. Wir sollten doch froh sein, im sicheren Sozialismus leben zu dürfen.

Anita liefen die Tränen übers Gesicht. Sie und auch wir hatten gehofft, das erlösende Wort „Ausreise" zu hören. Aber es sollte wohl nicht sein. Auf die Verfassung meiner Tochter nahm niemand Rücksicht. Deshalb sagte ich nur noch einen Satz, und dieser Satz kam mit aufs Tonband: „Wenn meiner Tochter auch nur das geringste geschieht, egal unter welchen Gesichtspunkten, der Staat wird niemals wieder froh!" Dann stand ich auf und verließ den Raum. Nur zögernd folgte mir mein Mann. In der Tür, in der Anita vor Dr. Nothe stand, sagte Herr Kersten: „Frau Krüger, Sie sind die Urheberin, Sie müssen verantworten, wenn Ihrer Tochter etwas geschieht!" Ich sah ihn an, und es war mir, als hätte ich einen Schlag mit der Peitsche bekommen.

Wir verließen den Rat der Stadt, und wir gingen gemeinsam essen. Die Leute auf der Straße sahen uns an. Anita ging teilnahmslos neben uns, Tränen im Gesicht. Ich mußte all meine Kraft zusammennehmen, um Anita zu trösten. Irgend etwas mußte ich tun. Ich wußte noch nicht genau, was, aber ich wollte nicht mehr länger tatenlos zusehen, wie mein Kind litt. Auch innerhalb der Familie war die Stimmung in letzter Zeit mehr als einmal explodiert. Die Nerven spielten uns manchen Streich. Ich sagte Anita, es gäbe noch eine Möglichkeit: „Da soll in Berlin ein Rechtsanwalt sein, der Anträge auf Familienzusammenführung bearbeitet." Dr. jur. h.c. Wolfgang Vogel, Reiler Straße 4, 1136 Berlin. Ich schrieb sofort und bat um einen Termin, als wir zu Hause angekommen waren.

Anita mußte sich in den nächsten Tagen ärztlich behandeln lassen. Sie hatte an Gewicht verloren und der Kreislauf war labil.

Dr. jur. h. c. Wolfgang Vogel

RECHTSANWALT UND NOTAR
ZUGELASSEN AUCH BEI DEN GERICHTEN IN WESTBERLIN

1136 BERLIN   5.12.1979
REILER STRASSE 4
FAHRVERBINDUNG: AUTOBUS 43/
S-BAHN FRIEDRICHSFELDE-OST
SPRECHSTUNDEN:
MONTAG BIS DONNERSTAG 16 BIS 18 UHR
TELEFON: 5 25 19 27, 5 25 18 11
TELEX: 113 023 VOBE DD

BEI ANTWORT BITTE ANGEBEN:
Vo/E - ZU 79

Familie
Klaus K r ü g e r

3034 Magdeburg Nord
Hans-Grundig-Str. 10

Sehr geehrte Familie Krüger!

Ich kann nur in Fällen echtester Familienzusammenführung
helfen. Ihr Anliegen wird mir erfahrungsgemäß behördlich
nicht abgenommen. Bitte verstehen Sie, daß es nicht an meiner Bereitschaft fehlt.
Ich kann beim besten Willen nichts tun.

Mit Hochachtung

Rechtsanwalt

POSTSCHECKKONTO: BERLIN 364 64 · BAHNVERBINDUNG: SPARKASSE 173, KONTO 6 772-36-30 162

Der Ost-Berliner Rechtsanwalt Wolfgang Vogel, „zugelassen auch
bei den Gerichten in West-Berlin", hat einen schweren Stand: „Ihr
Anliegen wird mir erfahrungsgemäß behördlich nicht abgenommen."

Wie dankbar waren wir den Schweizern, die Multivitamintabletten aus der Bundesrepublik mitbrachten.

Es dauerte nicht lange, da erhielten wir wirklich einen Termin für die Sprechstunde des Rechtsanwalts Vogel. Wir setzten uns alle drei in den Zug und fuhren nach Berlin. Dort durften mein Mann und ich zwar im Wartezimmer sitzen, aber lediglich Anita wurde vorgelassen. Das war ja schon etwas wert. Anitas Name war Dr. Vogel nicht mehr unbekannt. Wolfgang aus Frankfurt am Main hatte sich bereits mit ihm in Verbindung gesetzt. Als Anita wieder ins Wartezimmer zurückkam, sagte sie, Dr. Vogel werde sein möglichstes tun. In etwa vier bis sechs Wochen sollte Anita noch einmal schriftlich nachfragen. Wenigstens Anita hatte jetzt wieder etwas Mut. Aber ich meinte, nur noch ein Wunder könne helfen.

Ich sprach mit dem Prediger. Ich sagte ihm, ich würde mich notfalls opfern, um meinem Mann und meiner Tochter die Ausreise zu ermöglichen. Lange sprachen wir über den Fall Brüsewitz. Ich wollte mich nicht wie er öffentlich verbrennen, aber ich wollte in den Hungerstreik treten. Mein Mann war entschieden dagegen. Ein Hungerstreik, bei meinen chronisch kranken Nieren, wäre eine unmittelbare Gefahr für Leib und Leben. Ich akzeptierte seine Einwände nicht. Ohne massiven Druck würden wir nicht weiterkommen!

Wieder schrieb ich an Freunde in der Bundesrepublik. Ich wollte in den Hungerstreik treten.

Nur wenige Tage später erhielt ich eine Benachrichtigung von der Deutschen Post, ich würde zu einem XP-Gespräch zur nächsten Post gebeten. Dies war gegen 20 Uhr. Für das Postamt am Bahnhof, das bis 21 Uhr geöffnet hatte, war es zu spät. Mein Mann und ich fuhren also in die Stadt. Wir wollten an den Schalter der Nachtbereitschaft im Hauptpostamt, der ab 22 Uhr geöffnet war. Dort erschien aber keine Kollegin. Wer weiß, was los war. Als kurz vor 22.30 Uhr noch niemand da war, liefen wir zu einer Telefonzelle, ganz in der Nähe. Die Straßen waren dunkel. Ich rief das Fernmeldeamt an und meldete mich sprechbereit. Schließlich wußte ich, wie der Ablauf eines XP-Gespräches ist. Es mag am Ende der Leitung ein kleiner Engel gesessen haben. Die Kollegin hatte für mich Verständnis. Ich mußte den Hörer auflegen und warten, bis der Rückruf kam. Es dauerte auch nicht lange, und endlich war das Gespräch da: Ein Freund aus der Bundesrepublik rief an. Er sprach aus Göttingen.

Das Gespräch dauerte schon 15 Minuten, da sah ich von weitem ein Auto auf uns zukommen. Im Schrittempo. Als hätte ich geahnt, daß da jemand etwas von uns wollte, sagte ich noch: „Jetzt kommt die Polizei!" Tatsächlich: Eine Funkstreife stand unweit der Telefonzelle. Am anderen Ende der Leitung hörte der Mann aus Göttingen mit. Zwei Polizisten klopften an die Scheibe. Vielleicht wollen die mal etwas fragen, dachte ich. Immerhin war es Nacht geworden. Da mußte ja der Ordnungshüter her.

Mein Mann ging nach draußen, zeigte seinen Ausweis und erklärte wohl, warum wir ausgerechnet jetzt noch telefonierten. Die beiden Polizisten blätterten im Schein ihrer Taschenlampe den Ausweis meines Mannes durch. Ich schilderte das Geschehen am Telefon. Für den Bundesbürger am anderen Ende war es wohl ein kleiner Krimi, den er jetzt miterleben durfte. Die Frage vom anderen Ende kam, ob wir irgendwo telefonisch erreichbar wären, falls am nächsten Tag Nachfragen nötig seien. Ich nannte die Telefonnummer unseres Predigers.

Mein Mann stand immer noch vor der Telefonzelle. Gerade wollte ich ihn rufen, da setzten sich die Polizisten ins Auto, hielten aber genau vor der Zelle wieder an. Ich gab meinem Mann den Hörer in die Hand. Jetzt sollte er ein paar Worte sprechen, denn ich wollte wissen, warum die beiden vor der Telefonzelle stehenblieben. Aus meiner Handtasche nahm ich meinen Personalausweis. Die Scheiben des Autos waren runtergelassen. Höflich klopfte ich an. Einer der Polizisten stieg aus. Sah er nun wirklich in meinen Ausweis und las er meinen Namen, oder tat er nur so? Es war dunkel, und er hatte die Taschenlampe nicht zur Hand. Ich bekam meinen Ausweis wieder und begann, dem Polizisten die ganze Geschichte zu erzählen: Wir hätten eine Aufforderung erhalten, zur Post zu kommen.

Der Polizist hörte sich alles an, drehte sich wortlos um und stieg in das Auto. So ein Spinner, dachte ich. Kann der nicht ein bißchen höflicher sein? Ach Gott, ich hatte vergessen, in diesem Sozialismus gibt es nur Polizisten, die kaum eine Miene verziehen, wenn sie mit dem Bürger sprechen. Ich ging in die Telefonzelle zurück. Es waren nun schon gut 45 Minuten, die wir gesprochen hatten. Ich gab meine letzten Eindrücke noch schnell durch. Dann beendeten wir das Gespräch.

Wir gingen ein Stück die Hauptstraße entlang und waren an der Stelle, wo die Straßenbahn ins Neubaugebiet fuhr. Wir überquerten die Straße und merkten, wie plötzlich das Polizeiauto wendete. Es fuhr im Schrittempo hinter uns her bis zur Haltestelle. Dann blieb es stehen. Die Straßenbahn kam und wir fuhren los. Sooft ich aus dem Fenster der Straßenbahn sah: Die Polizeistreife war neben uns. Nun machte ich mir doch Sorgen. Ich wußte, Tag und Nacht konnte ich den Prediger erreichen, aber sollte ich ihn jetzt anrufen? Ich sah wieder einmal aus dem Fenster, da war die Funkstreife weg. Gott sei Dank!

Wir kamen an unserer Endstation an. Auf der Brücke, genau über der Westtangente, sahen wir ein Auto vor unserer Tür stehen: die Funkstreife. Jetzt glaubte keiner von uns mehr an einen Zufall. Welchen Sinn hatte dieses Trauerspiel? Es blieb uns gar nichts anderes übrig, als tapfer auf unser Haus loszusteuern. Wir taten so, als sähen wir überhaupt kein Auto.

Am Sonntagmorgen, wir waren noch nicht lange auf, klingelte es an der Tür. Wie abgesprochen ließen wir uns dazu verleiten, alle ans Fenster zu laufen. Wir wollten wissen, wer draußen war. Polizei war es nicht, es fehlte das Auto.

Ich öffnete und mein Prediger stand vor der Tür. Ganz aufgeregt sagte er: „In der Bundesrepublik glaubt man, ihr seid verhaftet worden!" Was los sei, wollte er wissen. Schnell suchten wir alles zusammen, was sich in unserer Wohnung an gefährlichen Unterlagen befand. Meine Akten, die den „Briefkontakt" mit den Behörden und Ämtern enthielten, ließ ich im Schrank. Alles andere nahm der Prediger mit: Anschriften von Freunden in der Bundesrepublik, Zeitungsausschnitte, die wir im Laufe der Zeit gesammelt hatten.

Am Nachmittag wollte der Bundesbürger aus Göttingen, mit dem wir zuvor gesprochen hatten, wieder anrufen. Diesmal bei dem Prediger in der Wohnung. Wir fuhren nicht hin, denn es war zu vermuten, daß der Prediger Schwierigkeiten bekommen würde.

Durch die Belästigung der beiden Polizisten bei unserem Telefonat sah ich den Tatbestand der Nötigung gegeben. Nötigung, weil die Polizei, nachdem sie uns kontrolliert hatte, mit dem Auto stehengeblieben war. Wir sollten wohl das Gespräch aus Angst abbrechen. So schrieb ich an den Leiter der Bezirksbehörde der Deutschen Volkspolizei. Mit einer Antwort rechnete ich nicht.

Unerwartet an einem anderen Sonnabend, genau eine Woche nach dem Anruf aus Göttingen, klingelte es um 17 Uhr bei uns an der Tür. Diesmal stand ein Polizeiauto vor dem Haus. Ich sah aus dem Fenster und mußte erleben, wie viele Leute an den Fenstern hingen. Zwei Polizisten kamen herauf. Sie waren in

Uniform, und man sah, daß sie eine höhere Stellung hatten. Einer stellte sich als Leiter der Bezirksbehörde vor. Der andere schien eine ähnlich hohe Funktion zu haben, denn er sagte, er sei Leiter der Einsatzzentrale. Wie ich bemerkte, hatte einer eine Akte unter dem Arm. Weder mein Mann noch ich ahnten, daß hier in der Wohnung eine „Eingabe bearbeitet" werden sollte. Wir hatten mit einer Verhaftung gerechnet.

Der Leiter der Bezirksbehörde nahm die Akte, die er unter dem Arm getragen hatte, und sagte: „Sie haben eine Eingabe geschrieben, die wir gern mündlich beantworten wollen." Er sagte, ich sehe die Kontrolle vor der Telefonzelle durch die Polizei zu „schwarz". An diesem Tag und in der Nacht sei eine Großfahndung gewesen. Die Polizei hatte die Anweisung, jeden zu kontrollieren. Natürlich, ich bestritt es nicht, dies war möglich. Ich fragte, ob es auch ein Zufall gewesen sei, daß wir bis nach Hause „Begleitschutz" gehabt hätten. Darauf bekam ich keine Antwort.

Um die Polizisten herauszufordern, sagte ich, das ganze Geschehen sei am Telefon von einem Bundesbürger verfolgt worden. Damit hatte ich in eine offene Wunde gestochen. „Bitte, sagen oder schreiben Sie Ihren Verwandten, daß es sich um einen Irrtum handelte", bat mich der Polizist. Ich erklärte, im Westen würde man nun fest glauben, in der DDR würden die Telefongespräche überwacht.

Die beiden Polizisten sahen ihre Aufgabe als erfüllt an und verabschiedeten sich. Kaum waren die beiden draußen, da holte ich erst einmal Luft. Ich wunderte mich, bisher noch keinen Herzanfall gehabt zu haben. Diese ständige Ungewißheit und diese Beschnüffelung gingen mir auf die Nerven. Aber auch meinem Mann und Anita ging es so. Unsere Stimmung sank auf den Tiefpunkt.

Es war der Zeitpunkt gekommen, wo ich die ersten Briefe auf Umwegen erhielt, in denen mir Mut gemacht wurde, auch eventuell einen Hungerstreik durchzuführen. Alle, die schrieben, wünschten mir Erfolg. Ich plante diesen Hungerstreik zum 17. Juni, dem Tag der Deutschen Einheit. Es war noch ein anderer Grund, warum ich diesen Tag wählte. Mit einigen anderen aus meiner Gemeinde hatte ich mich an einem 17. Juni taufen lassen. Erwachsenentaufe. So verstand ich mich mit Gott verbunden. Und der 17. Juni sollte niemals aus meinem Gedächtnis gestrichen werden, weder in politischer noch in christlicher Sicht.

SECHSTE ABTEILUNG

Sollte mir etwas geschehen, möchte ich in der Bundesrepublik meine letzte Ruhestätte finden

Am 30. Mai 1980, es war ein wunderschöner warmer Maientag, wollten mein Mann und ich raus in unseren Garten. Anita hatte Nachtschicht gehabt und konnte so in Ruhe schlafen. Es hatte in der Nacht geregnet. Das beste Wetter zum Pflanzen. Wir nahmen auch einiges zum Grillen mit und stiegen in aller Frühe auf unsere Räder. Eine gute Viertelstunde und wir waren im Grünen. Mein Mann fuhr noch einmal in die Kaufhalle, um Getränke zu holen. Dann begann er, eine neue Tür zu zimmern, und ich pflanzte Gemüse und Blumen.

Es muß etwa um neun Uhr gewesen sein, da kam ein Gartennachbar vorsichtig an unseren Zaun. Unsere Parzelle lag genau in der Mitte der Kolonie, die am Haupttor abzuschließen war. So schützten wir uns vor Fremden. Der Nachbar sagte sehr leise: „Frau Krüger, kommen Sie einmal her!" Ich ging zu ihm, zumal wir uns immer gut verstanden hatten. Er flüsterte mir nun zu: „Draußen vor dem Tor steht die Staatssicherheit. Sie haben gefragt, ob Sie schon hier sind."

Vorsichtig, mich hinter einem Strauch versteckend, sah ich auf die Straße. Tatsächlich: Das Tor vor dem Gartenhauptweg war blockiert von einigen Männern. Was jetzt? Meinem Mann rief ich zu: „Draußen steht die Stasi!" Er glaubte es nicht.

So schnell ich konnte, lief ich in die Laube, nahm den Schlüssel und ging zum Haupttor. Immer und immer wieder hatten wir darüber geredet, was wir tun würden, wenn der Staatssicherheitsdienst kommen würde. Wir hatten ja damit gerechnet. Andere waren bei dem geringsten Aufmucken in Haft gekommen. Uns hatte bisher nur dieser Zwischenfall mit Michael

138

Schilling gerettet. Das war nicht so einfach vom Tisch zu fegen. Jeder Richter und jeder Staatsanwalt hatten die Pflicht, die Gründe für eine Straftat genau darzulegen. Der Fall Schilling wäre ja peinlich nicht nur für die Staatssicherheit, sondern auch für den Oberstaatsanwalt und viele andere mehr.

Ich war mit dem Schlüssel am Haupttor angelangt. Ob ich nun die Staatssicherheit selber reinließe oder ein Gartennachbar öffnete, das war ja wohl egal. Mich hatte gerade einer dieser Stasibeamten erblickt, da rief er schon: „Frau Krüger, öffnen Sie bitte mal die Tür, wir möchten uns mit Ihnen unterhalten!" Ich schloß auf. Aus allen Ecken kamen Männer zum Vorschein. Alle in Zivil, so als kämen sie nur zu Besuch.

Ich hatte eine kurze Hose und einen bunten Pulli an. Kaum war ich wieder in unserem Garten, gingen drei auf meinen Mann zu, zwei andere Beamte und eine Frau stellten sich zu mir. Ausweise der Staatssicherheit hielten sie uns vor die Nase. Ich wollte gerade etwas sagen, da herrschte mich schon einer an: „Halten Sie Ihren Mund!"

Nun wurde ich munter und verlangte den Haftbefehl. Die Antwort: „Sie sind nicht verhaftet, wir wollen nur ein Gespräch mit Ihnen führen."

„Und wer macht meinen Garten weiter?" fragte ich.

„Das können Sie anschließend machen, es wird ja wohl nicht lange dauern", erklärte die Beamtin. „Bitte, ziehen Sie sich um." Ruhig nach außen betrat ich die Gartenlaube. Die Beamtin folgte mir. Sie blieb in der Laube neben mir stehen, bis ich umgezogen war. Mein Mann durfte nicht in die Laube. Wir waren von dem ersten Augenblick an getrennt.

Als ich fertig war, mußte mein Mann sich umziehen. Unter seinen Schuhen war ein großer Klumpen Lehm. Ich wollte ihm sagen, er möge diesen Klumpen entfernen, ehe er die Laube betrete. Kaum hatte ich meinen Satz begonnen, da brüllte mich ein Stasimensch an: „Ich hatte Ihnen gesagt, gesprochen wird ab sofort nicht mehr!"

Die Beamtin nahm mich am Arm und sagte: „Packen Sie Ihre Sachen weg, es könnte Regen geben." Mit Sachen waren die Hacke und die Gießkanne gemeint.

Als wir umgezogen waren, führte man uns raus aus der Kolonie. Auf der Straße standen zwei Autos. Noch einmal versuchte ich, meinem Mann ein Zeichen der Ermunterung zu geben, aber es war zwecklos. Blaß und nervös wirkte er, als ich ihn in dem einen Auto sah. Mich setzte man in einen „Wolga". So fuhren wir zum „Gespräch".

Es ging auf der Westtangente in Richtung Neustadt. Ein eisernes Tor öffnete sich, und die Wagen fuhren hinein. Vor einem weiteren Tor mußten wir warten. Ich kam mir vor wie bei meinem Begräbnis. Traurig und düster sah alles aus. Ich wurde aufgefordert auszusteigen. Ein Wachposten verlangte meinen Personalausweis. Ich gab ihn raus. Dann nahm ich meine Tasche und ließ mich in einen Keller führen, wo eine Art Warteraum, ohne Fenster, war. Ich hatte gerade Platz genommen, da kam eine Beamtin in Uniform. Sie nahm mir meine Tasche ab und durchsuchte sie. In meinem grünen Beutel hatte ich Stricknadeln und Wolle. Der Beutel wurde mir weggenommen.

Jetzt saß ich da, ohne zu wissen, wie es weitergehen würde. Ob wohl die Leute von der Staatssicherheit soviel Herz haben würden, unsere Tochter zu benachrichtigen? Ich fragte die Beamtin, die hin und wieder in den Warteraum kam. Eine Antwort würde mir der „Vernehmer" geben.

Nach einer guten Stunde führte mich die Beamtin einen kleinen Gang entlang, stieg mit mir die Treppe hoch und übergab mich einem Wachmann. Vor mir lag ein großer breiter Flur. Rechts und links waren viele Türen. Über fast allen Türen leuchtete eine rote Lampe: Achtung Vernehmung!

Im Zimmer 6 wartete ein Beamter in Zivil auf mich. Er forderte mich auf, Platz zu nehmen, griff nach meiner Tasche und kippte den Inhalt auf den Tisch. Ich wollte etwas sagen, aber mir fehlte der Mut. Aus meinem Tascheninhalt zog der Beamte einen Brief mit Absender aus der Bundesrepublik hervor. Der Stasibeamte beschlagnahmte ihn.

Mir reichte dieser Zirkus jetzt. Ich fragte, was dieses alles zu bedeuten habe. Der „Vernehmer", so stellte er sich vor, sagte: „Aufgrund einer Anordnung des Bezirksstaatsanwaltes sind Sie ab sofort in Untersuchungshaft." „Und wo ist der Haftbefehl?", fragte ich. Antwort: „24 Stunden dürfen wir Sie festhalten, und zwar ohne richterlichen Beschluß!" Ich hätte am liebsten geheult.

Der Vernehmer nahm meine Personalien auf und ich grübelte noch, als plötzlich die Tür aufgerissen wurde. Herein kam ein kleiner blonder Hauptmann. Sofort schrie er mich an: „Sie Kupplerin, Sie Verbrecherin! Sie wollen Ihre Tochter an die Kapitalisten im Westen verkaufen. Sie sind es gar nicht wert, Mutter genannt zu werden!" Sosehr ich mir auch Mühe gab, die Tränen zurückzuhalten, ich schaffe es nicht.

Ich wurde durch Gottes Hilfe ganz ruhig. Ich begriff, hier sollte ich eingeschüchtert werden. Sachlich, aber bestimmt sagte ich: „Wenn Sie die Absicht haben, weiter so zu brüllen, brülle ich ab sofort noch lauter zurück." Das hatte gesessen. Der „kleine Hauptmann" – diesen Namen hatte ich ihm gegeben – sprang auf, verschwand aus dem Raum. Die Tür knallte.

Ich wollte jetzt einen Rechtsanwalt haben. Die Antwort: Ich würde einen Rechtsanwalt bekommen, wenn es die Untersuchungsorgane erlaubten. Gegen mich sei ja noch gar kein Haftbefehl erlassen worden. Der Staatsanwalt des Bezirkes Magdeburg habe ein Ermittlungsverfahren eingeleitet. Der Grund: staatsfeindliche Verbindungsaufnahme, staatsfeindliche Hetze und Beleidigung von staatlichen Organen. Wen hatte ich beleidigt und wann? Was hatte ich denn getan? Ich hatte gut sieben Jahre lang um die Ausreise aus der DDR gekämpft. Völlig legal und gemeinsam mit meiner Familie. Aber ich sei der Rädelsführer, sagte der Vernehmer.

Er machte sich am Tonbandgerät zu schaffen, was erst einmal eine Weile in Anspruch nahm. Aber ehe die Vernehmung beginnen konnte, stürmte der kleine Hauptmann wieder in den Raum. Er griff nach einem Bogen Papier und legte meinen Schlüsselbund darauf. „Los, schreiben Sie sofort auf, welcher Schlüssel zu welchem Schloß paßt." Ich weigerte mich. „Nun gut, dann brechen wir alle Türen gewaltsam auf." Jetzt mußte ich aber doch lächeln. Das, was der kleine Hauptmann sagte, war völlig gesetzwidrig. Und das wußte er auch. Ich sagte: „Warum fahren Sie nicht in meine Wohnung, dort ist meine Tochter, die wird Ihnen die Türen öffnen."

Die beiden sahen sich an. Sollte die Stasi auch unsere Tochter verhaftet haben? Anita war so schon nervlich fertig, daß ein neuer Angriff auf sie schwere gesundheitliche Schäden nach sich ziehen würde. „Ist meine Tochter auch verhaftet?" fragte ich. Die Antwort des Vernehmers klang ironisch: „Ehe Sie eine Antwort von mir bekommen, kriegen wir erst ein Geständnis von Ihnen!"

Jetzt wurde mir aus der Strafprozeßordnung vorgelesen. Ich könnte Aussagen verweigern, mir einen Anwalt nehmen, aber wenn ich Aussagen machte, müßten sie der Wahrheit entsprechen. Ich hörte nur mit halbem Ohr hin.

Die eigentliche Vernehmung begann mit der Überprüfung meines Namens, Geburtsdatums und Geburtsortes, Wohnanschrift und meiner jetzigen Stellung. Eine Stellung hatte ich nicht, ich war Rentnerin. Ich wurde gefragt, wie ich Kontakt zu Bundesbürgern gefunden hätte. Wie es möglich sei, daß im-

Hoch die Häupter der führenden Genossen! — Die FDJ Unter den Linden in Ost-Berlin bei einem Aufmarsch an einem 1. Mai, als Erich Honecker noch einer unter vielen war.

mer wieder westliche Medien über uns berichteten. Ich machte keine Aussagen.

Dann wurde ich über meine Mitgliedschaft in einer Kirche ausgefragt. Warum ich in dieser Kirche sei, was ich bisher dort aktiv getan hätte. Warum ich den 17. Juni ausgesucht hätte, mich taufen zu lassen. Der Vernehmer war der Meinung, ich hätte diesen Tag gewählt, weil ich mich vom Staat völlig lossagen wollte. Unrecht hatte er damit nicht, aber ich bestritt dies. Sollte er doch weiter erzählen, ich hatte keine Lust, mich mit ihm zu unterhalten.

Der Vernehmer sagte, es läge ein weiterer Straftatbestand vor. Aufruhr gegen die öffentliche Ordnung und Sicherheit! Meine Verhaftung sei für die Westmedien sicher wieder ein Spektakel. „Aber wir werden denen drüben schon zeigen, was eine Harke ist!"

Der Vernehmer fragte: „Stimmt es, daß Sie die Absicht haben, am 17. Juni 1980 in den Hungerstreik zu treten?" Ich wollte erst keine Antwort geben, aber dann interessierte mich doch, woher er dies wußte. Kein Fremder außer meinem Seelsorger kannte meinen Plan. Mein Mann hatte bestimmt nichts gesagt. Ich fragte den Vernehmer, wer ihm dies zugetragen habe. Er antwortete: „Sie schwärmen doch so vom Westen, aber dort will Sie niemand haben. Wenn es anders wäre, würde die westliche Presse nicht schon Mitte Mai über Ihren Plan berichtet haben." Eine westliche Zeitung hatte über mich berichtet! Daß darauf eine Verhaftung erfolgen würde, hätten die Journalisten doch wissen müssen. Vielleicht sollte die Veröffentlichung die DDR-Staatsorgane auch warnen und abschrecken. Ich war zwar jetzt im Untersuchungsgefängnis, aber dies bedeutete noch lange nicht, daß ich in Haft bleiben müßte. So antwortete ich: „Ich plante meinen Hungerstreik und ich führe ihn aus. Selbst dann, wenn ich in Haft sein werde." Der Vernehmer griente mich an: „Den 17. Juni 1980 wird es nicht geben. Dieser Tag fällt einfach für alle und besonders für Sie aus!"

Ausfallen würde der Tag sicher nicht, weder bei der Staatssicherheit noch bei mir. Die Ereignisse des 17. Juni waren seit langem für mich zu einem festen Begriff geworden. Da hatten Berliner Bauarbeiter und andere Arbeiter versucht, die Regierung zu stürzen. Sie wollten mehr Freiheit und Demokratie. Dies nicht nur auf dem Papier, sondern in Wirklichkeit. Wenn der Russe nicht gewesen wäre, hätten die Arbeiter den Kampf gewonnen. Aber die DDR-Machthaber holten ihren großen Bruder, den Russen, und der setzte Panzer und Kanonen ein.

Ein Onkel meines Mannes ist erschossen worden. Am 17. Juni 1953! Kann man dies vergessen?

Es folgten insgesamt 26 Stunden Verhör. Am Sonnabend, in der folgenden Nacht und am Sonntag bis 15 Uhr wurde ich verhört. Dies, ohne eine Stunde zu schlafen. Das Sitzen auf dem Stuhl tat weh. Die ersten Stunden ging es, aber dann dachte ich, daß meine Wirbelsäule durchbrechen würde.

Ich erhielt eine Liste mit Namen und Anschriften von Bundesbürgern und sollte anstreichen, mit welchen ich Kontakt hatte. Ich strich zwei an. Immerhin hatte ich in meiner Tasche zwei Briefe gehabt, die die Stasi jetzt in Händen hielt. Nach einem kurzen Blick auf das Papier brüllte mich der Vernehmer an: „Sie kennen jeden einzelnen, der hier auf der Liste steht!" Ich antwortete nicht mehr. Der Vernehmer holte einen Kollegen. Es war inzwischen später Abend geworden. Der zweite wollte wissen, wer den Westen jetzt informiere, daß ich verhaftet sei. Ich sagte nichts. Aber ich überlegte, ob mein Prediger rechtzeitig von unserer Verhaftung erfahren haben könnte. Nur ein rechtzeitiges Telegramm hätte jetzt helfen können. Doch wie ich hörte, war überall eine Postkontrolle eingerichtet worden. Aber was ich nicht wußte, war, daß der Prediger an jenem Sonnabend bei uns im Garten gewesen war, um nach uns zu fragen. Noch am frühen Nachmittag hatte er das abgesprochene Telegramm über die deutsch-deutsche Grenze geschickt.

Die Nacht brach herein, und ich wurde müde. Essen hatte ich bisher abgelehnt, und das machte mich noch müder. Wenn ich zur Toilette mußte, wurde ich von einer Beamtin hingeführt. Sie blieb vor der Toilettentür stehen, damit ich nicht zu lange bliebe. Es war eine grauenvolle Nacht.

Gegen Mitternacht bekam ich ein paar Bogen Papier. Ich sollte den Lebenslauf meines Mannes und meiner Tochter schreiben. So gut ich konnte schrieb ich alles auf und reichte die Bögen dem Vernehmer.

Mein Vernehmer kam auf die Tonbandaufzeichnungen im Rat der Stadt, Abteilung Inneres, zu sprechen. Ich merkte, daß bereits bei der „Aussprache" im Rat der Stadt eine Verhaftung geplant gewesen war. Es war unserem kontrollierten Verhalten zu verdanken, daß wir damals noch einmal davongekommen waren. Aber die Tonbänder konnten nicht gegen uns verwendet werden. Wir hatten nichts uns Belastendes gesagt. Außerdem hatten weder mein Mann noch ich die Tonbänder abgezeichnet. Ohne unsere Unterschrift konnten sie nicht vor Gericht verwendet werden. So war jedenfalls die rechtliche Seite.

Der Vernehmer wollte wissen, warum wir nicht das Angebot von seiten des Rates der Stadt angenommen hätten. Die staatlichen Organe hätten den Willen, ihre Fehler wieder gutzumachen. Gemeint war da der Fall Michael Schilling. Die Stasi war alles andere als im Recht. Michael Schilling hatte die Wahrheit gesagt. Und das paßte nicht in das Konzept dieser hohen Herren.

Mein Vernehmer wollte wissen, wie wir die Post über die Grenze bekämen. Ich zuckte mit den Schultern. Da schrie er mich an: „Ich bringe Sie zum Sprechen, selbst wenn wir hier zwei Tage und zwei Nächte sitzen müssen!" Auch bei ihm machte sich die Müdigkeit bemerkbar. Er wurde immer gereizter.

Der Vernehmer verschwand aus dem Zimmer. Er brauchte wohl einen starken Kaffee. Tatsächlich kam er mit einer Tasse zurück. Ich tat so, als ginge mich die ganze Sache nichts an.

Der Vernehmer fragte: „Bleiben Sie dabei, am 17. Juni in den Hungerstreik zu treten?" Mein Ja war laut und deutlich, obwohl ich immer müder und kaputter wurde.

Der Vernehmer wollte gerade etwas sagen, da ging die Tür auf. Der kleine Hauptmann erschien und polterte los: „Wissen Sie eigentlich, daß weder Ihr Mann noch Ihre Tochter in den Westen wollen?" Ich sah den Hauptmann an. Ich konnte ja nicht prüfen, ob das stimmte. So sagte ich nur: „Notfalls gehe ich allein in die Bundesrepublik!"

Der kleine Hauptmann hatte sich ein bißchen beruhigt. Vorher hatte er sehr laut gesprochen, nun wurde er fast höflich. Vielleicht würde ich so eher schwach werden und sagen: „Ich bleibe in der DDR."

Außerhalb des Zimmers kam es zu Diskussionen, die ich nicht verfolgen konnte. So verging die Nacht.

Ich saß wie ein Häufchen Unglück auf meinem Stuhl, als am Morgen das Frühstück gebracht wurde. Ich lehnte ab. Der Vernehmer tat so, als sei es ihm egal. Er beobachtete mich, und ich ihn.

Ein Wachposten wurde gerufen, der aufpassen sollte, daß ich auf meinem Stuhl sitzen bliebe. Der Vernehmer verschwand. Diesmal wohl zum Frühstück.

Als er wiederkam, wurde eine Akte geholt, aus der Briefe fielen. Die Handschrift kam mir bekannt vor. Es waren meine Briefe, die ich in der letzten Zeit über den normalen Postweg in die Bundesrepublik geschickt hatte.

Der Vernehmer bekam Verstärkung, der kleine Hauptmann tauchte auf. Auch er sah müde und kaputt aus. Aus den Briefen

POST

Mit Polizeigewalt wird ein DDR-Bürger daran gehindert, eine Petitionsschrift an den Ministerpräsidenten von Nordrhein-Westfalen, Johannes Rau, zu übergeben. – Geschehen am Rande der Leipziger Frühjahrsmesse 1988.

wurde mir vorgelesen. Ich hatte in ihnen die momentane Situation geschildert. Das war „nachrichtendienstliche Tätigkeit"!

Mein Vernehmer sagte: „Sie sind doch intelligent, bleiben Sie in der DDR! Hier kümmert man sich um Sie. Drüben im Westen sind Sie verloren. Sie können es doch hier zu etwas bringen. Denken Sie an Ihre Jugend und Kindheit!"

Der kleine Hauptmann griente mich an. Er fragte, ob mir das angebotene Essen nicht schmecke. „Nein, danke", sagte ich.

„Es ist ja auch keine Wurst auf dem Brot. Wir haben keine Westwurst für Sie." Er fing an, dummes Zeug zu reden.

Aber das Verhör drehte sich ernstlich immer wieder nur um einen Punkt: die Ausreise. Warum, weshalb, wieso?

Mein Vernehmer mußte jetzt ein Protokoll für den Haftrichter schreiben. Es war schon fast Mittag. Für eine Untersuchungshaft mußte der Richter Geständnisse haben. Ich hatte gestanden, mit verschiedenen Bundesbürgern Kontakt in Form von Briefen und Anrufen gehabt zu haben. Ich gab auch zu, in den Hungerstreik treten zu wollen, ob ich nun in Freiheit sei oder nicht. Diese Aussagen reichten für einen Haftbefehl.

Am frühen Nachmittag durfte ich endlich aufstehen. Ich wurde in ein anderes Zimmer gebracht. Dort saß der Haftrichter mit seiner Sekretärin. Ich wurde gefragt, ob die Aussagen stimmten. „Ja", sagte ich. Das reichte.

Ich kam wieder zurück in den Raum, in dem ich seit Sonnabendmorgen 9.30 Uhr gesessen hatte. Es war inzwischen Sonntag 15 Uhr. Der Vernehmer forderte mich auf, meine Uhr, meinen Ring und alle meine Sachen, die in meinem Besitz waren, abzugeben. Geld wurde genau nachgezählt und in eine Tüte gesteckt. Der Inhalt meiner Tasche wurde auf einer Liste genau registriert. Diese Liste mußte ich unterschreiben. Ich tat es. Ich dachte in diesem Augenblick weder an meinen Mann noch an meine Tochter. Ich wollte schlafen, und wenn es nur eine Stunde wäre.

Der Vernehmer sah mir meine Müdigkeit genauso an, wie ich ihm die seine. Bevor ich gehen mußte, brüllte er mich noch einmal an: „Wir kriegen Sie hier schon klein, worauf Sie sich verlassen können!" Ich glaubte ihm aufs Wort.

Eine Beamtin nahm mich mit in die untere Etage. Es war der Keller. Wir passierten mehrere Türen, die alle erst einmal aufgeschlossen werden mußten. An der Decke führten Rohre entlang. Dann plötzlich, links in eine offene Tür wurde ich hineingeschoben. Ich konnte kaum ein Bein vor das andere setzen.

In einem winzig kleinen Raum mußte ich mich ausziehen. Eine Beamtin kontrollierte meine Sachen und schrieb sie auf eine Liste. Dann durfte ich mich wieder anziehen. Ich tat alles wie im Traum. Die Luft war trocken und muffig. Ich war froh, als ich hier raus konnte. Einige Türen weiter wurde ich in eine Zelle gesteckt. Ich erschrak darüber, wie es hier aussah. An der Decke brannte ein trübes Licht. Vor mir standen ein Bett, ein kleiner Tisch und ein Hocker. Vorn an der Tür das Waschbecken und die Toilette.

Ich hatte mich kaum umgesehen, da gab eine Aufseherin das Essen herein. Kartoffeln und ein Stück Fleisch. Erst hatte ich die Absicht, nichts zu essen, aber die Aufseherin setzte sich zu mir und redete auf mich ein. Ich war zu müde, um mich zu widersetzen. So aß ich ein paar Happen und stellte den Teller weg. Dann mußte ich mein Bett beziehen und erhielt die Erlaubnis zu schlafen. Wie eine Tote ließ ich mich niederfallen. Wach wurde ich, weil mir kalt war. Ich hatte nur etwa drei Stunden geschlafen. Es war erst Abend. Mein Kopf tat weh und ich wollte eine Tablette haben. Eine Beamtin sagte kühl: „Wenn Sie Ihre Ausreiseanträge zurücknehmen, werden wir Ihnen auch helfen!"

Vor mir lag jetzt die erste Nacht in einer Zelle. Das Abendbrot aß ich. Der Hunger trieb es rein. Eigentlich hatte ich den Hungerstreik gleich am ersten Tag beginnen wollen. Aber da war kein Protest drin. Ob ich nun etwas aß oder nicht, dies war dem Wachpersonal reineweg egal.

Tag und Nacht hatte ich eine Aufpasserin in meiner so schon kleinen Zelle. Sprechen durfte ich mit keiner von ihnen. Aber einer in mittleren Jahren vertraute ich. Und die Hilfe, die sie mir gab, erleichterte manches. Wenn ich einmal völlig ausgekühlt war, massierte sie meine Hände und Füße. Sobald ich etwas sagen wollte, legte sie die Finger auf den Mund. Das war das Zeichen: Nicht sprechen! Diese Aufseherin arbeitete zwar für den Staatssicherheitsdienst, aber froh war sie dabei nicht.

Eine andere, ganz junge Aufpasserin — sie war schwanger und machte noch ihre Ausbildung bei der Stasi — dagegen hätte als Wächterin ganz gut nach Buchenwald oder eines der anderen Nazi-Konzentrationslager gepaßt, wenn sie schon im Krieg das Alter gehabt hätte. Am Montagmorgen führte sie mich zum Duschen. Eigentlich war freitags Duschtag, aber als Neue kam ich eben gleich einen Tag nach der Einlieferung dran. Im ziemlich großen Duschraum legte ich meine Sachen ab. Dann drehte die Aufseherin das Wasser auf. Zuerst schien es warm zu sein, aber dann wurde es eiskalt. Als ich um warmes Wasser bat, erhielt ich die Antwort: „Hier in diesem Staat haben nur die Anspruch auf warmes Wasser, die keine Hetze gegen den Staat führen!" Ich blieb gleichgültig. Aber mir wurde von Minute zu Minute bewußter, wo ich war: in Haft. In einem Staat, in dessen Verfassung es heißt: „Die Würde des Menschen ist unantastbar!" Auf dem Papier! Aber in der Realität: Nichts ist mit Menschenwürde und Demokratie. Ich war kein Mensch mehr. Ich lebte wie ein Stück Vieh.

Am Montag nach meiner Verhaftung geschah überhaupt nichts. Ich saß mit Bewachung in der Zelle und wartete.

Erst am Dienstag, gleich nach dem Frühstück, brachte mich ein Wachhabender hoch in das Vernehmungszimmer. Unterwegs keifte er mich an: „Hände auf den Rücken! Gesicht zur Wand, wenn jemand vorbeigeht!" Ich wurde wie ein Schwerverbrecher behandelt.

Mir gegenüber stand ein schlanker Mann in Zivil. Er bat mich, Platz zu nehmen. Er gab an, in Zukunft das Ermittlungsverfahren gegen mich zu führen. So lange, bis es zu einer Verhandlung vor dem Gericht kommen würde.

Wie nach der Verhaftung wurde ich erneut nach meinen Personalien gefragt. Dann, ob ich Beschwerden vorzubringen hätte.

Ich hatte, allein schon wegen der Kälte in der Zelle. Draußen war es zwar Juni, aber in den Zellen, die im Keller lagen, war es kalt. Der Vernehmer nahm meine Beschwerde zur Kenntnis: „Wir sind hier eben kein Hotel!" Ich mußte mir auch diese Antwort gefallen lassen. Ich war die Schwächere.

Der Vernehmer holte einen Kollegen, einen Hauptmann. Namen gab es nicht. Ich lernte nur die Dienstränge kennen. Und dies nur dann, wenn sie sich untereinander anredeten. Ob dies dann die richtigen Ränge waren, weiß ich nicht. Die beiden wollten mir jedenfalls beweisen, daß mein Mann das einzig Vernünftige getan und unterschrieben habe, in der DDR bleiben zu wollen. Ich mußte mich sehr zusammennehmen, aber dann sagte ich kühl: „Bitte, zeigen Sie mir die Unterschrift meines Mannes!" Ganz schnell wechselten die beiden Vernehmer das Thema.

Einer holte aus einer Akte einen Zeitungsausschnitt. Er las ein paar Zeilen daraus vor. In einer westdeutschen Zeitung war über meine Verhaftung berichtet worden. Also hatte doch jemand Freunde in der Bundesrepublik benachrichtigt! Ich wäre am liebsten vom Stuhl aufgesprungen und hätte laut Hurra geschrien. Aber ich blieb ruhig. Als mich der Vernehmer fragte, was ich tun würde, wenn ich keine Möglichkeit hätte, in den

Hungerstreik zu treten, erwiderte ich: „Auch wenn alles über mich lacht, ich gehe wie geplant in den Hungerstreik!" Ich hatte die Gewißheit, der Westen hat mich nicht vergessen.

Ich fragte die Vernehmer, wie es meiner Tochter und meinem Mann ginge. Sie wußten es nicht. Ich machte mir Sorgen um Anita. Wenn sie jetzt allein war, brauchte sie doch Geld. Ich sagte dem Vernehmer, wo mein Kostgeld läge, und bat, es Anita zu geben. Der Vernehmer legte mir einen Bogen Papier auf den Tisch und ließ mich alles noch einmal aufschreiben.

Irgendwie müßte sie nun zurechtkommen. In der Kirche würde sie Freunde finden, die ihr aufrichtig helfen würden. Obwohl Anita früher nicht zur Kirche gegangen war, so war sie mit mir gerade in der letzten Zeit immer häufiger mitgegangen. Auch mein Mann, der zu keiner Kirche gehört, hatte an Kirchenveranstaltungen teilgenommen. Wir hatten ja sonst niemanden. Selbst innerhalb der Kirchengemeinde wurden wir von einigen gemieden. Bei denen, die uns mieden, bedeutete Kirche genausoviel wie Staat.

Den vollgeschriebenen Bogen gab ich dem Vernehmer zurück. Nun wollte er wissen, ob ich mich schuldig fühle. Was heißt schuldig? Ich sagte: „Wenn der Kontakt mit Bundesbürgern verboten ist und wenn die Wahrheit verboten ist, bin ich schuldig im Sinne der Anklage: Staatsfeindliche Verbindungsaufnahme, staatsfeindliche Hetze und Aufruhr gegen die öffentliche Ordnung und Sicherheit." Warum sollte ich etwas anderes sagen?

Mir wurde vorgeworfen, ich würde den Hungerstreik nur deshalb am 17. Juni beginnen, weil ich dem Staat eins auswischen wollte. Das stimmte nur teilweise. Ich sah einfach keine andere Möglichkeit, mich zu verteidigen. Ich wollte die DDR legal verlassen. Ich hatte nicht einmal einen Fluchtversuch unternommen. Aber Ehrlichkeit zählte ja nicht. Wenn ich einen Fluchtversuch gemacht hätte, könnte ich verstehen, wenn ich wegen Republikflucht in Untersuchungshaft wäre. Jetzt aber saß ich, nur weil ich einfach wegwollte. Ich war nicht mehr ich selbst, sondern ein Glied in einer Kette. Unfrei und unterdrückt von einem System, das sich sozialistisch nennt.

Ich bat meinen Vernehmer, mir endlich einen Rechtsanwalt zu stellen, wenn ich ihn mir schon nicht allein suchen dürfte: „Das Strafgesetzbuch sagt klar und deutlich, ich habe Anspruch auf einen Rechtsanwalt. Auch die Strafprozeßordnung beschreibt dieses Recht."

Der Vernehmer legte mir eine Liste vor, in der alle Rechtsanwälte innerhalb der DDR verzeichnet waren. Ich brauchte mir keinen Anwalt aus dieser Liste zu suchen. Als hätten wir es geahnt, hatten wir vor der Verhaftung ein Gespräch rein privater Natur mit dem Magdeburger Rechtsanwalt Schumann gehabt. Dieser Rechtsanwalt hatte uns gesagt, falls mal etwas sein sollte, übernehme er die Verteidigung. So gab ich also ihn an, ohne zu ahnen, welche Stellung er hatte.

Wieder erhielt ich einen Bogen Papier und einen Kugelschreiber. Ich durfte einen Brief an den Rechtsanwalt Schumann schreiben. Da dieser Brief vom Vernehmer gelesen wurde, schrieb ich aus Zorn auch hinein: „Sollte mir innerhalb der Haft etwas geschehen, möchte ich in der Bundesrepublik meine letzte Ruhestätte finden."

Der Vernehmer bekam einen Wutanfall: „Wissen Sie, was Sie sind? Total verrückt! Sie erpressen uns und weiter nichts!" Ein Wachposten mußte mich wieder in meine Zelle bringen.

Mein Zorn auf den Staatssicherheitsdienst war so groß geworden, daß ich den Termin des Hungerstreiks bereits auf Mittwoch, den 4. Juni festlegte. Von diesem Tag an verweigerte ich jegliche Nahrung. Ich aß nichts und ich trank nichts.

Am zweiten Tag wurde ich zum Anstaltsarzt gebracht. Er untersuchte mich und forderte mich auf, sofort wieder Nahrung zu mir zu nehmen. Ich lehnte ab.

Daraufhin kam der Leiter des Untersuchungsgefängnisses herein, ohne auch nur einmal anzuklopfen. Für ihn gab es offensichtlich keine Schranke. Dem Arzt war dies peinlich, er ließ es sich nur nicht anmerken.

Ich hatte sehr starke Kopfschmerzen. Ich bat um eine Tablette, die mir aber verweigert wurde. Ich bekäme sie erst, erklärte der Arzt, wenn ich wieder regelmäßig essen würde.

Der Arzt und der Leiter der Haftanstalt redeten auf mich ein. Ich solle wieder essen, sonst könne ich ja nie in den Westen kommen. Recht hatten die beiden schon, aber man hatte ja unsere Ausreise längst endgültig abgelehnt. Der Arzt meinte, ich sollte wenigstens an meinen Mann und an meine Tochter denken. Alles nur dummes Gerede, sagte ich mir. Der Arzt: Ich solle doch an meine Nieren denken, die keine lange Durstzeit aushalten würden. Von einer toten Frau und Mutter hätte die Familie ja nun wirklich nichts.

Ich hörte mir alles an und gab dann offen zu verstehen: Ich bleibe bei meinem Hungerstreik! Lieber will ich für andere in den Tod gehen als in einem Staat leben, der nur unterdrückt und bevormundet!

Meine Familie hatte natürlich nie einem Hungerstreik zuge-
stimmt. Mein Mann hatte gemeint, ich würde mir die Sache wohl
noch einmal überlegen. Er war dagegen. Ob ich den Hungerstreik
nun durchführte oder nicht, wußte er nicht. Für mich war es
ganz gut, daß er nicht mit ansehen mußte, wie ich zu leiden
hatte.

Am dritten Tag erlitt ich einen Kreislaufkollaps. Ich wollte
mich morgens waschen und fiel am Waschbecken rückwärts
auf den Kopf. Die Aufseherin holte Hilfe. Ein Arzt gab mir eine
Spritze, und damit war die Sache erledigt.

Nach wenigen Stunden — ich hatte das Gefühl, mein Kopf
müsse platzen — holte mich ein Wachposten zur Vernehmung.
Ich konnte mich nicht auf den Beinen halten.

Als ich den Raum des Vernehmers betrat, griente der mich
an: „Ist wohl doch nicht so einfach, einen Hungerstreik durchzuführen?" Ich wollte mir sein Gerede nicht anhören, aber ich
mußte es. Wie an allen Tagen zuvor wurden wieder die gleichen
Fragen gestellt: „Wie sind Sie auf die Idee gekommen, gerade
am 17. Juni in den Hungerstreik treten zu wollen? Wie bekamen
Sie den ersten Kontakt zu Bundesbürgern?" Ich saß an dem
Tisch, an dem ich immer saß beim Verhör, und wäre am liebsten
eingeschlafen. Die ersten Tage des Hungerstreiks hatten mich
sehr geschwächt. Es heißt ja auch, die ersten Tage seien die
schlimmsten.

Meine Lippen waren von dem Feuchtigkeitsentzug spröde geworden. Es hatte sich eine Schorfborke auf den Lippen gebildet,
die besonders schmerzte. Der Vernehmer sah es und tat so, als
sei dies eine zusätzliche Strafe für mich.

Ich fragte, was mit meiner Tochter sei. Ich wollte auch wissen, ob sie das Geld bekommen hätte, das ich in einer Büchse
aufbewahrte, in der immer mein Kostgeld lag. Der Vernehmer
kam auf mich zu, wollte gerade etwas sagen, als die Tür auf-
ging. Ein kleiner, etwas molliger Stasimensch kam rein. Der Vorgesetzte meines Vernehmers. Er setzte sich an den Tisch und
sagte nur: „Ich fordere Sie auf, sofort den Hungerstreik zu beenden!"

Ich fragte, ob ich mich schriftlich an meinen Mann oder meine Tochter wenden dürfe. Die Antwort: „Wenn Sie in unserem
Beisein etwas trinken, dann können Sie schreiben und wir sorgen auch dafür, daß Ihr Mann und Ihre Tochter den Brief erhalten." Ich saß ganz schön in der Zwickmühle. Ich wollte unter
keinen Umständen den Hungerstreik beenden, wollte aber auch
Kontakt zu meinem Mann und meiner Tochter haben. Mein Ver-

nehmer machte weitere Zugeständnisse: „Wenn Sie trinken, dürfen Ihnen auch Ihre Tochter und Ihr Mann antworten."

Ich überlegte. Essen würde ich nicht, aber etwas trinken könnte ich schon. Das wäre zwar ein Erfolg für die Stasi, aber ich erführe etwas über meinen Mann und meine Tochter. Ganz bewußt ließen die Vernehmer sich Zeit. Sie wußten, ich würde nachgeben. „Gut, ich trinke etwas", sagte ich.

Ich hatte noch gar nicht richtig ja gesagt, da sprang der kleine mollige Vorgesetzte auf und lief aus dem Zimmer. Der Vernehmer, der für mich zuständig war, sagte: „Na sehen Sie, mit einem bißchen guten Willen geht doch alles. Wenn Sie uns entgegenkommen, tun wir es auch." Stolz über seinen Sieg, setzte er sich hinter den Schreibtisch. Er schrieb etwas auf, was ich aber nicht erfuhr. Ich saß und wartete. Es dauerte nicht lange und der kleine Mollige kam wieder: in seinen Händen ein Tablett, auf dem zwei große Gläser mit Saft standen. Übertrieben freundlich sagte er: „Guten Appetit!"

Ich griff nach einem der Gläser und begann langsam, Schluck für Schluck, zu trinken. Das erste Glas war leer. Ich stellte es hin. Jetzt wollte ich an meinen Mann schreiben und forderte Papier und Bleistift. Ich sollte erst das zweite Glas austrinken, weil die Nieren zu wenig Flüssigkeit bekommen hätten. Auch hier gab ich nach. Ich trank auch das zweite Glas leer. Für mich eine totale Niederlage und ich schämte mich.

Mein Vernehmer hielt sich jetzt an sein Wort. Ich durfte schreiben. Allerdings nur unter seiner Aufsicht. Kein Wort über die Verhaftung und meinen jetzigen Zustand. Der Brief würde von etlichen Beamten gelesen, bis er weitergehen könnte. Später erfuhr ich, dieser Brief hat meinen Mann nie erreicht.

Ich verbrachte eine ganze Woche in Einzelhaft unter ständiger Bewachung. Der Staatssicherheitsdienst konnte es sich leisten, jedem Häftling einen Bewacher zu stellen. Täglich zwischen 8.30 und 17 Uhr waren die Verhöre. Stundenlang saß ich auf dem Stuhl im Vernehmungszimmer. Da ich am dritten Tag etwas getrunken hatte, war ich jetzt fest entschlossen, auch der besten Überredungskunst nicht mehr nachzugeben. Gegessen hatte ich bisher ohnehin nichts. Im Laufe der Tage hatte ich das Hungergefühl verloren. Darum fiel es mir auch nicht schwer, immer wieder das Essen, was ohnehin ein Schweinefraß war, zurückzugeben.

Mein Körper wurde immer schwächer, aber ich mußte trotzdem jeden Tag zum Verhör. Mir sagte der Vernehmer, es sei meine eigene Schuld und er müsse das Ermittlungsverfahren weiterführen. Ich ließ all die Fragen über mich ergehen. Was sollte ich über die Menschen aussagen, die mir ständig und Gott sei Dank Briefe und Karten schrieben? An dem Verhalten des Vernehmers und seiner Kollegen spürte ich, wie sehr sie die Bundesrepublik fürchteten. Nicht nur aus der Bundesrepublik, auch aus Italien, den Niederlanden und der Schweiz waren Briefe gekommen.

Der Bezirksstaatsanwalt hatte jetzt eine totale Postsperre verhängt. Alle Briefe, Karten und Pakete gingen an die Staatssicherheit. Mit welchem Recht nahm man mir meine Post weg? Mir wurde trocken geantwortet: ,,Wenn wir Ihnen die Post aushändigen, machen Sie sich nur Illusionen. Der Westen und die Menschen, die Ihnen schreiben, können und wollen Ihnen gar nicht helfen. Sie sind nur auf Schlagzeilen aus!‘‘

Ich mußte schon eine ganze Portion Überwindung aufbringen, denn ich stellte mir vor, wie es wäre, wenn ich jetzt zu diesem Zeitpunkt in der Bundesrepublik lebte und die Staatssicherheit recht haben würde. Ich dachte an die, die wieder in die DDR zurückkamen, weil sie im freien Teil Deutschlands nicht klargekommen waren. Ganz in der Nähe von Magdeburg gab es für sie ein Lager. Barby heißt der Ort. Dort suchte sich der Staatssicherheitsdienst die aus, die in der Bundesrepublik gescheitert waren. Die Menschen sprachen dann im Fernsehen und in der Presse von dem schrecklich schweren Leben im Westen.

In meiner kleinen Zelle hatte ich viel Zeit nachzudenken. Ich wog jedes Für und Wider ab. Woran lag mir mehr? Ich zog die ungewisse Freiheit in der Bundesrepublik vor. Selbst dann, wenn ich tatsächlich keine Freunde finden würde. Ich war mir sicher, mein Mann, meine Tochter und auch ich würden den Anfang schon packen. Wir waren nie Luxus gewöhnt, aber wir sehnten uns nach einem Leben in Freiheit!

Jeden Tag hielten sie mir bei den Verhören vor, wie gut und wie sicher ein Leben im Sozialismus sei. Ich bekam einen regelrechten Geschichtsunterricht. Von der Gründung der DDR angefangen, über die Teilung Deutschlands, bis hin zu der jetzigen ,,fortschrittlichen‘‘ Lage innerhalb der sozialistischen Staaten, zu denen auch die DDR gehöre. Natürlich gab es in der DDR keine ,,Arbeitslosen‘‘. Jeder, der nicht die Arbeit machte, die ihm zugewiesen wurde, mußte mit Lohn- und Prämienkürzungen rechnen. Junge und auch ältere Menschen, die versuchten, keinerlei Arbeit nachzugehen, kamen in Arbeitslager. Dort sollten sie zu ,,anständigen Sozialisten‘‘ gedrillt werden.

In der Zelle wurde mir Brühe angeboten. Ich sollte nach Anweisung des Arztes alle halbe Stunde ein bißchen Brühe trinken. Der Magen sollte sich wieder an Nahrung gewöhnen. Die Beamten taten so, als wollte ich meinen Hungerstreik beenden.

Meine Kopfschmerzen wurden immer stärker. Obwohl ich vom Arzt wiederholt eine Spritze bekam, ließen sie nicht nach. Am Montag, dem 9. Juni, brachte man mich erneut zum Arzt. Mein Körper war so geschwächt, daß mich der Wachposten und der Sanitäter tragen mußten. Der Arzt gab mir wieder eine Spritze, hüllte sich aber sonst in Schweigen. Ich sollte im Bett liegenbleiben. Die in der Zelle wachende Aufseherin machte mir kalte Umschläge um den Kopf. Eine kleine Erleichterung. Die Spritze wirkte, und ich konnte ein paar Stunden schlafen.

Am Nachmittag sah der Sanitäter nach mir. Dann kam eine andere Stasibeamtin. Sie war wie ein Teufel. Sie setzte sich auf einen Stuhl neben mein Bett und trat mit den Stiefeln dagegen. Jeder Tritt war für mich ein schrecklicher Schmerz. Auf mein Bitten, sie möge das lassen, gab sie zur Antwort: ,,Sie haben den Staat so geschädigt, daß es überhaupt nicht schlimm ist, wenn Sie jetzt einmal Schmerzen ertragen müssen!" Als sie nicht aufhörte, gegen mein Bett zu treten, stand ich auf. An der Tür war eine Klingel. Ich drückte. Ein Wachposten erschien. ,,Ich möchte sofort den Vernehmer sprechen", sagte ich. Die Tür wurde wieder zugemacht, und ich war weiter den Brutalitäten dieser Beamtin ausgesetzt. Es kam kein Vernehmer.

Am späten Nachmittag kam der Sanitäter mit einer Beamtin in Zivil. Mir wurden die Schuhe angezogen, die Brille weggenommen. Ohne Erklärung wurde ich durch den dunklen Gang geführt. Ich mußte gestützt werden, meine Füße wollten mir nicht mehr gehorchen. Plötzlich stand ich im Gefängnishof. Für wenige Minuten genoß ich die wunderbar reine Luft und die Sonne. Eine junge Frau trat auf mich zu. Sie stellte sich als Ärztin vor. Hinter ihr stand ein Krankenwagen. Ohne ein weiteres Wort wurde ich auf eine Trage gelegt und hineingeschoben.

Das Auto war eben angefahren, da fragte ich die Ärztin, wohin wir fahren würden. Sie sagte: ,,Dort, wo Ihre Kopfschmerzen weggehen, dort fahren wir hin!" Mit im Krankenwagen waren noch eine Bewacherin der Stasi, der Leiter der Untersuchungshaftanstalt und der Fahrer. Die Ärztin gab mir eine Spritze. Angestrengt überlegte ich, wohin man mich nun bringen würde. Durch den oberen Teil der Scheibe im Wagen konnte ich Häuser und Alleen erkennen. Ich hatte zwar keine Uhr, aber es mußten schon fast zwei Stunden vergangen sein, als ich an einer Brücke das Wort „Berlin" las.

Wir fuhren eine Weile durch die große Stadt und ich konnte durch den Spalt des Fensters sehen, wie wir durch ein Tor fuhren. Der Wagen hielt vor einer Tür. Der Leiter der Untersuchungshaftanstalt Magdeburg stieg aus, kam aber schnell zurück. Wir rollten in eine Art Tunnel. Dann stand der Wagen. Die hintere Tür wurde geöffnet, und die Ärztin und ein Wachposten brachten mich ein paar Stufen hoch. Vor mir lag ein breiter Gang. Rechts waren Zellentüren. Die linke Seite hatte Fenster. Ich kam in eine Zelle, die sehr sauber war. Auch war ein Fenster drin, allerdings nur aus Glasbausteinen. Von innen konnte das Fenster nicht geöffnet werden.

Erst als eine Schwester kam, begriff ich, daß ich mich in einer Krankenstation befand. Wachposten holten alles aus der Zelle heraus, was lose an der Wand oder am Waschbecken hing: Handtücher, Zahnbecher, sogar die Seife. Als ich aufstehen wollte, brüllte mich einer der Wachposten an: „Los, hinlegen, hier werden keine Fisimatenten gemacht!" Sofort legte ich mich mit meinen Sachen aufs Bett.

Die Schwester brachte mir ein Nachthemd und Abendbrot. Ich lehnte das Essen ab. Die Schwester sagte keinen Ton. Nun kam ein Arzt im weißen Kittel. Er stellte sich an mein Bett und befahl mir zu essen. Ich weigerte mich. Der Arzt drohte mit einer Zwangsernährung. Eine künstliche Ernährung sei sehr schmerzhaft. Ich stellte meine Ohren auf Durchzug. Wie die drei berühmten Affen wollte ich es machen: Nichts hören, nichts sagen und nichts sehen! Das war leichter gedacht als getan.

Ich wollte wissen, wo ich sei. Der Arzt erklärte mir, ich befände mich in der Krankenabteilung, die zur Untersuchungshaftanstalt gehöre. Draußen vor der Zellentür standen die Wachposten, die zu jeder Zeit durch den Türspion sehen konnten. Der Arzt sagte mir weiter, der Bezirksstaatsanwalt habe eine gründliche Untersuchung angeordnet. Der Arzt nannte sich Psychiater. Sofort fiel mir ein, wie man vor Jahren schon einmal versucht hatte, mich für unzurechnungsfähig zu erklären. Der Arzt sagte, die Staatssicherheit und der Bezirksstaatsanwalt seien der Meinung, bei mir könne psychisch nicht alles in Ordnung sein. Hier in der Krankenabteilung sollte ich untersucht werden.

SIEBTE ABTEILUNG

In der Psychiatrie der Stasi:
Mein Körper begann zu schweben

Ich wußte sofort, hier wollte man mich für verrückt erklären. Der Staatsanwalt würde mich dann für eine Weile in eine Psychiatrische Klinik stecken lassen. In der Klinik könnte ich dann Eingaben und Beschwerden schreiben, soviel ich wollte. Nie würde ich eine Antwort erhalten. Weil ich das Essen verweigert hatte, nahm es die Schwester wieder raus. Der Arzt verordnete ein Medikament, das gespritzt werden sollte. Ich weigerte mich, weil man mir nicht sagen wollte, um welches Medikament es sich handelte. Aus meinen Krankenunterlagen war ersichtlich, daß ich verschiedene Medikamente nicht vertragen würde.

Den Arzt interessierte dies nicht. Ein Pfleger kam mit der Spritze. Es sollte ins Gesäß gespritzt werden. Dazu sollte ich mich auf den Bauch legen.

Ich weigerte mich.

Der Arzt lächelte: „Vergessen Sie nicht: Sie sind eine Untersuchungsgefangene. Sie haben sich nach dem zu richten, was wir hier sagen und tun."

Ich weigerte mich immer noch.

Der Arzt holte Verstärkung. Zwei weitere Pfleger kamen. Mit einem Ruck legten sie mich auf den Bauch, hielten mich fest, und der Pfleger spritzte. Die Schwester zog mich aus.

Am nächsten Morgen kam ich zu mir. Wie im Traum klopfte ich an die Wand. In Magdeburg hatte ich auch immer Klopfzeichen gegeben. Zweimal lang, dreimal kurz.

Kaum hatte ich zum zweiten Mal mein Klopfzeichen gegeben, wurde die Zellentür aufgeschlossen. Sofort stand der Arzt an meinem Bett. Wie im Traum hörte ich: „Sie sind hier nicht in Magdeburg, bei uns werden keine Klopfzeichen gegeben!"

Der Arzt wollte mich davon überzeugen, daß Ausreiseanträge-stellen keine „normale Sache" sei.

Wenig später kam ein zweiter Arzt, der sich als Internist vor-stellte. Ich mußte es glauben.

Beide Ärzte fragten mich über meine Gesundheit aus. Was anzugeben war, sagte ich. Trotz meiner Müdigkeit hörte ich, was die beiden vorhatten. So sagte der Psychiater: „Wir haben die Absicht, Sie mit Medikamenten zu behandeln. Vielleicht finden Sie dann wieder in den normalen Alltag zurück!"

Auf meine Frage, welche Krankheit eigentlich bei mir behandelt werden sollte, bekam ich zur Antwort: „Für uns Ärzte steht im Vordergrund das, was von der Staatsanwaltschaft angeordnet wurde." Gemeinsam mit der Staatsanwaltschaft des Bezirkes Magdeburg überlegten die Beamten der Staatssicherheit also, was mir angehängt werden könnte.

Der Arzt fragte mich, ob ich bereit sei, die vorgesehenen Medikamente zu nehmen. Ich lehnte ab.

Dann müsse man Gewalt anwenden, wurde erklärt.

Einen Tag später begann der Arzt mit seiner Therapie. Morgens, mittags und abends bekam ich Medikamente gespritzt. Es war furchtbar! Mir war aber alles so egal.

Die Zeit verging. Ich lag in meinem Bett und sah an die Decke. Am zweiten Tag der Therapie wurde ich morgens nach der Spritze aus dem Bett geholt. Ein Wachposten schob mich durch eine Art Schleuse. Meine Hände mußte ich auf dem Rücken lassen. Es dauerte eine Weile, bis der Wachposten auf der anderen Seite die Tür aufschloß und mich in eine andere Zelle brachte.

Der Arzt und der Magdeburger Vernehmer waren schon da.

„Sehen Sie, wie besorgt wir um Sie sind? Wir reisen Ihnen sogar nach Berlin nach", sagte der Vernehmer. Ich sagte nichts und ließ mich kraftlos auf den angebotenen Stuhl fallen. „Soviel Mühe, wie wir uns mit Ihnen geben, soviel Mühe würde man sich in der Bundesrepublik nicht machen!" sagte der Vernehmer weiter. Als er erklärte, in der Bundesrepublik sei ich nicht mehr gefragt, hätte ich fast gesagt: „Ich bleibe in der DDR."

Und schon legte mir der Vernehmer einen Bogen Papier vor. Dort stand: „Ich, Waltraud Krüger, bin bereit, in der Deutschen Demokratischen Republik zu bleiben. Ich nehme zur Kenntnis, daß die staatlichen Organe bemüht sind, mir bei meinen Schwierigkeiten zu helfen." Dann sollte die Unterschrift folgen.

Obwohl ich mehr als müde und abgespannt war, konnte ich doch noch so weit denken, daß ich nicht unterschreiben durfte.

Diesen Triumph wollte ich der Staatssicherheit nicht gönnen. Ich erklärte: „Ich bleibe bei meinen Ausreiseanträgen."

Der Arzt sagte: „Wir müssen Ihnen die Medikamente geben, weil wir vermuten, daß eine Fehlsteuerung des Gehirns vorliegt."

Ich wollte etwas fragen, aber der Vernehmer ließ mich eiskalt abblitzen: „Hier stellen wir die Fragen, Sie haben zu antworten!"

Dennoch warf ich ein: „Für mich ist sicher, die Bundesbürger haben mich nicht vergessen. Sonst würden Sie als Staatssicherheit nicht so ein Theater machen."

Ich wollte wissen, wie man die angebliche Fehlsteuerung bei mir begründe. Die Antwort: „Wer in einem sozialistischen Staat geboren, aufgewachsen und geformt worden ist, wer sich von Grund auf, ohne fremde Hilfe eine Existenz aufgebaut hat und wer dann sein Wissen und Können den Feinden zur Verfügung stellen will, bei dem Menschen kann nur eine Fehlsteuerung vorliegen." Der Arzt sagte weiter: „Im Sozialismus ist jeder für jeden verantwortlich. Im kapitalistischen Westen fragt niemand nach den armen und kranken Menschen. Sie sind noch in der DDR, und so lange fühlen wir uns verantwortlich." Nach diesem Satz wurde ich in die Krankenzelle zurückgebracht.

Wie der Arzt angeordnet hatte, bekam ich dreimal am Tag eine Spritze. Später erfuhr ich zufällig, daß es Luminal war. Als zusätzliches Medikament bekam ich alle sechs Stunden eine „entzündungshemmende" Spritze.

Ich kämpfte gegen meine Müdigkeit und unterschrieb nicht. Der Arzt gab mir jetzt Infusionen. Die Nieren brauchten Flüssigkeit. Ich weigerte mich. Aber ich wurde am Bett festgebunden.

Die Infusionen bekam ich täglich. Ich aß und trank nichts, also mußte ich künstlich ernährt werden. Ich war von Natur nicht so, daß ich leicht kapituliert hätte.

Hier aber war ich nicht mehr ich selbst.

Trotz der hohen Dosis an Luminal wurde ich jeden Tag verhört. Dem Vernehmer machte es offensichtlich nichts aus, zwischen Berlin und Magdeburg hin- und herzufahren.

Ich hatte jetzt kein Interesse mehr zu fragen, was meine Tochter mache und wie es meinem Mann gehe. Ich war fest der Meinung, meine Tochter sei in „Freiheit". Bei den täglichen Vernehmungen erfuhr ich nichts von ihr und meinem Mann. Ich war auch nicht mehr in der Lage zu unterscheiden, ob es Tag war oder Nacht.

Die Einzelhaft und die Medikamente brachten mich an einem Abend dazu, an Selbstmord zu denken. Ich nahm aus meinem Bett das Laken, stieg auf das Fensterbrett und versuchte über einen kleinen offenen Spalt, das Laken am Gitter zu befestigen. Plötzlich ging die Zellentür auf. Mit einem Ruck zog mich ein Wachposten vom Fensterbrett. Ich fiel auf die Knie. Mit einem Fußtritt wurde ich ins Bett gestoßen. Ich ließ die Gewalt über mich ergehen.

Dem Arzt und meinem Vernehmer dauerte mein Hungerstreik zu lange. Sie wurden noch brutaler. Ich wurde aus meiner Zelle 3 geholt. Man gab mir einen Bademantel, den ich über das Nachthemd zog. Im Arztzimmer forderte man mich auf, mich auf eine Liege zu legen. Der Arzt sagte: „Wir wollen mal sehen, ob Sie nicht doch trinken werden!"

Ich legte mich auf die Liege. Hätte ich mich geweigert, wären die beiden Sanitäter auf mich zugekommen. Bis jetzt standen sie nur so im Raum. Vermutlich dachte der Arzt, ich würde mich weigern. Aber mir war alles egal. Mir wurde der Bademantel abgenommen, die Schuhe mußte ich ausziehen. Dann streifte der Arzt das Nachthemd hoch, so daß die Oberschenkel frei wurden, und ein Ständer mit einer Infusionslösung wurde an die Liege geschoben. Der Arzt sagte: „So, jetzt bekommen Sie einmal auf andere Art und Weise Flüssigkeit in den Körper!" Er stach in beide Oberschenkel eine Nadel. Mit den ersten Tropfen der Lösung durchzuckte mich ein furchtbarer Schmerz. Ich glaubte, mir würden die Beine abgerissen.

Ich wollte hoch und die Nadeln aus den Oberschenkeln ziehen. Sofort waren ein Pfleger und ein Wachposten in Uniform da. Der Wachposten riß meine Arme hoch und kniete sich darauf. Der Sanitäter hielt meine Beine fest. Der Arzt saß in der Ecke und beobachtete mich. Die Schmerzen wurden unerträglich. Mir liefen die Tränen übers Gesicht. Es war furchtbar. Ich bat den Arzt, er möge diese Infusion abbrechen.

Er griente: „Wenn Sie etwas trinken und unterschreiben, daß Sie in der DDR bleiben wollen, breche ich die Infusion ab."

Der Arzt drückte mir ein Stück Papier in die Hand. Trotz der unerträglichen Schmerzen lehnte ich die Unterschrift ab.

Die Flaschen waren nach 45 Minuten leer, und der Arzt zog die Nadeln aus den Oberschenkeln. Ich schrie.

In meiner Zelle sah ich mir meine Beine genauer an. Ich erkannte sie nicht wieder. Die Einstichstellen waren dick angeschwollen, und jede Bewegung tat mir weh. Tellergroß waren die schneeweißen Flecken an den Oberschenkeln. Obwohl nun keine Lösung mehr lief, krümmte ich mich vor Schmerzen.

Ich wollte ein Schmerzmittel haben, aber der Wachposten rief durch die Zellentür: „Holen Sie sich doch vom Westen ein Medikament!"

Am folgenden Tag fragte der Vernehmer, wie es mir ginge. Ich antwortete, daß ich eine schriftliche Beschwerde wegen brutaler Gewalt einlegen würde. Der Vernehmer lachte und meinte, ich mache Spaß, gab mir aber Papier und Kugelschreiber und ließ mich schreiben. Er las die Beschwerde durch, lachte wieder und zerriß den Bogen. Mir wurde übel. Ich lief zum Toilettenbecken und übergab mich. Schließlich rief der Vernehmer nach einem Arzt. Der unterbrach das Verhör für drei Stunden, gab mir aber wieder eine Infusion.

Mein körperlicher Zustand verschlechterte sich weiter. Nierenbluten setzte ein. Ich hatte keinen Anspruch auf Hilfe.

Ich wünschte mir sehr, jetzt mit einem Menschen reden zu können. Ich wäre jetzt zu gern zu Hause gewesen. Trotz der Medikamente tauchte die Sorge um die Familie wieder auf. Ich hatte sie vorübergehend aus meinem Gedächtnis verdrängt.

Die Tage vergingen. Der Arzt sollte ein Gutachten machen — für den Staatsanwalt. Ich sollte in Kürze einen Gerichtstermin haben. Dieser Staatsanwalt hatte mir angekündigt, daß ich unter fünf Jahren nicht wegkäme.

Die Vernehmungen waren eine reine Strafarbeit. Ich war manchmal nicht mehr in der Lage, ihnen zu folgen. Die Fragen waren immer die gleichen. Alles drehte sich um den Kontakt zu Bundesbürgern.

Hinzu kam, daß es Veröffentlichungen in der westlichen Presse über unser Schicksal in der DDR gegeben hatte. Wenn dies nicht der Fall gewesen wäre, hätte sich der Staatssicherheitsdienst sicher noch viel brutaler aufgeführt. Die Veröffentlichungen kannte ich nicht. Aber der Vernehmer las sie mir Wort für Wort vor. Entweder war der Vernehmer dumm oder er tat nur so. Sobald er mir vorhielt, daß es schon wieder eine Veröffentlichung gegeben hatte, freute ich mich sehr.

Noch immer verweigerte ich die Nahrung. Mein Gewicht wurde von Tag zu Tag weniger. Das störte die Ärzte und den Vernehmer. Der Staatsanwalt des Bezirks Magdeburg ließ sich täglich über meinen Gesundheitszustand unterrichten.

Wieder wurde ich eines Morgens aus der Zelle geholt, aber nicht zum Verhör.

Ich kam ins Arztzimmer. In der Mitte des Raumes stand ein Stuhl. Auf diesen Stuhl mußte ich mich setzen. Zwei Pfleger waren da und noch eine Schwester. Der Arzt hatte einen Schlauch in der Hand. Meine Hände wurden auf den Rücken gelegt und am Stuhl befestigt. Die Beine wurden rechts und links an ein Stuhlbein gebunden. Dann hielt ein Pfleger meinen Kopf nach hinten. Durch die Nase wurde ein Schlauch geschoben. Durch einen Trichter goß eine Schwester eine Flüssigkeit. Ich versuchte, mich zu wehren, aber jemand riß mir den Kopf nach hinten. Ich schrie. Aber je mehr ich mich wehrte, desto mehr zog man mich an den Haaren. Die Anweisungen kamen nicht nur vom Arzt, auch der Vernehmer machte mit. Ich war der menschlichen Würde beraubt. Schließlich kam ich wieder in meine Zelle. Ich war am Ende. Lange hatte ich meinen Glauben verdrängt. Nun betete ich um Trost und Heilung meiner Schmerzen. Ich mußte leiden und Gott tat nichts. Ich rang mit mir. Sollte ich jetzt eine Unterschrift geben, damit ich Ruhe hätte?

Der Vernehmer sagte, ich sollte doch im Interesse der Familie die Ausreiseanträge zurücknehmen. Ich lehnte ab. Darauf kamen ein paar Worte, die ich noch heute in den Ohren habe: „Wir müssen Ihnen mitteilen, Ihre Tochter ist ebenfalls in Haft!"

Jetzt war alles aus! Fassungslos suchte ich nach einem Wort und fand es nicht. Man gab mir den Brief. Es war die Handschrift meiner Tochter. Aber aus dem Brief war nicht zu erkennen, wie es ihr ging und seit wann sie in Haft war. Lediglich ein Satz beschäftigte mich: „Liebe Mutti, tue für uns alle eine Lösung finden!" Dieser Satz war so verdreht, daß ich den Vernehmer fragte, was dies zu bedeuten habe.

„Schlimm, wenn Sie als Mutter nicht wissen, was Ihre Tochter meint."

Der Vernehmer sagte, meine Tochter hätte mich stark belastet. Sie sollte angegeben haben, daß ich die war, die alle Briefe geschrieben und den Kontakt zu Bundesbürgern gehalten hätte.

Ich erwiderte: „Bitte zeigen Sie mir das Protokoll, in dem meine Tochter so etwas gesagt hat."

Das konnte der Vernehmer nicht. So war das Thema beendet.

Ich wollte meiner Tochter antworten. Ich bekam auch Papier und Bleistift. Schreiben konnte ich nicht viel, denn mir liefen die Tränen übers Gesicht. Der Vernehmer tat so, als hätte er Mitleid: Wenn ich den Hungerstreik abbrechen würde, könnte man meine Tochter aus der Haft entlassen.

An meine Tochter schrieb ich nur wenige Sätze. Ich bat sie innig, sie möge bei der Wahrheit bleiben und sich nicht ausquetschen lassen, wie man eine Zitrone ausquetscht.

Als ich in meine Zelle zurückkam, war ein zweites Bett aufgestellt. Eine Frau von etwa sechzig Jahren saß darauf. Kurz begrüßten wir uns. Sie war aus dem Potsdamer Gefängnis zu uns auf die Krankenstation verlegt worden. Ich konnte mich nicht groß unterhalten, denn ich war mit meinen Gedanken immer bei meiner Tochter. Wann wurde sie verhaftet? Wieso mußte sie für das büßen, was ich getan habe?

Am Abend kam der Arzt in die Zelle. Meine Beine waren stark entzündet, und er sah sich das an. Eine Salbe wurde verordnet, und dann kam ein Verband über die Wunden. Als ich versorgt war, bekam ich die zweite mich niederschmetternde Nachricht: ,,Frau Krüger, ich muß Ihnen sagen, Ihr Mann ist hier auf der Krankenstation." Wieder kamen mir die Tränen. Ich machte mir große Sorgen, denn ich wußte ja nicht, was man mit meinem Mann gemacht hatte, daß er nun hier auf der Station lag. Ein paar Zellentüren weiter mußte er sich befinden.

Ich war am Ende meiner Kräfte. Diesmal war ich froh, als die Schwester mit der Spritze kam. Im Schlaf wollte ich vergessen, was ich gehört hatte. Aber die Wirklichkeit ließ sich nicht vergessen. Der Arzt bat mich recht höflich, ich möge doch endlich von den Ausreiseanträgen Abstand nehmen. Er werde sich am kommenden Tag mit mir ausführlicher unterhalten.

Tatsächlich, am nächsten Tag war der Arzt da. Er sprach diesmal ruhiger als sonst. Er meinte, ich sollte meinen Hungerstreik abbrechen, dann gäbe es für alles eine Lösung. Solange ich aber beim Hungerstreik bliebe, könnten meine Tochter und auch mein Mann zur Verantwortung gezogen werden. Man würde beiden eine Mitwisserschaft anhängen. Das wäre ein Straftatbestand. Wenn ich aufhörte, würde aber nur ich bestraft.

Jetzt hatte ich Gelegenheit, scharf nachzudenken. Ich wollte aus Protest den Hungerstreik so lange fortsetzen, bis ich mein Ziel erreicht hatte: den Tod oder eine Ausreiseerlaubnis!

Ich hatte mich noch nicht zu einer Entscheidung durchgerungen, als ich wieder zum Verhör mußte. Ich konnte kaum auf dem Stuhl sitzen.

Bei der Vernehmung kamen wieder die alten Fragen auf mich zu. Welche Einstellung ich zum Staat habe. Ich erwähnte noch einmal die Spitzeltätigkeit von Michael Schilling, diese Tatsache brannte mir nach wie vor auf den Nägeln. Würden die Verantwortlichen bestraft? Der Vernehmer sagte, ich wisse nicht, was

Katholische Palmsonntag-Prozession in Heiligenstadt(Eichsfeld). – Begegnung zweier Welten.

draußen geschehe. Man könne nicht alle, die an dieser Sache beteiligt waren, bestrafen. Das war für mich wie ein Geständnis. Eine große Blamage für die Staatssicherheit!

Ich machte mir bei dem Vernehmer so richtig Luft. Jetzt, wo mein Mann in der Krankenstation lag und meine Tochter in Haft war, konnte ich reden. Um meinen Mann und meine Tochter zu entlasten, gab ich offen zu, ich sei die Rädelsführerin. Was sollte denn nun noch geschehen? Ich hatte nur einen Wunsch: Aufhören mit den Medikamenten und eine Verurteilung, damit ich in einem normalen Zuchthaus zur „Ruhe" käme. Ich würde wissen, wie lange ich in Haft bleiben müßte, und damit hätte ich ja auch wieder ein Ziel.

Abgestandene Losungen an einer Schule in Bad Klosterlausitz: Wer glaubt noch an den „Siegeszug des Sozialismus"?!

Der Vernehmer bat mich, genau wie der Arzt, den Hungerstreik zu beenden. Wenn ich dies nicht tue, müßten mein Mann und meine Tochter mitbestraft werden. Bei dieser Vernehmung bekannte ich mich zur Bundesrepublik Deutschland und zum 17. Juni. Ich nannte diesen Tag den „Tag der Deutschen Einheit". Die Vernehmung wurde beendet, und ich konnte wieder in meine Zelle zurück.

In der Zelle war die alte Dame, die auch gerade vom Verhör gekommen war. Ich nannte sie Omi, was sie sehr gut fand. Wir verstanden uns, was allerdings dem Arzt und dem Vernehmer nicht gefallen hat. Die sechzigjährige Oma hatte wegen Fluchthilfe eine anderthalbjährige Haftstrafe abzusitzen. Manchmal hatte ich das Gefühl, diese Oma sollte mich aushorchen. Vielleicht war es aber nur ein unberechtigtes Mißtrauen von mir.

Ich verlor nach und nach das Gefühl für die Zeit und die Wirklichkeit. Sosehr ich mich auch anstrengte, ich konnte nicht mehr klar denken.

An einen Tag erinnere ich mich aber sehr gut. Der Arzt kam in die Zelle und legte mir eine Infusion an. Danach blieb er noch. Die Oma mußte raus, und ich war mit ihm allein. Er setzte sich auf einen Stuhl und fragte mich, ob ich wisse, wo ich sei. Natürlich wußte ich, wo ich war. Ich antwortete ihm, ich sei im Krankenhaus der Staatssicherheit. „Wie fühlen Sie sich?" fragte er weiter. Ich erklärte, mir ginge es gut. Ich wollte ihm gegenüber keine Schwäche zeigen. Dann fragte er: „Was halten Sie davon, wenn wir Sie nach Hause entlassen?" Dieser Gedanke und auch die Frage waren mir sehr fremd. Nach Hause? Wo war denn mein Zuhause? Ich konnte nicht gleich antworten. Auf mich stürmten zu viele Gedanken ein. Da sagte er: „Wollen Sie wirklich noch in die Bundesrepublik? Wissen Sie eigentlich, daß kranke Menschen im Westen nicht behandelt werden? Ein kranker Mensch hat in der Bundesrepublik weder Pflege noch Geld."

Jetzt mußte ich aber eine Frage stellen: „Herr Doktor, warum leben eigentlich so viele Menschen in der Bundesrepublik? Warum kommen diese Menschen nicht in die DDR, wenn im Westen alles so schlimm ist?" Der Arzt antwortete nicht.

Mein Körper begann zu schweben. Ich hatte das Gefühl, ich würde mitsamt meinem Bett langsam dahinfliegen. Was war heute in dieser Infusion gewesen? Meine Glieder, die vorher so furchtbar schwer waren, wurden ganz leicht. Irgendwie erschien mir dieser Zustand recht angenehm zu sein. Der Arzt fragte nun nach meiner Kindheit, Jugend und Ehe, auch nach meinen Hobbys. Wie eine Maschine antwortete ich. Meine Zunge schien heute locker zu sein. Ich wollte gar nicht so viel reden, aber verhindern konnte ich es nicht.

Als die Infusion beendet war, mußte ich zum Verhör. Der Vernehmer übergab mir einen Brief. Der Berliner Rechtsanwalt Vogel teilte mir mit, er sei bereit, meine Verteidigung zu übernehmen. Ich fragte meinen Vernehmer, was das Ganze zu bedeuten habe. Er sagte: „Der Rechtsanwalt Vogel hat in der DDR bestimmte Privilegien, die ein anderer Anwalt nicht hat." Eigentlich hatte ich mir ja einen anderen Rechtsanwalt ausgesucht. Aber wenn dieser Rechtsanwalt Vogel Privilegien hat, könnte er auch mehr für mich tun. Bisher hatten mir die Vernehmer verweigert, überhaupt ein Gespräch mit einem Anwalt zu führen. Dies war gesetzwidrig, aber ich war ja in einem Haftkrankenhaus.

An diesem Tag wurde ich noch einmal auf die Schwere meiner Tat hingewiesen. Aber ich hörte auch, daß noch immer viele Menschen in der Bundesrepublik zu unserer Familie ständen.

Ich mußte wie jede Woche eine Liste unterschreiben, in der die eingehende Post an mich aufgeführt war. Wie immer sollte ich anstreichen, welche Personen ich kennen würde und mit wem ich wie lange korrespondiert hätte. Der Vernehmer sagte, daß der Name von uns auch im Ausland bekannt sei. Ich freute mich. Der Vernehmer meinte, diese Post werde mich bei der Verurteilung belasten. Mit diesen Briefen und Karten könne man beweisen, daß ich „staatsfeindliche" Verbindungsaufnahme betrieben hätte.

Der Vernehmer fragte plötzlich: „Wie verhalten Sie sich, wenn Sie die Genehmigung erhalten, in den Westen ausreisen zu dürfen?" Ich fragte, ob diese Ausreise für die ganze Familie gelten würde. Da kam die Antwort: „Ihr Mann und Ihre Tochter haben erklärt, sie wollten nicht in den Westen!"

Die Staatssicherheit fand immer neue Mittel, um mich kleinzukriegen. Ich sagte dem Vernehmer, ich fände diese Art der Erpressung nicht gut. Auch die Verhaftung meiner Tochter hielt ich ihm vor. Wie könne ein junger Mensch, der verhaftet und eingesperrt sei, in diesem Staat bleiben wollen? Hatte die Staatssicherheit nicht selbst schuld an diesem Ausreisewunsch meiner Tochter? Ich bestand darauf, die Unterschriften von meinem Mann und meiner Tochter zu sehen. Natürlich gab es keine.

Mir war klar, unter gewissen Umständen könnte einer von uns die Unterschrift geben. Wenn ich an meine Tochter dachte und sie beim Verhör sah, dann rechnete ich damit, daß sie schwach werden würde. Den brutalen Verhören der Staatssicherheit war nicht jeder gewachsen. Auch bei meinem Mann rechnete ich eines Tages mit der Unterschrift. Ich mußte mir klar darüber werden, daß ich meiner Familie schadete, wenn ich meinen Hungerstreik fortsetzte. Der 17. Juni war vorbei. Körperlich und seelisch war ich zum Wrack geworden. Unter den Drogen und der ständigen Anspannung war nicht viel von mir übriggeblieben. Ich wurde täglich auf eine Waage gestellt. Jetzt wog ich nur noch 42 Kilo.

Als der Vernehmer von meinem Gewicht erfuhr, brüllte er mich an: „Sie sind ein ganz ekelhaftes Weib! Ihre Auffassung, uns mit dem Hungerstreik erpressen zu wollen, geht nicht auf!

Sie können verhungern, wenn es Ihnen Spaß macht!" So wütend
hatte ich den Vernehmer noch nie gesehen. Aber seine Wut war
sicher auch eine Art von Hilflosigkeit. Genau wie er mich beobachtete, so beobachtete ich ihn. Immerhin schien mir erstaunlich, als er sagte: „Wir wissen sehr gut, hier in der DDR ist längst
nicht alles in Ordnung." Das war ein Geständnis. Und recht
hatte er.

Ich saß noch eine Weile im Zimmer des Vernehmers und sagte dann: „Ich bin bereit, meinen Hungerstreik abzubrechen,
wenn ich die Gewißheit habe, daß weder meinem Mann noch
meiner Tochter etwas geschieht." Sichtlich atmete der Vernehmer auf. Um mich aber beim Wort zu nehmen, rief er den Arzt,

---

WOLF-EGBERT NAUMANN

RECHTSANWALT UND NOTAR

ULO SALM

RECHTSANWALT

RAe NAUMANN/SALM, UHLANDSTR. 137, 1000 BERLIN 31

Herrn
Theo Koenig
Zum Rotenberge 25

44oo Münster

UHLANDSTRASSE 137
1000 BERLIN 31
TELEFON 86 01 98, 861 66 92
TELEX 185 693 NASA D

BERLINER BANK AG FILIALE 35
KONTO 3554700600
BANKLEITZAHL 100 200 00

Klaus Krüger Gr. 284/8o

BEI ANTWORT UNBEDINGT ANGEBEN

DEN 23. Juni 198o sa-ed

Sehr geehrter Herr Koenig!

Ärgerlicherweise haben die "Berliner Morgenpost" und die
"BZ", jeweils vom 4. Juni 198o, einen Artikel über die Fest-
nahme der Familie Krüger gebracht. Wahrscheinlich hat es noch
andere Zeitungen gegeben, die darüber berichtet haben.

Der Fall ist uns bekannt. Wir bemühen uns um Rechtsschutz.
Wir werden uns auch dafür einsetzen, daß man den Fall zu
gegebener Zeit in die Bemühungen der Bundesregierung um politische
Häftlinge einbezieht. Vielleicht gelingt es später einmal im

In der Zwickmühle: Ein West-Berliner Rechtsanwalt bittet „dringend im Interesse der Familie Krüger darum, jede Publikation
dieses Falles zu vermeiden", da sonst die DDR „höchst unfreund-

der meine Worte vom Tonband hörte. „Wir können ja prüfen, ob sie ernst macht oder nur so tut", sagte er.

Von der Küche der Haftanstalt wurde eine Tasse Brühe geholt. Aber der Körper weigerte sich, die Nahrung anzunehmen. Nachdem ich die Brühe ausgebrochen hatte, kam ich in meine Zelle zurück. Dort war ich jetzt wieder allein. Die alte Frau war in Potsdam. Die Infusionen wurden noch zwei Tage fortgesetzt, bis ich die erste feste Nahrung essen konnte.

Eigenartigerweise erholte ich mich sehr schnell. An den träumenden Zustand hatte ich mich gewöhnt. Nach wie vor wurden mir Luminalspritzen gegeben. Als ich wieder essen konnte, verkraftete ich die Spritzen auch besser.

Rahmen dieser Bemühungen, eine vorzeitige Haftentlassung und Überstellung in den Westen durchzusetzen.

Wir wissen nicht, ob Sie die Veröffentlichungen initiiert haben. Wir können nur dringend im Interesse der Familie Krüger darum bitten, jegliche Publikation dieses Falles zu vermeiden. Sonst wird er nicht lösbar sein. Die DDR reagiert höchst unfreundlich und läßt nicht mehr mit sich reden. Es ist völlig illusiorisch anzunehmen, daß man sich drüben durch Veröffentlichungen hier sozusagen moralisch unter Druck setzen läßt. Der einzig erfolgversprechende Weg sind die vertraulichen Bemühungen der Bundesregierung, wie oben angedeutet.

Wir können Ihnen nur empfehlen, den Kontakt fortan ausschließlich mit uns zu halten. Alle nötigen Schritte werden von hieraus unternommen.

Wir sehen zunächst Ihrer weiteren Stellungnahme entgegen und verbleiben

mit freundlichen Grüssen

durch:

Rechtsanwalt

lich" reagiert. Andererseits hat die DDR in solchen Fällen, in denen die „Publikation" mit gehörigem Nachdruck im Westen erfolgte, sich schließlich zur Einhaltung eines Menschenrechts bequemt.

Das letzte Gespräch in Berlin im Haftkrankenhaus führten wieder zwei Vernehmer. Wieder einmal war der kleine dicke Hauptmann aus Magdeburg mitgekommen. Ich erfuhr, daß bald die Verhandlung stattfinden würde und ich in ein anderes Zuchthaus kommen würde. Ich nahm es zur Kenntnis.

Am 14. Juli 1980 wurde ich frühmorgens aus dem Bett geholt. Ich war noch sehr schwach in den Beinen. Ein Wachposten gab mir einen Bademantel und brachte mich in eine Nachbarzelle. Dort lagen meine privaten Kleidungsstücke. Ich mußte mich anziehen.

Ich saß eine Weile halb zusammengesunken auf dem Stuhl. Da wurde die Zellentür geöffnet. Der Wachposten rief: ,,Drei-eins raustreten!" Die Drei war die Nummer der Zelle. Die Eins war mein Name. Ich lag in Zelle 3 und war die 1. Gefangene.

Ich trat raus, so gut ich konnte. An der Wand wollte ich Halt suchen. Aber da rief der Wachposten: ,,Laufen Sie ja in der Mitte des Flures!" Von vorne kam eine Aufseherin, die mich bis zum Ausgang begleitete. Ich mußte ein paar Stufen runter. Mir wurde schwarz vor den Augen. Nur mit Hilfe der Aufseherin schaffte ich es, weiterzugehen. Wie damals bei der Ankunft stand wieder ein Krankenwagen vor der Tür. Ich wurde auf eine Trage gelegt. Als man mich ins Auto schob, saß plötzlich mein Mann neben mir. Ich wollte ihm um den Hals fallen, aber mir wurde ein absolutes Sprechverbot erteilt.

Mein Mann sah mich an, ich ihn. Wir waren beide über das Aussehen des anderen so erschrocken, daß uns die Tränen in die Augen traten.

Die Fahrt ging los. Aber wohin? Immer wieder wollte ich meinen Mann ansprechen, aber im Wagen saß eine Beamtin der Staatssicherheit. Ich kannte sie aus Magdeburg. Sie hatte mich schon auf der Fahrt nach Berlin bewacht. Ich fing an, mir die schlimmsten Sachen auszumalen. Sollten wir wieder getrennt werden? Natürlich, denn in einem Zuchthaus durften wir ohnehin nicht zusammen sein.

Gut zwei Stunden mußten wir schon gefahren sein, als das Auto hielt. Ein Tor wurde geöffnet. Beim Aussteigen stellte ich fest, wir waren wieder in der Untersuchungshaftanstalt in Magdeburg. Sofort wurden mein Mann und ich wieder getrennt.

Ich wurde in den Keller gesetzt. Wenige Minuten danach holte mich ein Wachposten. In einem Vernehmungszimmer wurde mir ein Mittagessen gebracht. Ich stocherte darin herum. Ich machte mir viele Gedanken um meinen Mann. Was kommt nun auf uns zu? Gleichzeitig tauchte wieder die Angst auf, meiner

Tochter könnte etwas geschehen. Ich wußte nicht einmal, wo sie war.

Der Vernehmer kam und fragte, wie es mir ginge. Am liebsten hätte ich den Teller genommen und ihm an den Kopf geworfen. Der Vernehmer setzte sich hinter den Schreibtisch und starrte mich an. Kurze Zeit später kam ein zweiter. Was sollte dieser Unfug? Wollte man mir jetzt den letzten Rest geben?

Beide Vernehmer sagten jetzt gleichzeitig: „Na, wie geht's?" Waren sie oder war ich verrückt! Ich gab keine Antwort.

Doch dann horchte ich auf. Einer der Vernehmer fragte mich, ob ich nach Hause möchte. Wieder so eine blöde Frage! Die Medikamente hatten zwar ihre Wirkung noch nicht verloren, aber ich wußte dennoch, was ich gefragt wurde und was ich antwortete. Ausgerechnet die Staatssicherheit fragte mich, ob ich nach Hause wollte!

Nach einigen unsinnigen Diskussionen, vom Wetter angefangen bis zur Gartenarbeit, kam ein dritter Vernehmer herein: mein „Freund", der kleine blonde Tyrann. Ich wurde aufgefordert mitzukommen. Fast gelähmt durch das lange Sitzen konnte ich kaum aufstehen. Ich riß mich zusammen.

In einem anderen Raum, den ich von meiner Verhaftung her kannte, legte mir einer der Vernehmer ein Blatt Papier vor. Gleichzeitig reichte er mir einen Kugelschreiber. Ich sollte durchlesen, was auf dem Bogen stand. Ich konnte nicht lesen, denn meine Brille hatten mir die Wachposten in Berlin abgenommen. Ich sagte dies und schon erhielt ich sie aus meinen Unterlagen. Dazu ein kleines Röhrchen mit drei Tabletten. Auf dem Etikett stand „Luminal". Ich sollte die Tabletten noch drei Tage, jeweils eine, einnehmen.

Vor mir lag eine vorgedruckte Erklärung. Daraus ging hervor, daß ich von seiten der Staatssicherheit immer korrekt und höflich behandelt worden sei. Soviel Lügen auf einem Haufen! Ich weigerte mich zu unterschreiben. Darauf sagte einer der Vernehmer: „Überlegen Sie gut, ob Sie unterschreiben wollen oder nicht!" Ich ließ den Bogen liegen.

Ich hörte, wie ein zweiter Vernehmer sagte, ich sollte in meinem eigenen Interesse unterschreiben, denn sonst müßten wieder mein Mann und meine Tochter darunter leiden.

Obwohl gelogen war, was auf dem Zettel stand, unterschrieb ich. Später, so sagte ich mir, könnte ich dies rückgängig machen.

Ich hatte den Bogen eben unterschrieben, als einer der Vernehmer den Raum verließ. Wenig später kam er wieder. An seiner Seite stand mein Mann. Ich kann nicht erklären, wie mir in diesem Augenblick zumute war. Durfte ich ihn jetzt richtig begrüßen oder galt noch das Sprechverbot vom Morgen? Ich sah den Vernehmer flehend an. Nur einmal wollte ich meinem Mann die Hand drücken. Nur ein einziges Mal! Warum sagte der Vernehmer nichts? Mein Mann stand in der Mitte des Raumes. Ich saß auf einem Stuhl. Da konnte ich es nicht mehr ertragen. Ich stand auf, lief auf meinen Mann zu, fiel ihm um den Hals und dann, ja dann folgten Tränen. Die Stasibeamten sahen grinsend zu. Sie wußten wohl, wie uns ums Herz war.

Auch meinem Mann wurde der Bogen vorgelegt. Er sah meine Unterschrift und ohne groß zu lesen, unterschrieb er.

Wieder verschwand einer der Vernehmer. Als er wieder auftauchte, stand Anita an seiner Seite. Eine kleine zierliche Person war sie schon immer gewesen, aber wie sah sie jetzt aus! Ich lief auf sie zu und nahm sie in meine Arme. Wir alle weinten, und die Stasibeamten ergötzten sich an diesem Schauspiel. Noch wußte keiner von uns, was hier eigentlich gespielt wurde.

Wir saßen da wie bestellt und nicht abgeholt. Die Stasibeamten wollten noch ein gutes menschliches Werk vollbringen. Sie holten für jeden von uns eine Tasse Bohnenkaffee. Nun sah die Welt schon ein bißchen anders aus. Ich fragte Anita, wie es ihr ginge. Sie sagte: ,,Gut." Dabei rollten die Tränen über ihr Gesicht. Sie schien nervlich völlig am Ende zu sein. Ich hatte das Gefühl, daß sie krank sei, aber es nicht sagen wollte.

Wir saßen alle drei um den Tisch herum. An der Wand hinter uns standen die Beamten des Staatssicherheitsdienstes. Ohne viel zu reden, warteten wir auf das, was da kommen sollte.

Ein Mann, der sich als Bezirksstaatsanwalt vorstellte, trat ins Zimmer. Aus seiner Tasche holte er eine dicke Akte, ließ sich von dem Vernehmer den Bogen geben, den wir unterschrieben hatten. Ein flüchtiger Blick auf das Papier, und dann kam es in die Akte.

Ich saß da und überlegte, weshalb der Bezirksstaatsanwalt da sei. Ohne Verteidiger, ohne Zeugen und ohne Richter konnte er uns doch nichts anhaben. Ich dachte noch nach, als der Bezirksstaatsanwalt plötzlich sagte: ,,Aus humanitären Gründen haben wir uns dazu entschlossen, Sie aus der Untersuchungshaft zu entlassen." Das Ermittlungsverfahren liefe allerdings weiter. Dies würde die Entlassung nach Hause bedeuten! Ich traute diesem Staatsanwalt nicht. Tagelang hatte ich zu hören bekommen, unter fünf Jahren Haft käme ich nicht weg, und nun sollten wir drei nach Hause entlassen werden? Das Wort ,,nach Hause" hörte sich einfach zu fremd an, als daß ich mich freuen konnte.

Auch mein Mann und meine Tochter saßen da, als würde uns jemand ein Märchen erzählen.

So einfach, wie wir uns die Freilassung vorstellen mochten, so einfach war dies auch gar nicht. Der Staatsanwalt hatte sich schon vorher mit uns befaßt, so daß er jetzt dazu überging, uns gezielte Auflagen zu erteilen. Ab sofort würde eine totale Postsperre über uns verhängt. Wir dürften nicht schreiben und auch keine Post empfangen. Die Stadt Magdeburg dürften wir nicht verlassen. Ein Arzt, bestimmt von der Staatssicherheit, sollte uns im Krankheitsfall behandeln. Weiter bekamen wir die Auflage, regelmäßig zur Vernehmung zu erscheinen. Bis zum Abschluß des Ermittlungsverfahrens dürften wir auch keinen Ausreiseantrag mehr stellen. Wenn wir uns nicht daran hielten, würde wieder eine Zelle für uns freigemacht. Wir waren nun „frei" und doch nicht frei.

Ich durfte auch keinerlei Kontakte zu Bundesbürgern haben. Egal, wie und wo ich Kontakt finden würde. Insgesamt standen zehn Punkte auf dieser Liste, die wir unterschreiben mußten.

Nachdem wir uns die Belehrungen angehört hatten, waren wir froh, als der Staatsanwalt erklärte, für heute würde es erst einmal genügen. Die Vernehmer gaben uns die privaten Dinge wieder, die die Stasi vorher unter Verschluß gehabt hatte. Dann fuhren mein Mann und ich mit einem Vernehmer zu unserer Wohnung. Meine Tochter saß in dem Auto des Staatsanwaltes. Ich wußte nicht, daß unsere Wohnung versiegelt war. Dies erfuhr ich erst im Auto.

Die letzte Nacht
verbrachte ich in der Gartenlaube

Als wir an der Hans-Grundig-Straße ausstiegen, hingen ein paar Neugierige an den Fenstern. Ich hatte die zuvor beschlagnahmte Schreibmaschine in der Hand. Jetzt verließ mich die Kraft, und ich fiel auf die Erde. Mein Mann half mir aufzustehen. Ich war nicht mehr der Mensch, der ich vor der Verhaftung gewesen war.

Der Staatsanwalt entfernte von unserer Wohnungstür das Siegel. Dann kamen er und ein Vernehmer mit in die Wohnung. Es sah wüst aus. Die Hausdurchsuchung hatte deutliche Spuren hinterlassen. Es war kein Radio mehr da. Das Tonbandgerät mit allen Bändern war verschwunden. Diese Sachen seien noch nicht vollständig geprüft worden. Sobald dies geschehen sei, bekämen wir sie zurück, sagte der Vernehmer. Nun, wir mußten uns damit abfinden. Meine Tochter hatte noch gar nicht ihr Zimmer gesehen, da nahm der Staatsanwalt sie wieder mit. Sie sollte Zeuge sein, wie auch das Siegel an der Laubentür im Garten entfernt würde. Mein Mann und ich setzten uns erst einmal in den Sessel.

Es war später Nachmittag geworden. In der Wohnung war nichts weiter als verdorbenes Essen. Wir mußten erst einmal etwas einkaufen, aber wir wagten uns kaum auf die Straße. Wollten wir denn überhaupt etwas essen?

Noch überlegten wir, als es klingelte. Erschrocken sahen wir uns an. Neugierige Nachbarn wollten wir nicht sehen. Aber draußen stand unsere gute Nachbarin Dorli, die Schweizerin. Ich fiel ihr gleich um den Hals. Nun kamen nicht mir die Tränen, sondern Dorli weinte.

Ich zeigte Dorli das Röhrchen mit den Tabletten, die ich noch drei Tage einnehmen sollte. Dorli, die in der Schweiz in einer Apotheke gearbeitet hatte, kannte das Medikament und riet mir ab, weiter davon zu nehmen. Dorli verstand etwas von Medizin und so zeigte ich ihr meine Oberschenkel. Sie hielt sich die Hände vors Gesicht und schüttelte nur mit dem Kopf. Dann lief sie in ihre Wohnung und kam mit Salben und Mullbinden zurück. Sie sagte: „Wir Schweizer wollten hier keine Politik machen. Wir sind ja Gäste. Wenn ich aber sehe, wie es euch geht, kann eine noch so harte Warnung vor euch ausgesprochen werden, wir helfen euch!"

Als Dorli unsere Tochter sah, erschrak sie erneut. Immer wieder stellte Dorli Fragen. Keiner von uns konnte so schnell antworten. Um uns zu helfen, brachte sie Lebensmittel von sich. Dann kam Toni, Dorlis Mann. Er brachte uns ein Multivitaminpräparat.

Dorli erfuhr von unserem Schreibverbot. Sie bot uns sofort an, unsere Post mit über die Grenze zu nehmen nach West-Berlin, sobald sie zum Einkaufen fahren würde. Trotz dieses Hilfsangebotes merkte ich, wie Dorli doch ein bißchen Angst hatte. Sie mußte ja damit rechnen, an der Grenze kontrolliert zu werden. Wir durften die Schweizer nicht zu sehr gefährden. Es durfte nicht der Punkt kommen, wo aus Freundschaft Feindschaft werden würde.

Dorli und Toni wunderten sich, wie ich durch die Wohnung torkelte. Es dauerte Tage, ehe ich mich wieder zurechtfand.

Ich schlief die meiste Zeit. Anita mußte — wie mein Mann — sofort wieder zur Arbeit. Mein Mann mußte jetzt die Aufenthaltsräume der Baufirma sauberhalten und nach dem Mittagessen für die Kollegen das Geschirr abwaschen. Anita arbeitete bei der Deutschen Post im Paketschuppen, obwohl sie gesundheitlich nicht auf dem Posten war.

Vier Tage nach unserer Haftentlassung mußten mein Mann und ich erst einmal wieder zur Vernehmung. Anita hatte grundsätzlich einen anderen Termin. Man konnte sie so besser unter Druck setzen. Von morgens neun Uhr bis zum Nachmittag vier Uhr wurden wir vernommen.

Zweimal in der Woche mußten wir uns im Untersuchungsgefängnis am Moritzplatz einfinden. Jedesmal ging ich mit meinem Mann zusammen. Sobald wir uns aber dem großen Tor näherten und gesehen wurden, trennten wir uns. Auch bei den Vernehmungen waren wir getrennt.

Es dauerte nicht lange, da bekam ich mit dem Vernehmer Krach. Ich wollte nicht einsehen, daß Anita aus der Nachtschicht kam, nur eine Stunde schlafen konnte und dann zur Vernehmung fahren mußte. Am Nachmittag kam sie von den Vernehmungen völlig erschöpft nach Hause, schlief ein paar Stunden und mußte dann wieder in die Nachtschicht. Ich fragte den Vernehmer, weshalb die Vernehmungen bei Anita so hart seien. Seine Antwort: „Ihre Tochter will doch in den Westen, da kann sie sich jetzt schon an den harten Alltag gewöhnen. Im Westen wird sie noch länger arbeiten müssen!"

Als die Vernehmungen für Anita nicht anders wurden, schrieb ich eine Eingabe an den Bezirksstaatsanwalt in Magdeburg. Der Staatsanwalt schrieb zurück, ich möchte doch dienstags um neun Uhr bei ihm erscheinen. Doch ich erhielt diese Vorladung, die per Post kommen sollte, nicht. So blieb es nicht aus, daß es Ärger geben mußte.

Mein Mann und ich hatten gerade in aller Ruhe gefrühstückt, da klingelte es. Ich öffnete und sofort stellte jemand seinen Fuß in die Tür. Ein recht vertrauter Ausweis wurde mir unter die Nase gehalten: ein Beamter des Staatssicherheitsdienstes. Ich erschrak und dachte, nun käme es zu einer neuen Verhaftung. Zwischen Tür und Angel sagte der Beamte: „Frau Krüger, der Staatsanwalt wartet auf Sie. Warum halten Sie den Termin nicht ein?" Ich öffnete nun die Tür ganz und bat den Beamten, ins Wohnzimmer zu kommen. Er saß noch gar nicht im Sessel, da sagte ich: „Tut mir leid, wenn der Herr Staatsanwalt auf mich wartet. Ich habe keine Ahnung, daß ich zu ihm kommen soll." Der Stasimann erwiderte: „Sie haben doch eine schriftliche Vorladung bekommen, oder nicht?" Ich mußte lachen: Da hatte mir dieser Staatsanwalt geschrieben, und ich bekam seine Post nicht! Er selber hatte ja die Postsperre angeordnet. Jetzt war sein eigener Brief beschlagnahmt worden. Dem Stasimann war das peinlich. Er bot sich sogar an, mich mit dem Dienstwagen zum Staatsanwalt zu fahren.

Ich hatte die Tür zum Zimmer des Staatsanwalts noch nicht hinter mir geschlossen, da schrie er mich schon an: „Ich habe seit zwei Stunden auf Sie gewartet!" Ich ließ den Staatsanwalt erst einmal Luft holen. Es war für mich einfach ein köstliches Erlebnis, der Staatsanwaltschaft mitsamt der Staatssicherheit die eigenen Fehler um die Ohren hauen zu können. An der Seite des Staatsanwaltes saß der kleine blonde Stasimann, der mich am Tage der Verhaftung so angebrüllt hatte. Beide machten ein dummes Gesicht. Der Stasimann schnappte nach Luft und wollte losdonnern, aber der Staatsanwalt erklärte nur: „Na, wenn die Post nicht angekommen ist, dann betrachten Sie die Vorladung, falls sie doch noch kommt, als erledigt!"

Erst jetzt konnte ich meine Beschwerde vortragen. Recht bekam ich insoweit, als die Staatssicherheit ab sofort meine Tochter nicht mehr zu Verhören vorladen durfte, wenn sie Nachtdienst hatte.

Ich mußte in den nächsten Tagen zu einem Arzt. Wie vorgeschrieben, begab ich mich in die Medizinische Akademie Magdeburg. Dort meldete ich mich bei Oberarzt Wendekamm, den die Staatssicherheit für uns bestimmt hatte, weil wir mit keinem anderen Arzt über unsere Haft sprechen sollten.

Dem Oberarzt zeigte ich das Röhrchen mit den drei Tabletten. Als er sie in die Hand nahm, fragte er mich ziemlich erregt, wer mir diese Tabletten gegeben hätte. Ich konnte nichts weiter sagen, als wie es war. Ich sagte auch, wieviel ich von den Spritzen bekommen hätte: in 36 Tagen 108. Zu diesen Luminalspritzen kamen noch 144 von einem Medikament, dessen Name ich nie erfahren habe. Ich konnte mir nun ausrechnen, in 36 Tagen Haftkrankenhaus hatte ich 252 Spritzen bekommen. Jeden Tag, den ich in Berlin verbrachte, 7 Spritzen. Dabei waren noch nicht die Infusionen für die Zwangsernährung. Daß ich offene Wunden hatte, konnte sich der Oberarzt an seinen Fingern abzählen. Er war wütend auf die, die mir gesagt hatten, welches Medikament ich bekommen hätte. Jetzt konnte ich darüber berichten, welche Medikamente politisch andersdenkende Menschen in den Haftanstalten bekommen, um sie zu quälen und mundtot zu machen.

Den Oberarzt Wendekamm ließ dies alles kalt. Aus meiner Sicht würde er das gleiche tun wie der Arzt auf der Krankenstation des Haftkrankenhauses. Die Tabletten legte ich jetzt dem Oberarzt auf den Tisch und erklärte, ich würde sie nicht mehr nehmen. Mir war es in diesem Augenblick egal, wie er reagieren würde. Ich hatte mit einem Wutanfall gerechnet. Aber Wendekamm nahm das Röhrchen mit den drei Tabletten vom Schreibtisch und legte sie in seine Schublade.

Nun wollte ich wissen, warum derartige Medikamente an Untersuchungsgefangene abgegeben werden, selbst gegen deren Willen. Der Oberarzt wurde sichtlich nervös. Er nahm die Tabletten wieder aus seiner Schublade und verließ das Untersuchungszimmer. Nach kurzer Zeit kehrte er zurück, sagte aber kein Wort.

Nun bestand ich darauf, daß er sich meine Beine, die noch offene Wunden hatten, ansehe. Mein rechtes Bein sei wie taub, ich hätte keine Kraft in diesem Bein. Als Antwort sagte er, ich sollte mir keine Gedanken machen, dies sei nur eine vorübergehende Erscheinung. Und er fügte hinzu: „Sie hätten sich alles, die Haft und die Zwangsbehandlung, ersparen können, wenn Sie eine Unterschrift gegeben hätten. Sie brauchten doch nur Ihren Ausreiseantrag zurückzunehmen, und schon wäre alles erledigt gewesen." Jetzt begann er, mir die Unterschiede zwischen dem DDR-Gesundheitswesen und dem der Bundesrepublik zu erklären. Wendekamm gehörte offenbar zu den Medizinern, die aus ihrer Praxis ein politisches Büro machten.

Mein Schwager bekam bei einem solchen Arzt einmal die Antwort: „Sind Sie froh, daß Sie in der DDR leben, in anderen Ländern liegen die Kranken auf der Straße!" Wenn ich so etwas hörte, mußte ich mich an den Kopf fassen. Während hohe Funktionäre, die Polizei und die Staatssicherheit ihre eigenen Ärzte hatten und mit allem versorgt wurden, mußte der kleine Mann auf der Straße warten, bis er überhaupt erst einmal einen Termin beim Arzt bekam.

Ein besonderes Übel war auch das sogenannte Bereichsarztsystem. Wer zum Arzt wollte, konnte nicht frei wählen, sondern mußte zu dem Arzt seines Wohnbereiches gehen. Ob man wollte oder nicht, ein anderer Arzt durfte nur mit Zustimmung des Kreisarztes die Behandlung übernehmen. Und dieser Versuch war so gut wie immer aussichtslos.

Meine Tochter mußte einige Tage später auch zu diesem Oberarzt. Sie hatte von der Einzelhaft starke Magenbeschwerden zurückbehalten. Der Oberarzt machte keinerlei Untersuchungen. Anita mußte weiter in drei Schichten arbeiten.

Bei Anita setzte, kurz nachdem sie bei Oberarzt Wendekamm gewesen war, eine akute Erkrankung ein. Sie mußte sich häufig übergeben und konnte kaum essen. Wir ließen den Bereitschaftsdienst kommen. Der meinte, wir sollten doch in den Westen gehen, da bekämen wir vielleicht medizinische Hilfe. Über diese Antwort war ich so erschrocken, daß ich Anita riet, zu einem anderen Arzt zu gehen. Sie sollte es versuchen, selbst auf die Gefahr hin, abgewiesen zu werden.

Anita ging nun ohne Zustimmung des Vernehmers und des Oberarztes während der Arbeitszeit zur Betriebsärztin. Diese war nicht so „linientreu" wie die, die wir bisher kannten. Es wurden Laboruntersuchungen gemacht, und das Ergebnis waren eine Anämie sowie eine Magenschleimhautentzündung. Gleichzeitig wurde festgestellt, daß Anita körperlich sehr schwach sei. Die Ärztin nahm sich die Zeit und fragte nach den Gründen, die diese Erkrankung hervorgerufen haben könnten. Sofort erzählte Anita der Ärztin alles von unseren Ausreiseanträgen, von der Einzelhaft und von den jetzigen ständigen Verhören. Anita rief mich dann von der Ärztin aus an, und ich konnte die Aussagen bestätigen. Anita bekam ein Attest, daß sie zur Zeit krank sei und unter keinen Umständen zu den vorgeschriebenen Verhören gehen dürfe. Mit diesem Attest in der Hand ging ich zu meinem Vernehmer. Ich sagte: „Wenn Sie jetzt meine Tochter nicht in Ruhe lassen, werde ich etwas tun, woran Sie ewig denken werden!" Eine Drohung, und ich wartete auf die Folgen. Er brüllte und fragte mich, was ich mir eigentlich einbilde. Nicht ich, sondern die Justiz würde entscheiden, ob meine Tochter noch weiter zu den Verhören müsse. So bekam ich am Ende der Vernehmung doch noch einen Termin, an dem Anita zum Verhör mußte.

Ich kam nach Hause und Anita nahm den Termin zur Kenntnis, als wäre es das einzige, was sie im Augenblick brauchte. Ich wußte nicht, daß sie ohne unser Wissen wieder einen schriftlichen Ausreiseantrag gestellt hatte. Der Brief war bereits abgeschickt: An den Rat der Stadt Magdeburg, Abteilung Inneres. Sie sagte: „Sollte ich nicht wiederkommen, dann denkt daran, ich will aus diesem Staat raus!" Mir blieb fast die Luft weg. Gegen uns lief noch ein Ermittlungsverfahren, und wir hatten alle unterschrieben, daß wir inzwischen keine Ausreiseanträge mehr stellen würden! Wer weiß, wo dieser Brief Anitas geblieben war, denn zusätzlich bestand ja noch die Postsperre. Ich verlor die Geduld und machte Anita Vorwürfe. Immerhin hatte es bisher keine Geheimnisse untereinander gegeben. Aber nun war es zu spät, an der ganzen Sache noch etwas zu ändern.

Der Tag, an dem Anita zum Verhör mußte, war da. Sie verließ gegen acht Uhr das Haus. Die Vernehmung dauerte meistens bis 16 Uhr oder später. Ich konnte nicht viel im Haushalt tun, dazu war ich zu nervös. Immer wieder lief ich zum Fenster im Kinderzimmer, von wo ich die Straßenbahnhaltestelle sehen konnte. Mein Mann kam nach Hause, auch er hatte sich den ganzen Tag Sorgen gemacht. Um 16.30 Uhr wollte ich mich anziehen und Anita entgegengehen. Wenn die Staatssicherheit sie festhielt, konnte ich im Augenblick nur durch meinen persönlichen Protest helfen.

Ich zog mich an und ging zur Straßenbahnhaltestelle. Das Untersuchungsgefängnis lag nur vier Haltestellen von uns entfernt. Gerade wollte ich einsteigen, da kam Anita mit der entgegenkommenden Bahn. Ich erschrak. Die Tränen liefen ihr übers Gesicht, und sie stammelte: „Ich kann nicht mehr!" Die Leute um uns herum sahen uns an. Einige kannten wir aus der Nachbarschaft. Langsam gingen wir über die Brücke nach Hause. Erst als wir zu Hause waren, begann Anita zu reden.

Die Staatssicherheit hatte den Brief mit dem Ausreiseantrag Anitas abgefangen, kontrolliert und abgelichtet. Ich hatte zwar vor kurzem durchsetzen können, daß die Post wenigstens innerhalb der Stadt zugestellt wurde, aber diese Lockerung im Postzustelldienst war erst erfolgt, als uns der Brief vom Bezirksstaatsanwalt mit der Aufforderung, zur Vernehmung zu kommen, nicht erreicht hatte. Nun hatte die Staatssicherheit den Brief von Anita zwar geöffnet und gelesen, aber ihn danach weiter an den Rat der Stadt geschickt.

Anita war, so erzählte sie uns, noch nicht im Vernehmungszimmer, als sie schon angeschrien wurde: Sie habe trotz Verbot und Abmachung wieder einen Ausreiseantrag gestellt! Der Vernehmer hatte den Bezirksstaatsanwalt in Kenntnis gesetzt und dieser hatte sich eigens zu dieser Vernehmung freistellen lassen. Mit Worten wie: „Du dumme Göre!" wurde Anita vom Staatsanwalt in die Mangel genommen. Er, der Staatsanwalt, war schlimmer als die Staatssicherheit. Er drohte Anita, sie sofort wieder ins Gefängnis zu stecken. Er würde extra für sie eine Einzelzelle freimachen. Mit solchen Einschüchterungsversuchen und der Drohung, wenn sie seine Tochter wäre, würde er sie grün und blau schlagen, wurde Anita bombardiert. Sie war allein mit dem Staatsanwalt und dem Vernehmer. Wie sollte sie sich gegen solche Leute verteidigen?

Nun hatte ich die Nase voll. Sollte ich als Mutter weiter mit ansehen, wie meine Tochter körperlich und geistig zu einem Wrack gemacht wurde? Ich mußte mir etwas ausdenken, damit man Anita in Zukunft in Ruhe lassen würde. Als mein Mann und ich zur nächsten Vernehmung mußten, machte ich mir Luft. Das Tonband lief, und alles, was ich sagte, wurde aufgezeichnet. Es dauerte nicht lange, und der Vernehmer verließ den Raum, kam aber sogleich mit dem kleinen blonden Hauptmann zurück. Der kleine Blonde, der der Leiter von allen war, schrie mich an, ob ich verrückt geworden sei. Ich hätte den Mund zu halten und nichts weiter. Ich antwortete, ob er schon einmal einen Verrückten gesehen habe. Mir war jedes Mittel recht, mich schützend vor meine Tochter zu stellen. So erklärte ich den beiden Staatssicherheitsbeamten: „Wenn Sie jetzt meine Tochter nicht in Ruhe

Unerwünschte Mahner — Zur Ausreise entschlossene DDR-Bürger erinnern
1988 auf der Freitreppe des Verkehrsmuseums am Dresdener Neumarkt anläßlich des 43. Jahrestages der Zerstörung Dresdens durch westalliierte
Bomber an die damals gegenwärtige Verletzung der Menschenrechte durch
die DDR-Behörden.

lassen, gibt es in der DDR einen zweiten Fall Brüsewitz!" Nun, mit diesem Satz hatte ich mir etwas eingehandelt. Er reichte aus, mich auch die Nacht hindurch weiter zu vernehmen. Immerhin hatte sich dieser Pfarrer Brüsewitz verbrannt und dies öffentlich. Da ich selbst Diakon in einer Kirche war, wollte man nun von mir wissen, welche Zusammenhänge da bestünden. Zu sehr waren sich die regierenden Kreise darüber uneinig, was damals die Ursache für den Fall Brüsewitz gewesen war. Wir als Christen wußten, daß er alle Menschen innerhalb der DDR vor der Macht des Staates warnen wollte. Da aber nur wenige seine Warnungen wahrnahmen, setzte er ein Zeichen und zündete sich vor aller Augen an und verbrannte. Seine Selbstverbrennung hat die Christen dazu gezwungen, nachzudenken über das, was täglich in diesem Staat geschieht.

Als mein Mann und ich einige Tage später wieder bei einer Vernehmung waren, mußte jeder eine Aufstellung von dem machen, was er an Geld bekommt. In der Mittagspause, die uns immerhin zugebilligt wurde, tauschten wir unsere Erfahrungen aus. Später wurde ich mit dem Vorwurf konfrontiert, ich würde Geld von „westlichen Geheimdiensten" bekommen. Dafür würde ich Nachrichten in den Westen schleusen. Ein Kontakt zum Westen war so gut wie unmöglich, denn vom 15. Juli 1980 bis zum 11. November 1980 hatten wir ja keine Post mehr bekommen. Die angeordnete Postsperre war noch in Kraft. So konnte und mußte sich die Staatsanwaltschaft davon überzeugen, daß wir auf legalem Wege unser Geld verdienten. Es reichte zwar weder hinten noch vorn, aber wir lebten eben. Dies, obwohl mein Mann immer weniger Geld für seine Arbeit bekam. Mir hatte man drei Monate die Rente gestrichen. Dennoch, geschafft haben wir diese Zeit auch.

Als wir einige Zeit später zur Gemeinde gingen, hörten wir eine Predigt meines Seelsorgers. Er sprach ungewöhnlich scharf über die Foltermethoden, die ich als Gemeindemitglied hatte über mich ergehen lassen müssen. Ich war sehr erstaunt über diese Worte des Predigers, denn keiner wußte ja, ob wirklich alles Christen in der Gemeinde waren. Die Staatssicherheit hatte ja ihre Leute auch in die Gemeinden eingeschleust, die für Geld die Predigten wiedergaben und die Stimmungen der Gemeindemitglieder registrierten. Am Ende der Predigt verließen alle Gemeindemitglieder den Saal. Plötzlich sprach man uns von hinten an. Ich drehte mich um, mein Mann und Anita auch. Ein Herr und eine Dame wünschten uns einen „Guten Tag". Schnell sahen wir uns im Raum um, aber außer dem Prediger und uns sowie den beiden Fremden war niemand mehr im Saal. Da stellten sich die beiden vor: Horst Heinrich und Frau aus Berlin-West, Mitglieder der Gesellschaft für Menschenrechte und der Arbeitsgruppe 13. August. Sehr vorsichtig fanden wir Kontakt zueinander. Zu lange durften wir nicht in diesem Saal bleiben, denn es bestand die Gefahr, beobachtet zu werden. Als wir das Nötigste vom Herzen hatten, gingen wir auseinander. Getrennt verließen wir den Saal.

Bereits bei der nächsten Vernehmung wurde uns vorgehalten, doch Kontakt zu Westbesuchern zu haben. Ich war mit meinen Antworten sehr vorsichtig. Wußte die Staatssicherheit nun wirklich etwas oder tat sie nur so? Fest stand, der Prediger hatte bereits über Wochen Kontakt zu allen, die sich für uns einsetzten. Sein Telefon wurde bereits überwacht, was ihn aber wenig störte. Man ließ ihn wohl gewähren.

Immerhin hatte ich es erreicht, daß Anita nun nicht mehr zur Vernehmung brauchte. Man ließ sie in Ruhe. In mir stieg die Hoffnung, daß man bald auch meinen Mann in Ruhe lassen würde. Mir konnte die Staatssicherheit anhängen, was sie wollte, leicht machte ich es ihr nicht. Selbst dann nicht, wenn sie mir vorhielt, wer in unserer Wohnung ein- und ausging und was bei uns gesprochen wurde. Es war ja so gut wie sicher, in unserer Abwesenheit hatte man Abhörgeräte eingebaut. Ständig suchten wir danach, fanden aber nichts.

Bisher hatten wir zu unserem Rechtsanwalt keinen Kontakt gehabt. Weder Rechtsanwalt Vogel aus Berlin noch sein Kollege aus Magdeburg ließen von sich hören. Rechtsanwalt Vogel galt für mich als Beauftragter der Staatssicherheit, soviel war uns bekannt. Aber Rechtsanwalt Schumann aus Magdeburg war uns in dieser Hinsicht nicht bekannt. Wir riefen bei ihm an und vereinbarten einen Termin in seiner Kanzlei am Hasselbachplatz. Gleich als er uns begrüßte, sagte er uns, er habe über Wochen versucht, mit uns Verbindung aufzunehmen, habe aber dazu nie die Erlaubnis bekommen. Zuerst wollten wir wissen, welches Honorar er verlange, wenn er uns im Falle eines Prozesses verteidigen müsse. Seine Antwort schien recht sonderbar: „Geld brauchen Sie nicht zu zahlen, weil ich mit Herrn Rechtsanwalt Vogel zusammenarbeite. Er ist in Berlin und ich bin hier in Magdeburg tätig, vor allem in Fällen, die dem Ihren gleichen!" So erfuhren wir, daß der Rechtsanwalt Vogel in jeder Bezirksstadt einen Anwalt hatte, der für ihn arbeitete.

Ich fragte den Rechtsanwalt Schumann, ob er schon Einsicht in unsere Akten bekommen habe. Die Antwort war nein. Darauf bat ich ihn, er möge sich doch die Akten geben lassen, immerhin seien schon Monate vergangen. Außerdem wollte ich umgehend meine Unterlagen wiederhaben, die man in meiner Wohnung beschlagnahmt hatte. Dies waren Unterlagen, die Beweiskraft hatten. Alle Eingaben und Beschwerden waren dort abgeheftet. Daraus sei auch zu ersehen, welche Ämter und Behörden sich nicht an die Gesetze gehalten hätten. Wie uns Rechtsanwalt Schumann erklärte, habe er noch nie so einen Fall gehabt. Immer habe er nach einer gewissen Zeit die Häftlinge besuchen dürfen. Bei uns sei ihm dies aber verweigert worden. Das machte uns alle stutzig. Als Trost dafür, daß er sich bisher nicht um uns gekümmert habe, sollten wir doch dankbar die Tatsache akzeptieren, daß wir nun frei seien. Dies müsse uns doch veranlassen, alle Ausreiseanträge zurückzunehmen. Der Staatsanwalt habe ihn gebeten, uns davon abzuhalten, weitere Ausreiseanträge zu stellen. Jetzt verlor ich die Geduld: Er sei als Anwalt als befangen anzusehen und abzulehnen. Nie kämen wir zu unserem Recht. Wie könne uns ein Anwalt vertreten, der in Wirklichkeit die Interessen der Staatsanwaltschaft und der Staatssicherheit vertrete. Mit ein wenig verdutztem Gesicht sagte Rechtsanwalt Schumann: ,,Wenn Sie alles tun, was ich Ihnen sage, wird das Verfahren gegen Sie eingestellt."

Ich wäre am liebsten vom Stuhl aufgesprungen. Hat es in der Welt schon so ein Durcheinander gegeben!

,,Sie brauchen doch auch nichts zu bezahlen, da sollten Sie großzügig sein", meinte der Anwalt. Er erwartete von uns, daß wir keine Ämter und Behörden mehr mit unseren Problemen in Schwierigkeiten bringen würden. Auf meine Akte sollte ich freiwillig verzichten. Ich sah den Anwalt an und dachte im stillen: Sind hier alle verrückt geworden? Erst nach einer Weile konnte ich mir die Zusammenhänge erklären. Die Staatsanwaltschaft und auch die Staatssicherheit versuchten, ihre groben und dummen Fehler zu vertuschen. Die beschlagnahmte Akte könnte ja alle staatlichen Organe belasten. Wie würde wohl der Prozeß aussehen, der gegen mich geführt werden sollte?

Ich hatte nach meiner Haftentlassung wieder damit begonnen, Menschen, die auch in den Westen wollten, zu helfen. Abends, meistens sehr spät, traf ich mich mit den Ausreisewilligen. Auch ein junger Mann von der Schweizer Gruppe, die zu dieser Zeit in der DDR arbeitete, hatte hier eine Freundin gefunden, die er gerne heiraten wollte. Toni und Dorli brachten den jungen Mann zu mir. Bisher hatten die Schweizer mir geholfen. Nun wollte ich etwas für sie tun. Ich war bereit, ein hohes Risiko einzugehen, es hätte sein können, daß die Freundschaft zwischen den beiden jungen Leuten nur gestellt war.

Von der Freundin wußte ich sehr wenig. Ich erfuhr nur, daß sie als Meisterin in einem Leipziger Betrieb arbeitete, in dem die Schweizer neue Maschinen montierten. Liebe kennt keine Grenzen, und so wollten die beiden gemeinsam in die Schweiz gehen. Für mich gab es nur eine Aufgabe, Ausreiseanträge für die Freundin zu entwerfen und gleichzeitig um die Aberkennung der Staatsbürgerschaft zu bitten. Als die Freundin in ihrem Heimatort bei Leipzig den ersten Ausreiseantrag gestellt hatte, wurde sie wenige Tage später aus der Partei, der SED, ausgeschlossen. Sie mußte auch ihr Studium, das sie nebenbei an der Volkshochschule absolvierte, aufgeben. Bei allen Schwierigkeiten, die auch der junge Schweizer bekam, dauerte es „nur" ein Jahr, dann durfte die Leipziger Freundin ausreisen, um in der Schweiz zu heiraten.

Aber auch Menschen in unserer Kirchengemeinde hatten nicht selten Probleme mit den Behörden. Fast täglich brachte mir der Prediger Anliegen von Gemeindemitgliedern. Ich schrieb dann für sie Eingaben an die zuständigen Organe. Sei es, daß sie keine richtige Wohnung hatten oder daß Kinder kein Abitur machen durften. Die Staatssicherheit, die zuvor meine Schreibmaschine beschlagnahmt, nach meiner Haftentlassung mir aber wiedergegeben hatte, konnte genau feststellen, wer diese Briefe an die Behörden geschrieben hatte. Mir war das egal. Ich hatte mit diesem Staat abgeschlossen und erwartete einen Prozeß, bei dem ich nicht unter fünf Jahren wegkommen würde.

Die Mitglieder des Gemeindeausschusses hatten beim Bezirksstaatsanwalt den Antrag gestellt, am Prozeß teilnehmen zu dürfen. Das war natürlich eine Illusion, denn solche Prozesse fanden immer unter Ausschluß der Öffentlichkeit statt. Trotzdem war ich für die Anteilnahme dankbar.

Um den Kontakt zur Kirche nicht durch ein förmliches Verbot ganz abbrechen zu müssen, aber auch, um den Mitgliedern Schwierigkeiten mit dem Staatssicherheitsdienst zu ersparen, ging ich nur noch selten in die Gemeinde. Trotzdem: Es war so etwas wie eine unzerstörbare Solidarität entstanden.

Obwohl ich mich in der Gemeinde öffentlich zurückhielt und statt dessen die Mitglieder heimlich in meine Wohnung kamen, wußte mein Vernehmer bei der Staatssicherheit sehr genau, wer wann zu mir gekommen und was besprochen worden war. Wir wurden also beobachtet und abgehört. Es gab kein Entrinnen.

Anita hatte eine Freundin im Erzgebirge. Diese und ihre Mutter luden uns zu sich ein, dort Urlaub zu machen. Wir alle hatten ein bißchen Ruhe nötig. Außerdem würde eine solche Reise uns ermöglichen, Briefe an Freunde in den Westen schicken zu können. Im Bezirk Magdeburg stand unser Name auf der „schwarzen Liste" bei der Post. Der Urlaubsort im Erzgebirge gehörte aber zum Bezirk Dresden. Bis dahin würde ja wohl die Postsperre nicht reichen, nahmen wir an.

Da keiner von uns die Stadt Magdeburg verlassen durfte, mußten wir erst eine Erlaubnis vom Staatsanwalt und von der zuständigen Staatssicherheit einholen. Mein Mann und Anita arbeiteten, so hatten sie auch Anspruch auf ihren gesetzlichen Urlaub. Ohne langes Drumherumreden fragte ich beim nächsten Verhör meinen Vernehmer. Dieser mußte wohl damit gerechnet haben! Wie aus der Pistole geschossen kam seine Antwort, und die war ein Nein. Ich begann innerlich zu kochen, sprang vom Stuhl auf und schrie wie schon so oft in diesen Räumen: „Da sollen wir keine Ausreiseanträge mehr stellen, sogar der eigene Rechtsanwalt besteht darauf! Und nun will man uns den Urlaub verbieten! Wie sollen wir da wieder Mitglieder der sozialistischen Gesellschaft werden? Dazu wollen uns doch die staatlichen Organe wieder machen!" Der Vernehmer sah mich mitleidig an. Leise, fast unhörbar, sagte er: „Nun gut, ich werde mit dem Staatsanwalt sprechen, ob sie während des Ermittlungsverfahrens in den Urlaub fahren dürfen." Es dauerte dann auch nicht lange und wir bekamen die Nachricht, die Ermittlungsbehörden seien einverstanden, daß wir nach Hermsdorf im Erzgebirge fahren dürfen. Aber zuvor bestand der Staatsanwalt darauf, uns eingehend zu belehren. Wie so oft saßen wir in einem der Räume des Staatssicherheitsdienstes, diesmal alle drei zusammen. Drohend erklärte der Staatsanwalt, daß wir noch eine härtere Strafe bekommen würden, wenn wir gegen die uns auferlegten

Rechts: Jugendliche freuen sich ihrer Freiheit auf dem Weg zum Zwiebelmarkt in Weimar.
Lenins Parole „Lernen, lernen und nochmals lernen" dürfte, mit dieser Penetranz wie vor einer Schule in Köthen 1972 plakatiert, auf die Schüler kaum sympathisch wirken.

LERNEN, LERNEN
UND NOCHMALS LERNEN

Pflichten verstoßen würden. Gezielt meinte er die Kontaktaufnahme mit Bundesbürgern, sei es durch Briefe oder durch Telefonanrufe in die Bundesrepublik.

Auf dem Weg nach Hermsdorf mußten wir zwei Stunden in Dresden verbringen. Wir nutzten die Zeit und sahen uns die schöne Stadt an. Die Versuchung, eine Karte an Freunde in der Bundesrepublik zu schreiben, war groß. Überall in der Einkaufsstraße sahen wir Ansichtskarten. War es Dummheit von uns oder Neugierde darauf, was kommen würde, wenn wir doch in den Westen schreiben würden? Es dauerte nur wenige Minuten, und wir hatten in einem Postamt Karte und Briefmarke gekauft. Schnell schrieben wir ein paar Grußworte auf die Karte und steckten sie in den Kasten. Bis zum Bus hin diskutierten wir darüber, ob sie durchgehen würde. Es war bereits später Nachmittag, als wir in Hermsdorf ankamen. Die Fahrt mit dem Bus hatte uns durch eine wunderschöne Landschaft geführt. Wie schön doch die Heimat sein könnte.

Anita wohnte bei ihrer Freundin. Wir hatten ein Zimmer schräg gegenüber gemietet. Die Wirtsleute nahmen uns sehr freundlich auf. Natürlich wußten auch sie über uns Bescheid, denn wir waren gerade zwei Stunden da, als der zuständige Abschnittsbevollmächtigte der Volkspolizei erschien und nachfragte, ob wir auch angekommen seien.

Wir erholten uns ganz gut, obwohl uns die Angst vor der Rückkehr plagte. Bei gutem Wetter konnten wir täglich ausgedehnte Spaziergänge machen. Hermsdorf lag nur wenige Kilometer von der CSSR entfernt. Täglich fuhren mehrmals Busse in den Grenzort Zinnwald. Aber auch durch den Wald konnten wir gehen, um diese Grenze zu erreichen. Bei meinem Mann und mir tauchte plötzlich das Wort „Flucht" auf. Viele Menschen waren bisher über die CSSR in die Bundesrepublik gelangt. Nur, konnten wir dieses Risiko eingehen, nachdem wir bisher den legalen Weg gegangen waren? Jeden Tag stand der Dorfpolizist an der Haltestelle und sah nach, ob wir uns in den Bus setzten, der in Richtung Grenze fuhr.

Dennoch, neugierig waren wir doch, was geschehen würde, wenn wir an die Grenze fahren würden. So planten wir, das Georgenfelder Hochmoor zu besichtigen. Ein Teil davon lag auf dem Boden der DDR, der andere Teil in der CSSR. In diesem Moor war ein Film gedreht worden, der genau gezeigt hatte, wie sogenannte Schmuggler zwischen Ost und West hin- und herpendelten. Aus diesem Film wußte ich auch, wenn man dieses Moor durchquert, ist man bald drüben. Wir aber machten nur einen Besuch am Rande. Es war zu gefährlich, zu nah an die Grenze zu gehen. Mit Sicherheit würde man uns sofort verhaften, auch wenn niemand unsere Gedanken lesen konnte.

Als wir am Abend nach Hermsdorf zurückkamen, sagte uns unsere Wirtin, die Polizei sei bei ihr gewesen und habe sich erkundigt, ob wir Kleidungsstücke mitgenommen hätten. Sie hatte unser Zimmer aufschließen müssen, damit sich die Polizei davon überzeugen konnte, daß wir keine Flucht geplant hatten.

Abends, wenn es draußen kalt wurde, setzte ich mich ins Zimmer und schrieb Briefe und Karten an Freunde in der Bundesrepublik. Dabei kam ich mir wie eine Kriminelle vor, die etwas Verbotenes tut. Wir wollten unseren Freunden mitteilen, wie es uns geht und welche Aussichten — keine — auf unsere Ausreise bestehen. In Hermsdorf selbst steckten wir keine Post in den Briefkasten. Dazu nutzten wir unsere Wanderungen und Fahrten, weit ab vom Erholungsort. So fuhren wir mit einer Reisegruppe nach Bautzen. Dies war wieder ein anderer Kreis und somit hofften wir, die Kontrollen umgehen zu können. Auch als Anitas Freundin mit ihrer Mutter eine Betriebsfahrt machte, nahm sie Post mit. So schickten wir während unseres 14tägigen Urlaubs zwölf Briefe und Ansichtskarten aus den verschiedensten Orten in Richtung Westen.

Kaum waren wir wieder in Magdeburg angekommen, als mein Mann und ich getrennt zum Verhör mußten. Anita hatte man verschont, was mich ein wenig beruhigte. Der Vernehmer war ungewöhnlich höflich. Was mich auch wunderte war, daß an diesem Tag alle Beamten Uniform trugen. Der Staatssicherheitsdienst, so klärte mich mein Vernehmer hilfsbereit auf, begehe heute seinen Festtag, und die Uniform sei nun einmal ein Zeichen der Dankbarkeit, aber selbstverständlich auch ein Zeichen der Wachsamkeit. Der Vernehmer redete noch eine Weile in dieser zwar unverständlichen, aber doch wohlmeinenden Weise, bis er begann, mich über unseren Urlaub zu befragen. Wie es uns gefallen habe, was wir unternommen und ob wir uns erholt hätten. Alle Fragen beantwortete ich wahrheitsgemäß, gab jedoch auch zu verstehen, daß wir genau wüßten, wie wir beobachtet worden seien. Ein leichtes, ironisches Lächeln zeigte sich auf dem Gesicht meines Vernehmers.

Dann ging die Tür auf, und ein weiterer Vernehmer, ein Oberst, erschien. Sichtlich nervös ging er hin und her. Er sprach kein Wort, sah mich nur hin und wieder durchdringend an. Ich ahnte, es war die Ruhe vor dem Sturm. Mein Vernehmer griff unter den Schreibtisch und holte eine Akte hervor. Noch ahnte ich nicht, was jetzt kommen sollte. Plötzlich stellte sich der Oberst vor mich hin und fragte: „Haben Sie eigentlich im Urlaub Briefe geschrieben?" Ich konnte nicht leugnen und sagte ja. Nun wollte er wissen, an wen. Meine Antwort: „An mich selbst." Das hatte ich tatsächlich getan. In einen Brief, an mich adressiert, hatte ich einen Zettel gelegt: „Liebe gute Schnüfflergesellschaft! Wir leben und genießen unseren Urlaub!" Absender „VEB Horch- und Guckgesellschaft". Gelassen sah mich der Vernehmer an.

Aber es sollte weitergehen. Aus der Akte nahm er sieben Briefe, drei Karten, die ich geschrieben hatte, heraus. Die Postkontrolle hatte also im Urlaub, wenn auch nicht hundertprozentig, funktioniert.

Ich mußte meine eigene Handschrift identifizieren und ein Protokoll unterschreiben, daß ich der Verfasser dieser Briefe und Karten sei. Was blieb mir anderes übrig. Kaum hatte ich die Unterschrift gegeben, schrie mich der Oberst an: „Sie dumme alte Kuh, dachten Sie, uns aufs Kreuz legen zu können? Wir sind mächtig und überall!"

Ich kämpfte mit den Tränen. Mein Vernehmer merkte meine Unsicherheit und sagte: „Wenn Sie unterschreiben, daß Sie in der DDR bleiben, vergessen wir die Briefe!" Ich blieb aber dabei, die DDR verlassen zu wollen. Ich wurde weiter beschimpft und bedroht. So sagte der Oberst, es würde ihm eine Freude bereiten, mir eine zu kleben. Er schrie wie wild: „Sie dreckige Christin! Sie sind eine Lügnerin und eine Erpresserin!" Ich hörte mir alles an und schwieg ganz einfach, obwohl ich innerlich kochte.

Nach einigen Stunden Verhör erschien der Staatsanwalt und teilte mit, das Ermittlungsverfahren gegen uns werde verlängert und damit auch die totale Postsperre. Ich fragte den Staatsanwalt, ob es eine rechtliche Grundlage dafür gäbe, worauf er ärgerlich meinte: „Hier bestimmen wir und nicht Sie!" Wieder mußte ich eine Unterschrift geben, daß ich über die Verlängerung des Ermittlungsverfahrens unterrichtet worden sei. Ich gab diese Unterschrift, dann durfte ich nach Hause gehen.

Mein Mann war bereits zu Hause. Bedrückt saß er im Sessel. Er hatte nur Vorwürfe bekommen, weil er es zugelassen hatte, daß ich Kontakt zum Westen aufgenommen hatte. Auch er war nervös und neigte jetzt öfter dazu zu streiten. Daraus zogen wir den Schluß, daß eine solche familiäre Situation die Staatssicherheit ja haben wollte. Sie wollte uns trennen, und jetzt hatte sie es fast erreicht.

Ohne Hunger zu haben, richtete ich das Abendessen. Keiner sprach ein Wort. Nach dem Essen stellten wir den Fernseher an. Ausgerechnet heute war eine politische Sendung drin, die mich sonst zwar immer interessierte, jetzt aber störte. So sahen wir die sich zuspitzende Arbeitslosigkeit in der Bundesrepublik, sahen und hörten von der Armut in einigen Kreisen der Bevölkerung. Und so blieb es nicht aus, daß wir uns wieder einmal fragten, wie es weitergehen sollte. Es gab zwei Möglichkeiten: Einmal die, unsere Ausreiseanträge zurückzunehmen und damit die versprochene Hilfe durch die Behörden zu bekommen, oder zum anderen auf der Ausreise zu bestehen und weiter Spießruten laufen zu müssen. Bei all den Überlegungen zogen wir mit in Betracht, daß wir nun schon fast acht Jahre um die Ausreise kämpften und nichts als Nachteile auf allen Gebieten ertragen hatten. Würde sich das ändern? Bei dieser Frage waren wir uns wieder einig: Es würde eher noch schlimmer werden als zuvor! Immerhin hatte das westliche Ausland mit all seinen Menschenrechtsgruppen für unsere Freilassung gekämpft. Also beschlossen wir, trotz Verbot, wieder Ausreiseanträge zu stellen.

Von uns dreien schien ich wohl die psychisch Stärkste zu sein. Mir war es bisher immer gelungen, mit diesen Beamten fertig zu werden. Selbst dann, wenn ich der Verlierer war. Jetzt war ich wie ausgelaugt. Aber das sollten mein Mann und meine Tochter nicht merken. Mir kam mein Glaube an Gott zu Hilfe. Ich brauchte Trost und Kraft, und die konnten mir nicht Menschen geben. Ohnehin hätte ich all die Jahre nicht durchgestanden, wenn da nicht mein christlicher Glaube gewesen wäre.

In den Betrieben meines Mannes und unserer Tochter wurden die Schwierigkeiten zusehends größer. Fast tägliche Gespräche mit der Kaderleitung oder dem Abteilungsleiter, die sie von dem Vorhaben der Ausreise abbringen sollten. Mein Mann hatte immer wieder Argumente, diesen Leuten die richtigen Antworten zu geben. Für Anita war das schwieriger. Sie mußte sich die Kraft und den Mut von mir holen, obwohl sie keineswegs auf den Mund gefallen war.

Trotz dieses zunehmenden Drucks machte Anita dann ihre Abschlußprüfung bei der Deutschen Post. Sie schaffte die mündliche und schriftliche Prüfung erstaunlich gut. Vielleicht war es von ihrer Seite eine Art Trotz, zu beweisen, was sie leisten könne. Immerhin mußte sie doppelt so gut sein wie die anderen, denn sie war ein „Antragsteller", was einem Staatsfeind gleichkam.

Die Zeit verstrich, und es änderte sich nichts. Eines bewirkte dieses Warten aber dennoch: Immer mehr Nachbarn kamen auf uns zu und fragten uns, wie es uns gehe. Über diese neuen Kontakte ärgerte sich die Staatssicherheit, wollte sie uns doch weiter total isolieren.

Wir erlebten, wie schwierig die Versorgung mit Lebensmitteln wurde. Viele hatten nun den Mut, in den Geschäften zu schimpfen. Alles, selbst die Milch, wurde knapp und war nur durch langes Schlangestehen zu bekommen. So blieb es nicht aus, daß ich in einer großen Kaufhalle im Neubaugebiet bei dem Verkaufstellenleiter aneckte. Es gab keine Waschmittel, selbst Seife fehlte. Als ich meine Meinung sagte, erschienen zwei Männer in Zivil und forderten mich auf, die Kaufhalle zu verlassen. Aber dieser Rausschmiß war gar nicht so einfach, denn an den Kassen, an denen ich vorbei mußte, johlten und lachten die Leute. Sie lachten nicht über mich, sondern über die jungen Männer, die den Auftrag hatten, mich nach draußen zu befördern.

Jetzt ging die Kirche dazu über, ihren Unmut über die Versorgung der Bevölkerung offen von der Kanzel herab zu verkünden. Wir nahmen uns vor, in unserer Gemeinde eine Vortragsreihe durchzuführen unter dem Motto: „Ist mein Leben lebenswert?" Junge Christen gingen auf die Straße und verteilten Einladungen. Erstaunlicherweise kamen viele junge Menschen zu diesen Vorträgen. Für uns war das ein Zeichen der zunehmenden Unzufriedenheit der Jugend im Sozialismus. Sie wußte vielfach auch nicht, was sie mit ihrer Freizeit anfangen sollte. Es gab zwar Jugendclubs und Arbeitsgemeinschaften. Aber diese hatten nur wenig zu bieten. Sie dienten hauptsächlich der Bevormundung durch den Staat. Die Kirchen hingegen wußten sehr gut, was die Jugend suchte, nämlich Menschlichkeit und Freiheit.

Ich habe oft versucht, die staatlichen Erziehungsmaßnahmen zu verstehen. Selbst hatte ich ja eine harte Schule hinter mir. Was es aber jetzt gab, konnte und wollte ich nicht verstehen. Die Kinder im Kindergarten mußten bereits lernen, welche Waffen die Nationale Volksarmee besitzt und wer der „Feind" ist, gegen den diese Waffen eingesetzt werden sollen. Überall, ob in den Schulen, Betrieben und den Wohnbezirken, wurden immer wieder Hetzkampagnen gegen die Bundesrepublik gestartet.

Die Behörden gingen im September 1980 dazu über, uns überhaupt nicht mehr anzuhören. Das Ermittlungsverfahren lief und lief. Keiner wußte, wann es endlich zu einem Prozeß kommen würde. Bei den Vernehmungen, die nach wie vor aus reiner Schikane durchgeführt wurden, erfuhr ich, daß das Ermittlungsverfahren gegen meinen Mann und meine Tochter eingestellt werden sollte. Das Ziel war, uns zu trennen. Ich als „Rädelsführerin" sollte verurteilt werden. Ich sehnte mich nach diesem Prozeß. Erst dann würde ich erfahren, was ich falsch gemacht hatte und was mir zur Last gelegt wurde. Auch hoffte ich, aus der Haft von der Bundesrepublik freigekauft zu werden. Alle, die in der DDR aus politischen Gründen in Haft gingen, rechneten mit diesem Freikauf.

So vergingen wieder Wochen. Es gab kaum Lichtblicke. Nur einer stand fest zu uns und dies öffentlich: ein Prediger unserer Gemeinde. Er nahm für uns Telefongespräche aus dem Westen an und gab auch Informationen weiter. Er war ja selbst ein Gegner des Staates. Er konnte nur den Staat nicht verlassen, weil es ihm die Kirchenleitung verbot. Die Kirchenleitung sagte, er sollte sich an die Bibel halten: „Sei deiner Obrigkeit untertan!" Auch ich mußte mir von diesem oder jenem Gemeindemitglied sagen lassen, ich provoziere den Staat als Ganzes. Aber wo lag die Provokation? Etwa darin, daß ich von Deutschland nach Deutschland wollte? Aber ich zog es jetzt vor, mich fast ausschließlich nur noch an die Schweizer Familie zu halten, die wir als Flurnachbarn hatten.

Aber auch dahinter schien die Staatssicherheit schnell gekommen zu sein. Ein Ehepaar, beide über siebzig, wohnte auf unserem Flur und paßte nun auf uns auf. Sobald es bei uns klingelte, fand die alte Frau einen Grund nachzusehen, wer uns wohl besuchen käme. Selbst abends um zehn Uhr stand sie einmal vor unserer Tür und putzte die Klinke von außen. Als wir die Tür öffneten, erschrak sie: Sie sei ja mit der Treppenreinigung dran.

Wie intensiv wir abgehört wurden, stellte ich immer wieder daran fest, daß der Vernehmer mir genau Datum und Uhrzeit sagen konnte, wenn wir Besuch gehabt hatten. Auch wußte er immer, was gesprochen worden war. Obwohl ich mir ständig sagte, du reagierst auf solche Vorhaltungen nicht mehr, ärgerte ich mich dennoch. Absichtlich schaltete ich zu Hause das Radio auf volle Lautstärke und hörte das Westprogramm. Am liebsten waren mir die Bundestagsdebatten, wenn sich die Politiker gegenseitig attackierten. Dann sagte ich laut und vernehmlich: „Da hört ihr, was Redefreiheit ist! Ihr schreit ja alle nur einstimmig ja!" Das würde man mir bei der nächsten Vernehmung sicher unter die Nase reiben. So baute ich immer mehr einen Schutzpanzer um mich. Ich sah die Beamten der Staatssicherheit und der Polizei nicht mehr als Staatsgewalt an, sondern als Menschen, die ich bemitleiden mußte. So brachte ich es auch fertig,

Eine Fahne kann eine schwere Last sein. – Mann in einer Kolonne an einem
1. Mai in Ost-Berlin.

meinem Vernehmer in aller Ruhe zu erklären, ich fände die Bundestagsdebatten gut, solch freie Meinungsäußerung aller sei ja in der Volkskammer unmöglich.

Der Oktober bescherte den Magdeburger Bürgern den „Tag der Waffenbrüderschaft". Truppen des Warschauer Pakts sollten nach einem Manöver von der Bevölkerung gefeiert und umjubelt werden. Die Betriebe übernahmen besondere Verpflichtungen zu Ehren der Waffenbrüder und zu Ehren von Erich Honecker. Vom Kindergartenkind über Schulkind zum Lehrling und Arbeiter, alle bekamen frei und mußten an der Straße Spalier stehen. Der Staatsratsvorsitzende Erich Honecker sollte eine Rede halten. Mein Mann, unsere Tochter und ich beschlossen, uns den Herrn Honecker mal etwas anzusehen. Wir wollten ihm damit nicht unsere Verbundenheit bekunden, aber er interessierte uns.

Aus unserem Vorhaben wurde jedoch nichts. Einen Tag zuvor erschien mein Vernehmer. Zufällig sahen wir das uns bekannte Auto vor der Tür stehen, und niemand von uns wollte öffnen. Erst als dieser Beamte mit voller Wucht gegen die Tür schlug, öffnete ich. Auch unsere Dorli, die Schweizerin, hatte den Lärm gehört und neugierig auf den Flur gesehen. Ehe ich Dorli etwas sagen konnte, hielt mir der Vernehmer seinen Ausweis unter die Nase, als wüßte ich nicht, wer er sei. Dann schob er mich in die Wohnung, setzte sich ohne Aufforderung in den Sessel und sagte: „Morgen früh um neun Uhr erscheinen Sie alle drei im Untersuchungsgefängnis am Moritzplatz. Bitte sind Sie pünktlich, sonst werden Sie geholt!" Er stand auf und ging.

Wir drei sahen uns an, und jeder hatte wohl nur den einen Gedanken: Jetzt geht es wieder in Haft! Schnell riefen wir den Prediger an, der auch sofort kam. Wir sprachen alles Wichtige mit ihm durch, damit bei einer neuen Verhaftung die Gemeinde Bescheid wüßte. Auch unseren Schweizer Freunden sagten wir, was sie zu tun hätten, wenn wir nicht wieder nach Hause kommen würden. Ihnen gaben wir die Anschrift der Gesellschaft für Menschenrechte in Frankfurt/Main, an die sie unsere Nachricht weiterleiten sollten. Diese Nacht brachte uns keinen Schlaf. Auch mein Mann sah immer wieder auf die Uhr.

So machten wir uns am Morgen auf den Weg zum Moritzplatz. Da keine Straßenbahn fuhr, gingen wir zu Fuß. Es vergingen nur wenige Minuten, und wir sahen unsere Bewacher hinter uns. Zu gern hätte ich eine dumme Bemerkung gemacht, aber ich wagte es nicht. Die am Gefängnis angebrachte Kamera erfaßte uns schon sehr zeitig. So brauchten wir nicht zu klingeln, uns wurde die Tür gleich geöffnet. Am Eingang nahm uns ein kleiner Soldat die Personalausweise ab und brachte uns in den „Warteraum". Ein Raum ohne Fenster, ohne Türgriffe und von innen nicht zu öffnen. An der Decke leuchtete eine trübe Glühbirne.

Es dauerte ewig, ehe ein Wachposten kam und zuerst Anita holte. Keiner von uns sagte etwas. Wieder vergingen Minuten und nichts tat sich. Dann wurde mein Mann geholt. Nun saß ich ganz allein in dem stickigen und unsauberen Raum. Während ich über alles noch nachdachte, wurde schließlich auch ich gerufen. Es ging durch den Keller, der Wachposten vorweg und ich wie ein Hund hinterher. Dann kamen ein paar Stufen und hinter einer Gittertür ein Korridor. Solche Korridore hatte ich schon in vielen Filmen gesehen. Rechts und links war eine Tür neben der anderen. Über den meisten brannte eine rote Lampe. Ein Zeichen, daß dort irgend etwas im Gange war.

Ich wurde ins Zimmer 7 gebracht. Als der Wachposten die Tür öffnete und Meldung machte, war ich sehr erstaunt. Es war keine Zelle, sondern ein fast normaler Raum mit Schreibtisch, Stühlen und einem Tonbandgerät auf dem Tisch. Mir fiel ein Stein vom Herzen. Nur der Tag war ungewöhnlich: Wir hatten doch zur Parade in die Stadt gewollt.

Schadenfroh grinste mich der mir bekannte Vernehmer hinter dem Schreibtisch an. Er konnte offensichtlich meine Gedanken lesen. „Haben wir Ihnen die schöne Parade verdorben?" fragte er.

Ich gab keine Antwort, sah stur vor mich hin. Mein Gegenüber spielte mit dem Kugelschreiber und beobachtete mich. Ich nahm alle Kraft zusammen und erwiderte seinen durchdringenden Blick. Minuten war Ruhe, doch dann polterte er los: „Sie haben wohl gedacht, wir lassen Sie auf unseren Staatsratsvorsitzenden los?" Verblüfft sah ich ihn an. Wie kam er darauf? Ach, die Staatssicherheit hatte wohl Angst, wir könnten die friedliche Parade und die Rede von Herrn Honecker stören!

Der Vernehmer erhob sich, trat ans Fenster und meinte etwas ruhiger: „Ich wäre auch gern in der Stadt, aber ich muß auf Sie aufpassen!" Das klang so komisch, daß ich leise lachte. Der Vernehmer drehte sich um und bemerkte: „Das finden Sie wohl schön, uns zu verdummen?" Was sollte ich darauf sagen? Nichts, ich schwieg.

So sprachen wir schließlich stundenlang über die Verhältnisse in Ost und West. Das Tonband war nur zeitweilig eingeschaltet. Der Vernehmer wollte mich von der Richtigkeit des Sozialismus überzeugen, und ich versuchte ihm darzulegen, wie aussichtslos es sei, mich weiter gewaltsam in der DDR zu halten. Er nahm es zur Kenntnis und meinte nur: „Ihr Mann und Ihre Tochter wollen doch in Wirklichkeit gar nicht in den Westen. Beide finden sich doch im Kapitalismus nicht zurecht!"

Diese Worte trafen mich schwer. Hatte ich wirklich die Gewißheit, daß beide noch in den Westen wollten? Sagten sie vielleicht nur aus Gefälligkeit ja? Ich war mir nicht sicher, und so gab ich zur Antwort, ich würde auch allein in die Bundesrepublik gehen.

Da hatte ich aber etwas angerichtet! Jetzt saß vor mir kein Staatssicherheitsbeamter mehr, der mir den Staat DDR schmackhaft machen wollte, sondern ein Mensch, der über Ehe und Familie sprach. Alles, was der Vernehmer aus meiner Kindheit wußte, holte er jetzt wieder hervor.

Es war bereits 13 Uhr, als ein anderer Beamter, ein Hauptmann, reinkam und sich mit an den Tisch setzte. Auch ihn kannte ich schon seit meiner ersten Verhaftung. Als wäre es eine Sensation, erzählte der eine dem anderen, daß ich nun beschlossen hätte, allein in den Westen zu gehen. Etwas ungläubig sah mich der Hauptmann an. Er wußte wohl besser, daß mich von meiner Familie nichts trennen konnte. Viel zuviel hatten wir bisher gemeinsam getragen. Auch mir kam allmählich zu Bewußtsein, was ich gesagt hatte. Um vom Thema abzulenken, stöhnte ich ganz laut und erklärte, ich könne auf diesem harten Stuhl nicht mehr sitzen. Wie auf Kommando kam die Antwort: „Wenn Sie unterschreiben, daß Sie in der DDR bleiben, bekommen Sie bis zum Abschluß des Ermittlungsverfahrens einen Polstersessel!" Dann ging wieder die Tür auf, ein Wachposten legte dem Vernehmer einen Zettel auf den Tisch. Der sah mich an und fragte: „Was wollen Sie essen: Fisch und Kartoffelsalat oder eine Gemüsesuppe?" Ich wollte nichts essen und sagte dies auch. „Nun", meinte der Hauptmann, „heute dürfen Sie mal unser Gast sein." Der Wachposten rief dazwischen: „Alles zu Ehren der Republik!" Es war, als befände ich mich in einem Zirkus, wo man sich die Zeit vertreibt.

Mein Vernehmer las mir dann eine Dienstanweisung vor, daß alle, die zur Zeit Ausreiseanträge gestellt haben und gegen die ein Ermittlungsverfahren läuft, an diesem Tag von der Staatssicherheit bewacht werden müssen. Dies geschehe, damit der Staatsratsvorsitzende Erich Honecker während seiner Rede

Am Rande einer Parade der Grenztruppen der DDR — Offiziersschüler mit Maskottchen.

nicht von Staatsfeinden gestört würde. Also, ob ich wollte oder nicht, ich mußte wohl etwas essen, denn wer weiß, wann ich nach Hause kommen würde. Außerdem hatte ich doch Hunger. Ich bat um die Suppe, die mir auch gebracht wurde.

Es war 15 Uhr, da kam ein Anruf. Als der Vernehmer den Hörer auflegte, rekelte er sich und sagte: „So, Genosse Honecker hat die Stadt verlassen. Sie dürfen jetzt nach Hause gehen!" Ungläubig blieb ich sitzen. Da schrie er los: „Verstehen Sie kein Deutsch?" Ein Wachposten brachte mich durch die Gittertür zum Ausgang.

An der Straßenbahnhaltestelle standen mein Mann und Anita. Beide waren auch gerade rausgekommen und warteten auf mich. Anita erzählte, bei ihr habe die ganze Zeit ein junger Wachposten gesessen, und sie hätten über Filme und fliegende Untertassen gesprochen.

Der Oktober verging, und uns traf die traurige Nachricht, daß die Schweizer wieder in ihre Heimat müßten. Die Fabrik war fertig, und in Magdeburg blieb nur ein Notdienst. Toni und Dorli mußten die Stadt verlassen. Unsagbar schwer fiel uns dieser Abschied, obwohl es so noch einmal eine Möglichkeit gab, Briefe in den Westen mitgeben zu können. Um unsere Verbundenheit mit Dorli und Toni zu demonstrieren, reinigten wir noch gemeinsam ihr Auto und packten mit ein. Die Nachbarschaft in den Hochhäusern hing am Fenster und sah zu.

Am 10. November 1980 erschien wieder einer von der Staatssicherheit bei uns. Er brachte uns einen Brief, in dem wir aufgefordert wurden, am nächsten Tag zur Vernehmung zu kommen. Aufregend war es schon, jetzt immer persönlich benachrichtigt zu werden. So kannten wir den Termin nie im voraus.

Am Morgen des 11. November waren wir also wieder im Warteraum des Untersuchungsgefängnisses. Die Luft in dem überheizten Raum war kaum zu ertragen. Anita war bereits über dreißig Minuten weg, als mein Mann geholt wurde. Mich brachte ein Wachposten ebenfalls in einen anderen Raum, schloß die Tür und ließ mich allein. Bereits nach wenigen Minuten drückte ich die Klingel. Ein Wachposten erschien. Ich bat ihn, die Tür aufzulassen, da ich sonst ersticken würde. Prompt kam die Antwort: „Wenn Sie ersticken, sind wir Sie wenigstens los." Ich stürmte zur Tür. Der Wachposten schob mich zurück. Ich nahm den Stuhl und donnerte gegen die Tür. Plötzlich erschien der mir bekannte Hauptmann und brachte mich in das Zimmer meines Vernehmers. Hier machte ich mir erst einmal Luft.

Mein Vernehmer gab sich freundlich, bot mir einen Stuhl an, und das brachte mich noch mehr in Wut. Dem Hauptmann und meinem Vernehmer schien es ein Vergnügen zu sein, mich so in Rage zu sehen. Nach einer Weile des Schweigens meinte der Vernehmer plötzlich: „Was würden Sie tun, wenn Sie doch bald in den Westen ausreisen könnten?" Die beiden Beamten sahen mich erwartungsvoll an. Was soll dies, so fragte ich mich. Sofort kam die nächste Frage: „Hat es Ihnen die Sprache verschlagen, oder wollen Sie nun plötzlich nicht mehr in den doch so goldenen Westen?" Meine Antwort war nicht sehr laut und kräftig. Ich selbst sagte mir, nun gibst du plötzlich keine Antwort, aber du mußt das sofort korrigieren. Also erklärte ich zum x-ten Male, mein Ziel sei nach wie vor die Bundesrepublik.

Keiner kam weiter zu Wort, ich wurde von einem dritten Beamten aus dem Zimmer geholt. Zwei Räume weiter mußte ich wieder Platz nehmen. Vor mir saß der Bezirksstaatsanwalt, auf seinem Schreibtisch lag eine dicke Akte. Wie aus einem Tonbandgerät kamen seine Worte: „Nach gründlicher Prüfung und einem guten halben Jahr Ermittlungsverfahren stellen wir dies ab heute gegen Sie ein. Eine Verurteilung wird vorerst nicht erfolgen. Wir heben auch die Postsperre gegen Sie auf, fordern Sie aber auf, keinerlei Kontakt mehr mit Bundesbürgern zu unterhalten!" Mir wurde heiß und kalt.

Der Staatsanwalt legte mir ein Schriftstück vor, aus dem ich noch einmal ersehen sollte, was man mir zur Last gelegt hatte. Nur flüchtig sah ich darauf. Ich kannte ja die Vorwürfe: Staatsfeindliche Verbindungsaufnahme, staatsfeindliche Hetze und Verstoß gegen die öffentliche Ruhe und Ordnung in der Stadt. Vorwürfe, die jedem Antragsteller gemacht werden.

Ich wollte sofort wissen, ob die Post und die Pakete an uns nun ausgehändigt würden. Der Staatsanwalt erläuterte mir, wenn Post noch vorhanden sein sollte, würde man mir diese aushändigen, allerdings nach gründlicher Prüfung. Bei den eingegangenen Paketen sei es etwas anders, denn zum Teil wären da Lebensmittel drin gewesen, die sich nicht so lange gehalten hätten. Man habe sie an Krankenhäuser und Kinderheime weitergegeben.

„Was wird nun aus der Ausreise?" fragte ich. Auch wenn kein Ermittlungsverfahren mehr laufen sollte, würde ich weiter Anträge stellen, worauf sich die Behörden wohl einrichten müßten. Der Staatsanwalt haute mit der Faust auf den Tisch: „Halten Sie endlich Ihren Mund!" Ich fuhr vor Schreck zusammen. Vor einer Minute war er noch ruhig gewesen, jetzt schrie er lautstark, er würde sich von Herzen wünschen, daß man mich recht bald in den Westen abschiebe. Man könne meine Anwesenheit einfach nicht mehr ertragen. „Sie werden schon sehen, was die Bundesrepublik für ein Land ist!" schimpfte er weiter. „Niemals werden Sie dort froh werden," fügte einer der anwesenden Beamten hinzu. „Sie kommen dort unter die Räder, und darüber sollten Sie doch recht froh sein, oder?" Dies alles verstand ich nicht und sah beide fragend an. Da sagte der Staatsanwalt giftig: „Wer mit Ihnen verheiratet ist, kann sich gleich einen Strick nehmen! Meine Frau dürften Sie nicht sein!" Zornig gab ich zurück: „So etwas wie Sie hätte ich auch nie geheiratet!"

„Sie sind eine ekelhafte Frau!" sagte der Staatsanwalt. Das war eine Beleidigung, und ein Staatsanwalt mußte sich in der Gewalt haben. Ich warf ihm daher vor, selber gegen Gesetze zu verstoßen, denn die Verfassung sagt: Die Würde des Menschen ist unantastbar.

Ganz offensichtlich hatte der Staatsanwalt begriffen, daß ich ihm ein Dienstvergehen anhängen könnte. Er wurde wieder ruhig und ging an einen Schrank, der in der Mitte des Raumes stand. Von dort gab er mir einen Teil der beschlagnahmten Sachen wieder, zum Beispiel meine Fotoalben, Geburtsurkunde und Zeugnisse. Die beschlagnahmte Post bekam ich auch dann nicht, als ich eindringlich danach fragte. Auch meine Akte blieb verschwunden, und als ich danach fragte, sagte mir der Beamte von der Staatssicherheit: „Es gibt in der DDR ein Polizeigesetz, woraus zu ersehen ist, daß wir Ihnen die Akte nicht wieder zu geben brauchen." Auf meine Frage, wo ich dieses Gesetzbuch bekommen könnte, erklärte er, in jeder Buchhandlung. Ich nahm mir vor, dieses Gesetzbuch sofort nach Verlassen des Hauses zu kaufen.

Nachdem der Staatsanwalt seinen Vortrag beendet hatte, mußte ich wieder all das unterschreiben, was er mir erzählt hatte. Auch, daß ich mich trotz Aufhebung der Postsperre mit niemandem in der Bundesrepublik in Verbindung setzen würde. Eine Zusage für eine baldige Ausreise bekam ich nicht. Während ich unterschrieb, stellte ich fest, daß mein Mann und meine Tochter bereits unterschrieben hatten. Jeder war einzeln „aufgeklärt" worden.

Ich nahm die mir ausgehändigten Unterlagen und verließ als „freier Mann" das Untersuchungsgefängnis. Wieder warteten mein Mann und meine Tochter an der Straßenbahnhaltestelle. Beide fragten gleichzeitig: „Was wird nun?" Ich wußte es nicht.

Über Monate hatte das Ermittlungsverfahren gedauert, über Monate waren wir bewacht und überall unsere Anträge abgewiesen worden. Nun standen wir wieder da wie im Mai vor der Verhaftung. Ich hatte nun nichts Schriftliches mehr in der Hand. Die Akte, in der ich den Kampf um unsere Ausreise aufgezeichnet hatte, war weg. Ich konnte also schriftlich in der DDR nicht mehr viel belegen. Nur die Briefe, die in den Westen gegangen waren, konnten noch als Beweis für die Schikanen gelten. Originale, so zum Beispiel über die Zwangseinweisung in eine Psychiatrische Klinik und die Mitteilung, daß ich keine ärztliche Hilfe mehr bekommen würde. Und die Behörden wußten, daß diese Beweise im Westen bereit lagen. Viele Beamte hatten im Laufe der Jahre dazu beigetragen, uns aus unserer Heimat zu vertreiben.

Ich begann meine mir verbotene Tätigkeit wieder aufzunehmen. Ich schrieb für andere Ausreiseanträge, schrieb Beschwerden und Eingaben an die Behörden, nur damit sie endlich die Nase voll hätten von uns. Auf meinem Tisch im Wohnzimmer lagen die Verfassung der DDR, die Strafprozeßordnung, das Bürgerliche Gesetzbuch. Das waren die Grundlagen meiner Beratungen. Aber ich suchte auch Schutz für mich selbst in den bestehenden Gesetzen, falls wieder die Staatssicherheit kommen sollte und mir staatsfeindliche Hetze vorwerfen würde. Ich konnte anhand dieser Gesetze belegen, daß ich mich genau an die Bestimmungen hielt, die Behörden jedoch ständig dagegen verstießen.

Wir schrieben gemeinsam wieder Ausreiseanträge. Eine neue Methode entwickelten wir allerdings. Da es in den Geschäften keine Briefumschläge gab, gingen wir dazu über, die Briefe mit den Ausreiseanträgen selbst zum Rat der Stadt zu bringen. Wie uns die Staatssicherheit und der Staatsanwalt am letzten Tag des Ermittlungsverfahrens gesagt hatten, konnte nur der Rat der Stadt über eine Ausreise bestimmen.

Am 16. November 1980 warf uns Frau Wiesner von der Abteilung Inneres aus dem Rat der Stadt hinaus: Hausverbot! Aber das ließen wir uns nicht gefallen. Immerhin war es ein öffentlicher Sprechtag, und jeder Bürger hatte das Recht, die Ämter und Behörden aufzusuchen. Mein Mann wurde wütend und schrie Frau Wiesner an. Das schallte so durchs Haus, daß sich viele Bürotüren öffneten und die Mitarbeiter nachsahen, was da los war. Lautstark verkündete mein Mann, daß das Ermittlungsverfahren eingestellt worden sei und wir genau dieselben Rechte wie andere auch hätten. Uns dürfe man also kein Hausverbot erteilen. Frau Wiesner blieb stur.

So standen wir verzweifelt vor dem Gebäude, und keiner wußte, wie es weitergehen würde. Doch als einige Tage später wieder eine Nachricht aus der Bundesrepublik kam, war unsere Freude groß. Plötzlich schien die Sonne, obwohl es Winter war. Ende November setzte eine Flut von Briefen und Karten ein, die wir gar nicht fassen konnten. Zwölf Sendungen und mehr erreichten uns jetzt täglich.

Am 10. Dezember machten wir uns wieder einmal auf den Weg zum Rat der Stadt. Wieder gaben wir unseren Antrag auf Aberkennung der Staatsbürgerschaft und den Antrag auf Ausreise aus der DDR ab. Jedenfalls wollten wir dies. Diesmal kamen wir nur bis zum Pförtner, der Frau Wiesner anrief. Eine ganze Zeit standen wir, bis zwei Angestellte erschienen. Eine Frau kam hinzu und beobachtete uns. Die Männer versuchten, uns aus dem Gebäude zu drängen. Ich ließ mich nicht rausdrängen und erklärte, daß ich das Haus nicht eher verlassen würde, bis man mich angehört hätte. Mein Mann und Anita, die schon vor der Tür standen, kamen wieder herein. Ich sah schon die Polizei kommen, als sich einer der Angestellten einen Schlüssel vom Pförtner geben ließ und uns in ein kleines Zimmer im Vorbau schob. Vermutlich hatte es zu viele Zeugen aus der Bevölkerung gegeben, die auf die Szene aufmerksam geworden waren, und dies sollte unter allen Umständen vermieden werden.

In dem Zimmer standen ein Tisch und drei Stühle. Hinsetzen durften wir uns nicht, dafür setzten sich die beiden recht jungen Angestellten sofort. Sie wollten wissen, warum wir uns nicht an das Hausverbot hielten. Ich mußte diese Herren wieder einmal mit ihren eigenen Gesetzen schlagen: „Sie zwingen uns, Bürger dieses Staates zu sein, also können wir auch jede Sprechstunde der Ämter ohne Schwierigkeiten aufsuchen!" Erst wenn uns die Staatsbürgerschaft aberkannt worden sei, könne man uns das Haus verbieten. Gelassen, als wären wir tote Figuren, die dort im Raum auf einem kleinen Teppich standen, sagte einer der Angestellten: „Ihre Ausreiseanträge sind und bleiben abgelehnt. Alles, was Sie in Zukunft schreiben, landet im Papierkorb!" Dann standen die Herren auf und wiesen uns aus dem Raum.

Wir gingen, die Aussage war niederschmetternd. Draußen vor der Tür begann Anita fürchterlich zu weinen. Wir nahmen sie in den Arm und versuchten sie zu trösten, aber es war nicht möglich.

Wenige Tage nach diesem Vorfall, es ging auf die Weihnachtszeit zu, sprach mich eine junge Frau im Wohnbezirk an. Ich wußte, sie saß im Rat der Stadt und war in der Partei. Daher war ich ihr gegenüber recht vorsichtig. Jetzt meinte sie, es habe sich in allen Parteigruppen herumgesprochen, wie hartnäckig wir wären und daß es keine Möglichkeit gäbe, uns einzusperren. Wir liefen immer so „an der Grenze der Gesetze entlang", wie sie es nannte. Ich konnte das nur bestätigen, worauf sie sagte: „Ja, die Genossen haben in Ihrem Fall schwere Fehler gemacht, aber keiner will dafür geradestehen." So, nun wußte ich, daß sich die Verantwortlichen uneinig waren. Es sei Tagesgespräch unter den Parteigenossen, daß die Staatssicherheit unmündige Jungendliche auf Schüler und Arbeiter ansetze. Durch den Vorfall mit Anita sei dies herausgekommen. Dieses Gespräch gab mir wieder Selbstvertrauen, denn ich kannte jetzt die Zusammenhänge, warum man uns so zappeln ließ.

Es war wieder einmal an der Zeit, daß ich zur Medizinischen Akademie mußte. Anita hatte einen freien Tag und kam mit. Bereits an der Straßenbahnhaltestelle hatten wir einen Begleiter hinter uns. Anita und ich einigten uns darauf, diesen jungen Mann irrezuführen. So stiegen wir in verschiedene Wagen, unterwegs wechselten wir sogar die Bahn. Aber es half nichts: Als wir am Krankenhaus ankamen, hatten wir plötzlich drei Leute hinter uns.

Im Gebäude des Krankenhauses waren die Bewacher verschwunden. Dafür übernahm sozusagen Oberarzt Wendekamm die Bewachung. Als ich in sein Zimmer trat, wurde die Schwester rausgeschickt. Ich erhielt mein Rezept, dann fragte er mich, ob ich nicht doch meinen Ausreiseantrag zurücknehmen wolle. Wieder folgte ein Politunterricht, und dies in der ärztlichen Sprechstunde. „Frau Krüger, Sie werden im Westen nie die nötige Behandlung finden. Wir haben Ärzte, die uns von drüben informieren. Sie sind bald kein lebender Mensch mehr!" Ohne weiter auf seine Worte zu hören, verließ ich den Raum. Er stürmte hinter mir her. Aber da stand meine Tochter vor ihm und schrie ihm ins Gesicht: „Vielen Dank für Ihre falsche Diagnose, meine Betriebsärztin hat eine Anämie bei mir festgestellt!" Mit hochrotem Kopf verschwand der Oberarzt in seinem Zimmer.

Als wir aus dem Gebäude herauskamen, waren gleich zwei Bewacher hinter uns her. Wieder tricksten wir die beiden aus. Es bereitete uns jetzt Spaß, die Bewacher abzuschütteln oder es wenigstens zu versuchen. Zu Hause überlegten wir, was wir noch tun könnten, um die Bewacher ein bißchen in Atem zu halten. Mir fiel auch schnell etwas ein.

Die Tagestemperaturen waren nun schon recht winterlich. Die Nächte noch kälter. In der Küche bereitete ich mir eine Thermoskanne mit Tee und Zitrone zu, packte ein paar warme Sachen ein und bat meinen Mann und Anita, auf keinen Fall jemandem zu sagen, wohin ich gegangen sei. Beide kannten mein Ziel: unseren Garten am anderen Ende der Stadt.

Ich fuhr mit dem Fahrstuhl in den Keller und verließ durch den Hinterausgang das Haus. Ehe ich mich versah, waren zwei jüngere Männer hinter mir her. Der eine fragte frech: „Na, bei dieser Kälte noch ausgehen?" Ich reagierte nicht, lief quer durch das Neubaugebiet bis zur Straßenbahn. Ich machte Umwege und blieb häufig stehen, aber meine Begleiter bewiesen mir, daß sie nicht die Absicht hatten, mich aus den Augen zu lassen. Ich vermutete, daß sie wissen wollten, ob ich mich in der Dunkelheit mit jemandem treffen würde, der sich am Tage nicht zu uns traute. Tatsächlich hatten wir für diesen Abend eine Verabredung mit einem ebenfalls ausreisewilligen Ehepaar. Das konnte die Staatssicherheit aber kaum ahnen, denn vorsichtiger waren wir geworden. Ich stieg im Norden in die Straßenbahn und fuhr bis zum Stadtzentrum. Dort sah ich mir die Geschäfte an. Schlenderte über den Alten Markt, wo die Vorbereitungen für den Weihnachtsmarkt liefen. Einige Buden waren schon aufgestellt. Immer wieder spürte ich die Begleiter hinter mir. Dann nahm ich eine Straßenbahn, die in Richtung Olvenstädter Platz fuhr. Es war bereits 20 Uhr geworden, als ich dort ankam. Ich schlich eine fast unbeleuchtete Straße entlang und verschwand hin und wieder hinter größeren Bäumen. Sehr gut konnte ich die Gestalten der Begleiter erkennen, die mich aber wohl aus den Augen verloren hatten. Plötzlich tauchte eine Funkstreife auf, die langsam an mir vorbeirollte. Ich tat so, als sei ich nicht gemeint.

Ich ging an der Kaserne der Transportpolizei vorbei, die nur wenig beleuchtet war. Ein kleiner Querweg noch, und ich war am Garten angelangt. Zuletzt war ich schneller gelaufen, schon zuvor hatte ich die Taschenlampe hervorgeholt, und schnell schloß ich das Haupttor auf. Als ich es von innen verschlossen hatte, war ich sicher, daß ich für die nächsten Minuten oder gar Stunden allein sein würde. Überall waren Gärten, und unserer lag genau mittendrin. Wer hier eindringen wollte, mußte erst über Mauern und Hecken steigen.

Bisher hatte ich die Kälte nicht gespürt. Jetzt, in der Laube, spürte ich sie, trank den heißen Tee und legte mich auf die Liege. Einschlafen konnte ich nicht.

In den ersten beiden Stunden geschah nichts. Die Stille im Gartengelände wurde nur hin und wieder von Tierlauten unterbrochen. Doch als ich unter meinen Decken ein bißchen warm geworden war und Müdigkeit sich eingestellt hatte, vernahm ich Laufschritte. Und ich hörte sehr gut, daß es nicht nur eine Person war, die auf die Gartenlaube zukam. Ich zog die Decke über den Kopf und hielt mir die Ohren zu. Mit den Fäusten und Füßen polterte man gegen die Laubentür. Der Schein von Taschenlampen drang durch den Vorhang. Schließlich wurde es wieder still. Ich versuchte zu schlafen, was mir natürlich nicht gelang.

Etwas später und dann die ganze Nacht hindurch versuchten die Bewacher, die offenbar Verstärkung geholt hatten, mir Angst zu machen. Sie dachten, eine Frau muß ja Angst bei der Dunkelheit und dieser Einsamkeit haben. Natürlich hatte ich Angst, aber ich stellte mir vor, daß je mehr Arbeit und Ärger ich dieser Staatssicherheit bereitete, je eher würde sie die Nase von uns voll haben und uns in den Westen abschieben. Ich kam mir zwar selbst albern vor, aber mir blieb keine andere Wahl. Jedes Mittel war mir recht.

An die Laubenwand wurden Steine geworfen, Hundegebell drang zu mir. Alles sollte dazu dienen, mich aus der Gartenlaube herauszuholen. Ich blieb aber drin. Nur ein Problem stellte sich ein: Es gab nur außerhalb der Laube ein Klosett. Nachdem ich eine Weile im Halbschlaf vor mich hingedämmert hatte, mußte ich tatsächlich aufstehen. Was tun? Draußen lagen die Bewacher auf der Lauer. So suchte ich im Dunkeln einen Eimer, der sonst für Abfälle da war. Draußen hatten die Bewacher gehört, daß ich wach sein mußte. So klopften sie gegen das Fenster: „Frau Krüger, hier ist die Polizei, machen Sie sofort die Tür auf!" Ich reagierte nicht, nahm eine Schlaftablette, trank etwas Tee und legte mich hin. Tatsächlich schlief ich ein.

Es war bereits hell, als ich wach wurde. Jemand machte sich an dem Türschloß zu schaffen. Mein Schlüssel steckte aber von innen im Schlüsselloch, und so wartete ich erst einmal ab. Ein bißchen schob ich die Gardine zur Seite. Erst dachte ich, ich träume, aber tatsächlich stand mein Mann vor der Laubentür.

Aufgeregt erzählte er, daß man ihn bereits um sechs Uhr aus dem Bett geholt und vernommen habe. Die Staatssicherheit warf ihm „Irreführung der Behörden" vor. Er mußte sich mit dem Fahrrad auf den Weg machen, mich aus dem Garten holen und mir ausrichten, ich hätte mich bis zehn Uhr im Untersuchungsgefängnis zu melden.

Es war doch recht erstaunlich, daß die Beamten der Staatssicherheit nicht selbst in die Gartenlaube eingedrungen waren, sondern mit zwei Autos davor standen. Mit meinem Mann sprach ich ab, daß ich zwar zur Vernehmung gehen, heute aber alles auf eine Karte setzen würde. Mein Mann bat mich eindringlich, nichts Falsches zu tun. Er könne, wenn man mich in Haft nehme, nicht mehr durchhalten. Das ging mir zu Herzen, denn was hatte mein Mann nicht schon alles durchgemacht! So versprach ich ihm, nichts zu provozieren und so ruhig wie möglich zu sein. Es fiel ihm sichtlich schwer, mich nun allein mit der Straßenbahn fahren zu lassen. Er hatte ja sein Rad bei sich, außerdem mußte er Anita in Kenntnis setzen.

NEUNTE ABTEILUNG

„Frei, wir sind frei!"

Als ich am Moritzplatz, im Untersuchungsgefängnis, angekommen war, erschien gleich der Hauptmann. Er nahm mir meinen Personalausweis ab und brachte mich in einen Verneh-
mungsraum. Ich war wie gerädert, müde und matt und fror. Mir
wurde sehr höflich eine Tasse Tee hingestellt, sogar Zitrone gab
es. Was mußte in diesen Leuten, die ja alle Macht hatten, inzwischen vorgegangen sein?

Zwei Beamte, einer war mein Vernehmer, kamen hinzu.
Ihre erste Frage: „Hat es eigentlich Sinn, sich das Leben zu nehmen?" Ich sah die Beamten fragend an. Immerhin war es gar
nicht meine Absicht gewesen, mir das Leben zu nehmen. Aber
ich schwieg in der Hoffnung, die Höflichkeit würde anhalten.
Ich trank den Tee und mir wurde etwas wärmer. Als ich die Zitrone nahm, fragte ich, wo es die zu kaufen gäbe. Die Beamten
sahen sich an. Der Hauptmann antwortete, die Zitrone gehöre
mir selbst. Sie sei aus einem der elf Pakete, die nicht an uns wei-
tergereicht worden seien. Die verderblichen Lebensmittel habe
man an Altenheime und Kindergärten gegeben. Die restlichen
Sachen lägen in einem Lager. Es sei alles genau aufgeschrieben
worden. Aus einem dieser Pakete war also die vor mir liegende
Zitrone.

Der Hauptmann begann, nach Luft zu schnappen, als müßte
er eine schwere Entscheidung treffen. Dann sagte er: „Aus Hu-
manität haben wir uns entschlossen, Sie und Ihre Familie in
den Westen ausreisen zu lassen. Die Bundesregierung ist bereit,
Sie aufzunehmen!"

Die Worte klangen hohl und trocken. Ich konnte es nicht
glauben. Mußte ich erst in einer kalten Gartenlaube übernachten, damit uns endlich die Ausreise bewilligt wurde? Ich wollte
dem Hauptmann weitere Worte aus der Nase ziehen. Er meinte
aber nur noch: „Sie können gehen, aber wann, das bestimmen

wir!" Die Zusage hing nun davon ab, wann es die Staatsanwaltschaft und die Staatssicherheit für richtig befanden, uns ausreisen zu lassen. Das konnte ja wieder Jahre dauern. Mir kamen
die Tränen, ich war am Ende. An meiner Verfassung ergötzten
sich die drei Stasibeamten. Einer rief mir beim Rausgehen zu:
„Verhalten Sie sich ruhig, beweisen Sie, daß Sie keine Aktivi-
täten gegen den Staat mehr unternehmen, und Sie werden bald
gehen können."

Meine Müdigkeit verflog, als ich an die frische Luft kam.
Jetzt mußte unser Ziel in greifbare Nähe gekommen sein. Mein
Mann und meine Tochter freuten sich unheimlich. Wir drückten
uns gegenseitig immer wieder und machten uns Mut. Viele Stunden sprachen wir darüber, was wohl sein werde, wenn wir tatsächlich gehen dürften.

Bis zum Weihnachtsfest 1980 waren es nicht mehr viele Tage. Immer wieder sahen wir in den Briefkasten, ob nicht eine
Nachricht vom Rat der Stadt, Abteilung Inneres, da sei. Nichts
tat sich. Bis eines Nachmittags mein Vernehmer über den Betrieb meines Mannes Bescheid sagte, wir sollten alle mit Taschen
zum Moritzplatz kommen. Ich ahnte, jetzt würde man uns sicher
den Rest der Pakete aushändigen.

Auf einem großen Tisch lagen all die Sachen, die noch zu
verwerten waren. Mit betonter Gründlichkeit notierte eine
Schreibkraft alles, was wir in unsere Taschen stecken konnten.
Schokolade, Kaffee, Dauerwurst, Konserven, Seife, Schuhe,
Kleidung und vieles andere mehr. Butter und die leicht verderblichen Lebensmittel fehlten. Das wurde mir jetzt noch einmal in
aller Länge begründet. Während mein Mann überglücklich alle
Sachen einpackte, mußte ich eine bissige Bemerkung machen.
Ich fragte meinen Vernehmer, der grundsätzlich immer anwesend war und auch diesmal alles überwachte, ob man die leicht
verderblichen Lebensmittel vielleicht für eine Weihnachtsfeier
der Staatssicherheit verwendet habe. Immerhin sei es ja nicht
gern gesehen, wenn Westsachen unter die Bevölkerung kämen.
Warum sollten denn da Altenheime und Kindergärten etwas bekommen haben? Ich gönnte denen das ja, aber stimmte dies
auch?

Was hatte ich da angerichtet? Ich hatte die anwesenden Beamten und auch die Schreibkraft in Wut gebracht. So schrie
mich die Frau an, ob ich mich nicht schäme, überhaupt etwas
von diesen Kapitalisten anzunehmen. Nein, ich schämte mich
nicht. Immerhin hatte ich seit der Verhaftung keine Rente mehr
bekommen, sie war gesperrt worden. Mein Mann hatte nur noch

Putzarbeiten in seinem Betrieb machen dürfen und dafür nur sehr wenig Geld bekommen. Anita waren alle Prämien und Zuschläge gestrichen worden. So waren wir froh und dankbar, von Menschen aus dem Westen Lebensmittel zu bekommen. Weihnachten wäre sonst ein sehr trauriges Fest geworden.

Die Warterei machte uns mürbe. Die Ausreise lag so nah, und dennoch war sie weit weg. Weder mein Mann noch Anita konnten in Ruhe arbeiten. Sie mußten es aber, damit ihnen nicht noch in letzter Minute vorgeworfen würde, sie seien asozial, was ein Vorwand dafür sein konnte, sie einzusperren.

Einen Tag vor Heiligabend bekamen wir schriftlich die Vorladung. Ich kam vom Briefkasten gar nicht schnell genug in den Fahrstuhl und dann in die Wohnung. Jetzt, jetzt, so schoß es mir durch den Kopf, ist es soweit. Wir müssen noch heute zum Rat der Stadt!

Anita hatte Frühdienst. Von der Telefonzelle rief ich sie an. Um 14 Uhr wollten wir uns am Alten Markt treffen.

Dann lief ich zur Baustelle meines Mannes, der gerade den Speiseraum der Arbeiter ausfegte. Ich zeigte ihm schon von weitem das Schreiben. Es kam eine unsagbare Freude in uns auf.

Als wir das Ratsgebäude betraten, ließ uns der Pförtner ohne Schwierigkeiten durch. Bisher hatten wir ja absolutes Hausverbot. Wie auf dem Schreiben stand, meldeten wir uns bei Frau Wiesner. Sie saß hinter ihrem Schreibtisch, sah uns ernst an und meinte, wir sollten drei Türen weiter gehen und uns beim Stellvertretenden Oberbürgermeister melden. Dies taten wir, immer noch im Freudentaumel, jetzt die Ausreiseerlaubnis zu bekommen. Eine andere Nachricht konnte es doch nicht mehr geben, oder?

Dr. Nothe, der Stellvertretende Oberbürgermeister, bot uns Stühle an, und sagte: „Wir haben Ihre Ausreisanträge noch einmal geprüft. Ihrer Ausreise steht nichts mehr im Wege!" Er sagte in Anwesenheit eines Sachbearbeiters weiter: „Wir haben uns dazu durchgerungen, Sie ausreisen zu lassen. Den Zeitpunkt der Ausreise bestimmen wir."

Mein Mann, Anita und ich sahen uns an. Der Bürgermeister erwartete wohl einen Freudentanz von uns, aber den Gefallen konnten wir ihm nicht tun. Das, was er sagte, hatte zuvor schon die Staatssicherheit gesagt. Er sagte noch: „Glauben Sie ja nicht, wenn Sie in der Bundesrepublik sind, daß Sie nach ein paar Tagen oder Wochen wieder bei uns anklopfen können. Sie dürfen diesen Staat nie wieder betreten!"

URKUNDE

Waltraud Krüger geb. Moebius

geboren am **28. 10. 1942** in **Kade**

wohnhaft in **Magdeburg, Hans-Grundig-Str. 10**

wird gemäß § 10 des Gesetzes vom 20. Februar 1967 über die Staatsbürgerschaft
der Deutschen Demokratischen Republik (GBl. I S. 3) aus der Staatsbürgerschaft
der Deutschen Demokratischen Republik entlassen. Die Entlassung erstreckt sich
auf folgende kraft elterlichen Erziehungsrechts vertretene Kinder:

—

geboren am .... in ....

—

geboren am .... in ....

—

geboren am .... in ....

Die Entlassung aus der Staatsbürgerschaft der Deutschen Demokratischen Republik wird gemäß § 15 Abs. 3 des Staatsbürgerschaftsgesetzes mit der Aushän-
digung dieser Urkunde wirksam.

Magdeburg,

den **26. 01. 1981**

6. 2. 198

Ausgehändigt am

Die „Urkunde" über die „Entlassung aus der Staatsbürgerschaft der
Deutschen Demokratischen Republik" — ein von nur allzu vielen
DDR-Bürgern heißbegehrtes, aber nur schwer erhältliches Dokument.

Wir überhörten das. Da war auch schon das Gespräch beendet. Wir liefen ohne etwas zu sagen aus dem Gebäude.

Jetzt auf der Straße, es schneite ein wenig, hätten wir uns doch freuen können, aber keiner freute sich mehr. Ich kam mir vor, als sei ich gar nicht ich selbst. Wie in einer Narkose hörte ich die Worte von Dr. Nothe noch einmal. Von ihm benötigten wir die Urkunde zur Aberkennung der Staatsbürgerschaft. Doch wann durften wir fahren?

Auf dem Weg nach Hause kauften wir einen kleinen Weihnachtsbaum. Wir hatten uns vorgenommen, das Fest ganz still zu verleben und ohne Baum. Nun hatten wir unsere Meinung geändert. Wenn wir uns schon nichts leisten konnten, dann wollten wir doch bei Kerzenlicht ein bißchen in die Zukunft träumen. Ein Ehepaar, das ebenfalls die Ausreise beantragt hatte, besuchten wir noch am späten Abend. Sie freuten sich mit uns, zweifelten aber daran, daß man uns bald gehenlassen würde.

Am Heiligabend zündeten wir also die Lichter an, und jeder äußerte seine Wünsche für die Zukunft. Jetzt waren wir wieder eine richtige Familie.

Das Fest ging vorbei, und das Jahr 1981 brach an. Bisher war keine Nachricht gekommen, an welchem Tag wir ausreisen durften. Ich verschenkte alle Sachen, die wir nicht dem Staat überlassen wollten. Wir gaben auch unser Wohn-, Schlaf- und Kinderzimmer weg. Aus dem Garten holten wir Metalliegen, die wir im Schlafzimmer aufstellten. An Kleidung war auch nur das Nötigste da. Wir hatten als Ziel, den Behörden, falls sie uns doch wieder eine Ablehnung zukommen ließen, zu zeigen, daß wir nichts mehr besaßen und man uns neue Sachen geben mußte. Das, wußten wir, würden die Stadtväter nie tun.

Wieder war eine Benachrichtigung in unserem Briefkasten. Es war der 11. Januar 1981. Das mußte der Tag sein, an dem wir ausreisen oder doch Genaueres erfahren würden. Wir hofften, nun nicht mehr nervlich so strapaziert zu werden.

Frau Wiesner erwartete uns schon. Sie legte uns ein Formular vor und fragte, zu wem wir in die Bundesrepublik ausreisen wollten. Sie benötige eine Anschrift. Da wir keine hatten und auch keine Anschrift von einem Freund nennen wollten, gaben wir das Notaufnahmelager Gießen an.

Mit hochrotem Kopf und lautstarker Stimme sagte Frau Wiesner: „Ein Notaufnahmelager Gießen gibt es bei uns nicht. Dahin können Sie nicht ausreisen." Wie besessen drang sie auf eine Anschrift.

Es blieb uns nichts weiter übrig, als unseren Briefpartner Herrn M. aus Mannheim anzugeben. Er hatte ohnehin immer gesagt, wir könnten in seine Nähe ziehen. Also schrieben wir die nötigsten Angaben wie Anschrift, Beruf auf. Nach dem Geburtsdatum wurde auch gefragt, aber ich wußte nicht, wann Herr M. geboren war. Zum ersten Mal freundlicher, sagte Frau Wiesner, wir könnten diese Daten nachreichen. Ein erstes Zugeständnis, welches sie uns machte. Vielleicht wollte sie erreichen, daß wir sie in „guter" Erinnerung behielten.

Aber schon einen Augenblick danach traf mich fast der Schlag. Frau Wiesner sagte: „So, nun schreiben Sie jeder allein einen Ausreiseantrag!" Was sollte dieses Theater? Hatten wir nicht genug Ausreiseanträge in den acht Jahren gestellt? Sofort kam die Erklärung: „Wir haben Ihnen doch immer wieder gesagt, Sie sollen keine Anträge stellen, sie landen sowieso nur im Papierkorb!"

Mein Mann sprang auf und griff über den Schreibtisch. Weder Anita noch ich verstanden, was er wollte. Wir spürten nur seine Wut. Mit aller Macht hielten wir ihn zurück und setzten ihn wieder auf seinen Stuhl.

Gut, wir gaben nach und erklärten, wir würden die selbstgeschriebenen Ausreiseanträge am nächsten Tag vorbeibringen. Aber das wollte Frau Wiesner nun wieder nicht. Wir sollten jetzt schreiben und uns Zeit lassen, meinte sie. Nun, wir hatten nicht die Absicht, auch nur eine Minute länger als unvermeidlich in diesem Staat zu bleiben. Frau Wiesner schickte uns eine Tür weiter zu einer anderen Sachbearbeiterin. Einzeln wurden wir vorgelassen. Einzeln mußten wir schriftlich begründen, warum wir die Aberkennung der Staatsbürgerschaft wünschten. Mit einem einzigen Satz war ich fertig. Es seien politische Gründe, die mich zwängen, den Staat DDR zu verlassen. Mein Mann und Anita schrieben genau denselben Satz. Worauf die Sachbearbeiterin sagte: „Na, es ist nicht richtig, wenn Sie sich untereinander absprechen. Ich weiß nicht, ob dies von der Kommission anerkannt wird."

Nach einer guten Stunde waren wir mit diesem Formular fertig. Dann mußten wir erneut zu Frau Wiesner. Sie gab uns mehrere Scheine, die von verschiedenen Ämtern und Dienststellen abgestempelt werden mußten.

Der erste Weg mußte zur Zentralen Sparkasse gemacht werden. Dort vergingen acht Tage, ehe wir gegen eine Gebühr einen Stempel bekamen, der bestätigte, daß wir keinen Kredit und keine Schulden hatten. Erst dann konnten wir zum Wohnungsamt, zur Energieversorgung und zur Staatsbank. Ein kleines Guthaben hatten wir auf einem Sparbuch. Es mußte nun gekündigt und auf ein Konto bei der Staatsbank überwiesen werden. Nur mit diesem Beleg würden wir die Grenze in Richtung Westen überschreiten dürfen.

Die Zeit zog sich in die Länge. Noch immer wußten wir nicht den genauen Tag, an dem wir die Erlaubnis zur Ausreise bekommen würden. Eine bleierne Müdigkeit lähmte uns.

Mein Mann und auch Anita hatten Ende Januar Geburtstag. Ihr einziger Wunsch war, diesen Geburtstag bereits im Westen feiern zu können. Aber es war ja nur ein Wunsch.

Nun stand vor uns noch ein besonders schwerer Schritt. Für mich war es der Schritt, der mir am schwersten gefallen ist. 21 Jahre hatten wir unseren Kleingarten gehabt. Jede Blume, jeder Baum war durch unsere Pflege gewachsen. Ich hatte immer in Blumentöpfen und unter Folienzelten Gemüse angebaut, Blumen gepflanzt. Nun wollte ich den Garten einem Ehepaar geben, das wir gut kannten. Aber selbst hier schaltete sich die Obrigkeit ein. So mußten wir es ertragen, daß der Vorstand des Kleingartenvereins unseren Garten innerhalb von zehn Minuten an einen Parteifunktionär übergab. Bei der Übergabe war ich gar nicht draußen. Es wäre über meine Kräfte gegangen, mit anhören zu müssen, daß die Parteigruppe da eine Gartenkneipe hinsetzen wollte.

Nachdem wir alles erledigt hatten und nun hätten ausreisen können, gab es noch immer keinen Termin. Wir saßen wie auf glühenden Kohlen. Es gab Stunden, da wollten wir alles wieder rückgängig machen, oder wir hätten nichts dagegen unternommen, wenn eine endgültige Absage gekommen wäre. Nicht selten kamen solche Gedanken dann, wenn wir eine politische Sendung im Westfernsehen eingeschaltet hatten. Das ging vielen Ausreisewilligen so.

Wenn mir die Zweifel über die Richtigkeit unserer Ausreise im Nacken saßen, dann dachte ich an meine Kindheit. Da war ich ein überzeugter Junger Pionier gewesen. Später auch ein überzeugtes Mitglied der Freien Deutschen Jugend. Doch dann kam der bewußte Tag im Februar, als ich begriff, daß dieser Staat nicht weiter meine Heimat sein konnte. So wurde es mein Wunsch, im freien Teil Deutschlands aktiv dazu beizutragen, daß jeder Mensch überall seine Meinung frei und offen sagen kann, daß die Menschen sich frei entfalten können. Mit diesem Gedanken verdrängte ich auch die hohen Arbeitslosenzahlen. Wir waren Sparsamkeit gewöhnt, und wir würden, da waren wir uns

Zwei junge Menschen-Mitglieder der FDJ.

einig, den Start schon schaffen. Es gab ja keine übertriebenen Hoffnungen auf den „goldenen Westen".

Dann kam endlich die erlösende Nachricht. Am 5. Februar 1981 lag die Benachrichtigung in unserem Briefkasten: Wir hätten uns am 6. Februar 1981, um neun Uhr, beim Volkspolizei-Kreisamt zu melden. Der Tag war voller Panik. Alles wollten wir auf einmal machen. Wochen, ja Monate hatten wir Zeit gehabt, uns von allen zu verabschieden, die uns trotz allem treu zur Seite gestanden hatten. Jetzt überschlugen wir uns.

Am Abend kam eine Nachbarin zu uns. Sie war alleinstehend und arbeitete als Abteilungsleiterin in einem Dienstleistungsbetrieb. Jetzt, fast in letzter Stunde, gestand sie uns, wie sehr sie sich auch danach sehne, aus diesem Staat herauszukommen. Aber sie könne keine Anträge stellen, ihre Eltern wohnten in Magdeburg. Außerdem, so sagte sie, hätte sie gar nicht all das ertragen können, was wir durchgestanden hätten.

In dieser Nacht konnte ich nicht schlafen. Immer wieder stand ich auf, ging ans Fenster. Meine Augen sahen hinab auf die stillen Häuser und die Straße. In wenigen Stunden würde dieses Bild verblassen, und ich müßte versuchen, alles zu vergessen. Aber so leicht war es nicht.

Am Morgen meldeten wir uns pünktlich an der Wache des Volkspolizei-Kreisamtes. Ein Polizist zeigte uns einen Flur, wo wir auf einer Bank warten sollten, bis wir aufgerufen würden. Wir drei saßen wie die Hühner auf einer Stange. Keiner sagte ein Wort. Längst war es neun Uhr vorbei, als die Tür aufgemacht wurde und wir durch einen Zivilisten in ein Dienstzimmer gerufen wurden. Mit ernster Miene verlangte ein Polizist unsere Personalausweise. Lange sah er sich jeden Ausweis genau an, obwohl es daran wirklich nichts Besonderes zu sehen gab. Dann schob er sie zur Seite, lehnte sich auf seinem Stuhl zurück und wartete. Erst als sich der Herr in Zivil und eine Sachbearbeiterin vom Rat des Bezirkes hinter ihm aufgestellt hatten, begann er seinen Vortrag: „Sie werden innerhalb von 24 Stunden die DDR verlassen. Sie sind keine Bürger der DDR mehr. Denken Sie daran, daß Sie ab sofort Staatenlose sind, die bei Straftaten auch als Staatenlose behandelt werden!"

Ich sah meine Tochter an, die ganz ernst den vortragenden Polizisten ansah. Ich kniff ein Auge zu, um ihr anzudeuten, sie möge sich doch freuen. Ein leichtes Lächeln kam als Erwiderung. Mein Mann trat von einem Bein aufs andere, als ginge ihm die Sache nicht schnell genug. Er reagierte erst wieder, als wir die Urkunden zur Aberkennung der Staatsbürgerschaft in den Händen hielten. Für sie und die Identitätsbescheinigungen mußten wir fast 200 Mark an Bearbeitungsgebühren zahlen. Das war viel Geld, und am liebsten hätte ich geschimpft, aber ich dachte an die Zukunft.

Wir wurden an einen anderen Schreibtisch geschickt, wo uns eine Polizeibeamtin sagte, mit welchem Zug wir am 7. Februar die DDR zu verlassen hätten. Fahrkarten, so meinte sie, müßten wir uns selber kaufen. Nach diesem Hinweis durften wir gehen. Stolz verließen wir dieses Dienstzimmer und das Polizei-Kreisamt. Kaum waren wir auf der Straße, da fielen wir uns um den Hals. ,,Frei, wir sind frei!" so riefen wir laut. Das mußte auf die Fußgänger, die an uns vorbeigingen, fürchterlich gewirkt haben. Sie blieben stehen, sahen uns zu und schüttelten die Köpfe. Ein Wachposten kam und forderte uns auf, sofort den Platz zu räumen. Mein Mann, noch im Freudentaumel, rief ihm zu: ,,Sie haben uns gar nichts zu sagen, wir sind keine Bürger der DDR mehr!" Das war hart, denn noch befanden wir uns innerhalb der DDR.

Zu Fuß liefen wir zum Bahnhof. Noch einmal sahen wir die uns so vertraute Heimatstadt an. Leicht fiel uns der Abschied nicht. Im Augenblick war die Tatsache, keine DDR-Bürger mehr zu sein, alles. Aber was ist morgen?

Ich bat die Fahrkartenverkäuferin um drei Karten nach Mannheim. Sie sah mich an, verlangte meinen Ausweis und sagte: ,,Wollen Sie hin und zurück lösen?" Dann sah sie unsere Identitätskarten. ,,Nein, hier sind Sie leider falsch." Sie deutete auf die gegenüberliegende Seite des Bahnhofs, Auslandsfahrkarten seien nur dort zu lösen. Oh, dachte ich, jetzt sind wir schon Ausländer. Der ,,Ausländerschalter" befand sich in einem kleinen Raum. Einige Rentner standen dort in der Reihe. Aber auch Bundesbürger kauften ihre Fahrkarten. Sie wollten wieder nach Hause oder weiter zu ihren Angehörigen in der DDR. Noch war ich nicht an der Reihe, da flüsterte mir Anita ins Ohr, draußen ständen zwei Beamte von der Staatssicherheit. Anita kannte einen von den Verhören her. Jetzt war ich endlich dran. Vor mir saß eine Frau in Zivil. Etwas ungewöhnlich, dachte ich, denn bei der Bahn sind doch alle in Uniform. Lässig, abweisend nahm die Frau die Unterlagen, aus denen zu ersehen war, daß wir die DDR verlassen mußten. Nach einer guten halben Stunde hatte sie sich soweit durch den Papierkram gewühlt, daß wir die Fahrkarten bekommen konnten.

Gerade wollten wir die Bahnhofshalle verlassen, als Anita mich anstieß. Sofort wußte ich, was sie meinte. Ich sah die Stasileute hinter uns und überlegte, wie ich sie in Bewegung halten könnte. Auch mein Mann hatte die Männer bemerkt. Er drehte sich schnell um und lief zu einer Tafel mit den Abfahrtszeiten. Lange starrten wir darauf, obwohl wir längst wußten, welchen Zug wir zu nehmen hatten. Das Ablenkungsmanöver tat seine Wirkung, glaubten wir. Die Stasileute waren weg.

Jetzt entdeckte ich auf dem Fahrplan, daß der Zug platzkartenpflichtig war. Wir hatten aber keine Platzkarte. Also mußten wir noch einmal an den Platzkartenschalter. Auch hier mußten wir unsere Identitätskarten vorlegen. Die Schalterangestellte gab mir die Platzkarten mit den Worten: ,,Ich wünsche Ihnen für die Zukunft alles Gute!" Sie sprach sehr leise, dennoch verstand ich sie gut.

In unserer Straße riefen wir von der Telefonzelle noch schnell die Taxizentrale an, damit wir am nächsten Morgen nicht die Koffer bis zur Straßenbahn tragen müßten. Um neun Uhr würde man uns abholen. Beruhigt gingen wir ins Haus. Über unserem Briefkasten war ein roter Zettel geklebt: ,,Telegramm im Briefkasten". Was war jetzt los? Würden die Behörden uns zurückhalten wollen? Ganz eilig öffneten wir das Telegramm. Mein Mann starrte darauf, gab es mir. Dort standen wenige Worte, die wir aber eher mißtrauisch zur Kenntnis nahmen: ,,Bitte bis Hannover fahren, Weiterfahrt mit dem Auto". Keine Unterschrift, nur der Aufgabeort Göttingen. Wie ein Hund, der geprügelt wurde, schlich ich in die Wohnung. Das war eine Falle, darüber war ich mir im klaren. Ohnehin hätten wir in Hannover umsteigen müssen. Wer wollte uns mit dem Auto weiterfahren? Bis Mannheim waren doch die Fahrkarten gelöst, und die Familie M. wußte Bescheid. Sie konnte also ein solches Telegramm nicht geschickt haben.

Noch überlegten wir, da klingelte es. Unsere Nachbarin erkundigte sich, wie alles gelaufen sei. Erst jetzt kam die Müdigkeit über uns. Ich reichte wortlos der Nachbarin das Telegramm hin. Sie sah uns nacheinander fest an und meinte: ,,Es kann gar nichts mehr schiefgehen, wenn ihr euch an die Auflagen haltet. Egal, wer da in Hannover sein wird!"

Den letzten Abend verbrachten wir bei dieser Nachbarin. Sie hatte für uns Abendbrot gemacht, anschließend tranken wir eine Flasche Sekt. Auch die Familie T., die ebenfalls ausreisen wollte, kam. Wir diskutierten bis spät in die Nacht hinein. Es war schwer, diese Freunde verlassen zu müssen. Anita weinte um ihre einzige Freundin, die immer und in jeder Situation an ihrer Seite gestanden hatte.

Es war schon der neue Tag angebrochen, als wir in unsere Wohnung gingen. Jeder versuchte zu schlafen, aber mir gelang es nicht. Mein Herz raste, und ich mußte aufstehen. Die Angst, jetzt noch krank zu werden, trieb mich von meiner Liege. Es war fünf Uhr morgens. So ging ich als erste ins Bad. Kaum war ich fertig, erschien mein Mann: „Ich bin ja so kaputt", stöhnte er. Leise schlich ich mich zu Anita. Auch sie war schon wach. Ich setzte mich zu ihr, streichelte ihr Gesicht, ohne große Worte. Auch sie sagte nichts, sondern stand auf und drückte mich, so daß mir fast die Luft wegblieb. Ich fühlte, wie sehr sie in all den Jahren gelitten hatte. Aber ich spürte auch ihren Abschiedsschmerz. Keiner von uns durfte ja jemals wieder einreisen. Alles, was wir hatten, blieb zurück.

Um sieben klingelte unsere Nachbarin und holte uns zum Frühstück. Kaffee tranken wir, aber essen konnte kaum einer.

Die Zeit rückte näher, und das Taxi mußte bald kommen. Wir nahmen unsere Koffer, fuhren mit dem Fahrstuhl nach unten und warteten auf der Straße. Zwanzig Mark hatten wir noch bei uns. Das würde für die Taxifahrt reichen, ja, es würde sogar noch etwas übrigbleiben. Ich nahm einen Fünf-Mark-Schein und schenkte ihn dem kleinen Sohn unserer Nachbarin.

In der Nachbarschaft hatte es sich herumgesprochen, daß wir nun endgültig ausreisen durften. Vor der Tür standen viele Leute, andere hingen an den Fenstern. Einige drückten uns die Hand. Manche kannten wir überhaupt nicht. Es war wie eine Demonstration. Trotz der vielen guten Wünsche übersahen wir nicht, daß auch Polizei und Staatssicherheit da waren.

Unser Taxi kam und kam nicht. Schon bot ein Hausbewohner an, uns zum Bahnhof zu fahren, als es endlich kam. Der Fahrer legte unsere Koffer in den Kofferraum. Wir wollten gerade einsteigen, als Herr T. über die Fußgängerbrücke gelaufen kam. Er drückte Anita eine Stoffkatze in die Hand. Ein Andenken, sagte er. Anita begann wieder zu weinen. Der Taxifahrer mahnte zur Eile, und er fuhr auch sofort los.

Es war eine lange Strecke durch die Stadt. An uns vorbei liefen die Menschen, die nicht ahnen konnten, wer in diesem Taxi saß. Mein Mann und ich sprachen über die Stadt, die wir niemals wiedersehen würden. Noch machten wir uns über die Neubauten mit ihren vielen Baufehlern lustig, als wir am Bahnhof ankamen. Die Fahrtkosten machten knapp fünf Mark, mein Mann gab dem Fahrer allerdings zehn, obwohl der nicht gerade höflich gewesen war und unterwegs kein Wort gesprochen hatte. Aber mein Mann gab die zehn Mark schon deshalb, weil wir in den Westen kein DDR-Geld mitnehmen durften. Der Taxifahrer bedankte sich auch nicht, sondern bemerkte: „Sie landen im Westen sowieso in der Gosse. Dort hat man Sie längst vergessen!" Dann holte er aus seiner Jacke ein Sprechfunkgerät, und wir wußten nun, wer uns zum Bahnhof gefahren hatte: der Staatssicherheitsdienst.

Uns blieb nichts weiter übrig, als Ruhe zu bewahren. Es würde ja nur noch Minuten dauern und wir waren im Zug. Aber als wir auf den Bahnsteig traten, erklang aus dem Lautsprecher eine Durchsage: „Der D-Zug aus Leipzig, zur Weiterfahrt nach Köln, hat 30 Minuten Verspätung!" So, nun mußten wir 30 Minuten länger warten. Es war kalt, immerhin hatten wir den 7. Februar. Obwohl der Bahnsteig nur für den Interzonenverkehr freigegeben war, war er sehr voll. Als wir uns die Leute ein bißchen näher ansahen, zählten wir mindestens sieben junge Leute, die uns von der Verhaftung und von den Vernehmungen her bekannt waren. So hatten wir also bis zur letzten Minute „Begleitschutz". Ich nahm mir vor, zum Abschied doch noch etwas zu sagen. Langsam rollte der Zug ein. Ehe ich einstieg, drehte ich mich um, sah den einen Stasimann an und rief ihm zu: „Auch Sehnsucht nach dem Westen?" Er drehte sich auf seinem Absatz um und verschwand.

Wir hatten ein Sechs-Personen-Abteil für uns allein. Jedenfalls bis der Zug abfuhr. Dann kam noch eine ältere Dame herein, die von ihren Kindern zum Zug gebracht wurde. Schon wieder sah ich in dieser Person, die mir ja völlig fremd war, einen Spitzel. Ich hatte Wahnvorstellungen.

Wir drei blieben am Fenster stehen. Der Zug fuhr noch eine gute Viertelstunde durch Magdeburg. Jetzt kamen die schweren und traurigen Gedanken. Ich hatte keine Angehörigen mehr in der DDR. Es mußte mir doch leichtfallen, alle Brücken hinter mir abzubrechen und nur noch die Zukunft zu sehen. Aber das war nicht so. Die DDR war und ist meine Heimat. Ich bin hier geboren, erzogen worden, und hier habe ich gelernt, was ein Mensch ertragen muß, wenn er sich gegen die Machthaber stellt. Aber es gab ja auch Freunde, die zurückblieben.

Mein Mann hatte, wie Anita, Tränen in den Augen. Er ließ acht Geschwister und seine Eltern zurück. Obwohl wir keinerlei Kontakt mit ihnen haben durften, waren es doch die leiblichen Angehörigen. Außerdem war Magdeburg sein Geburtsort.

Anita setzte sich in eine Ecke und war kreideweiß.

Die ältere Dame im Abteil erfuhr sehr schnell, wen sie als Mitreisende hatte. Sie fuhr zu einer Beerdigung und war schon mehrmals im Westen gewesen. So erfuhren wir von ihr auch, wann wir in Oebisfelde, dem Grenzbahnhof, ankommen würden. Es war nur eine gute Stunde Fahrt. Grau in Grau lagen die Felder entlang der Bahnstrecke. Dann lief der Zug in Oebisfelde ein. Neugierig sahen wir aus dem Fenster. Noch nie zuvor waren wir so dicht an der Grenze gewesen.

Wachposten schlossen die Türen der Abteile ab. Zuerst erschien ein Beamter, um die Pässe und Fahrkarten zu kontrollieren. Das ging gut. Dann wurde die Tür aufgerissen: Der Zoll mit zwei Mann stand vor uns. Die alte Dame mußte das Abteil verlassen, mein Mann die Koffer aus dem Gepäcknetz nehmen. Ich schwieg und sah zu. Nur kein Wort mehr sagen! Anita sah aus wie eine Kalkwand. Ich nahm ihre Hand, die eiskalt war, und drückte sie.

Nach der Kofferkontrolle wurden wir gefragt, ob wir Geld bei uns hätten. Mein Mann und ich sagten gleich nein. Anita fuhr erschrocken zusammen. In ihrer Hosentasche entdeckte sie DDR-Geld. Der Zöllner zählte es: Eine Mark und sechzig! Jetzt, so schoß es mir durch den Kopf, kommt der Ärger.

So war es: Der Zöllner forderte Anita auf, den Zug zu verlassen und das Geld am Kiosk auszugeben. Ohne ein Wort zu sagen, stieg sie auch aus, kaufte Kekse für eine Mark und stieg wieder ein. Aus Angst zeigte sie dem Zöllner die Schachtel Kekse. Der fragte sofort: „Wo sind die sechzig Pfennig?" „Die habe ich der Verkäuferin als Trinkgeld gegeben." Schon wollte sich Anita auf ihren Platz setzen, da schickte sie der zweite, ein kräftig gebauter Beamter, aus dem Abteil. Auch mein Mann mußte raus. Ich war nun ganz auf mich gestellt und wartete ab, was da kommen würde.

Der dicke Uniformierte baute sich vor mir auf. Eine Hand an der Hüfte, die andere am Gepäckträger: „Frau Krüger, hören Sie jetzt mal genau zu, und wenn Sie mich nicht verstehen, fragen Sie mich. Haben Sie Geld bei sich?" Wieder konnte ich nur mit einem Nein antworten. Ich zeigte ihm die Einzahlungsbelege von der Staatsbank. Er sah sie sich an und meinte: „Unwichtig für mich! Sie können ja doch Geld abgehoben haben." Wieder sagte ich nein. Nun mußte ich aus dem Abteil raus und mein Mann wurde befragt. Aber auch er konnte nichts anderes sagen. Die Leute im Wagen wurden unruhig. Alles starrte vom Gang aus in unser Abteil. Um Ärger zu vermeiden, schwieg ich. Dann aber ging ich auf den Beamten zu. „Wenn wir nicht sofort in Ruhe gelassen werden", sagte ich, „steigen wir aus und fahren mit dem nächsten Zug zurück nach Magdeburg!"

Der Beamte grinste, verschwand für einige Minuten und kehrte zurück. Mein Mann, meine Tochter und die alte Dame durften wieder ins Abteil. Der Beamte fragte mich, ob wir in Hannover abgeholt würden. Das ginge ihn doch gar nichts an. Er sei in der DDR, und wir würden in zwei Stunden in Hannover sein. Trotzdem — ich wollte es eigentlich nicht — bestätigte ich, daß wir in Hannover erwartet würden. Erst als sich die Abteiltür schloß und wir wieder unter uns waren, überlegte ich, warum auch noch diese Frage gekommen war. Hatte dies etwas mit dem Telegramm zu tun, das wir am Tag zuvor erhalten hatten? Wußte die Staatssicherheit davon?

Der Zug fuhr ab, wieder im Schrittempo. Jetzt, so meinte die alte Dame, würden wir die Grenzanlagen passieren. Der Zug schob sich durch eine kleine Öffnung im Mauerbereich. An beiden Seiten des Zuges liefen Hunde an langen Leinen hin und her. Stacheldraht und Wachtürme ließen uns deutlich die Grenze erkennen. Kann jemand mit Worten das ausdrücken, was ich empfunden habe, als wir durch diese Sperranlagen fuhren?

Die ältere Dame streckte sich plötzlich erleichtert auf ihrem Sitz. Dann sagte sie sehr freundlich: „So, nun können Sie Ihr Schweigen aufgeben, wir sind in der Bundesrepublik!" Wir drei starrten sie an. Wo waren wir? Schon in der Bundesrepublik? Ja, natürlich. Die Grenzanlagen lagen doch hinter uns. Nun konnten wir wirklich unsere Meinung sagen. Aber es fehlten die Worte.

Mein Blick richtete sich auf die Landschaft. Ein Bauer arbeitete auf dem Acker. Nichts Ungewöhnliches. Das gibt es in der DDR auch. Aber immer mehr fielen uns die kleinen Häuser auf, die sehr gepflegt waren. Kein Grau in Grau mehr! Fröhliche Farben bewiesen uns eindeutig: Wir sind im Westen!

Bevor wir in Wolfsburg einliefen, fuhren wir an großen Plätzen voll farbiger Autos vorbei. Ein unfaßbares Bild. So viele Autos, in solchen schönen und kräftigen Farben hatten wir noch nie in natura gesehen. Diese Farben und das Lachen aus dem Nebenabteil halfen uns, nun doch frei zu sprechen. Große politische Diskussionen führten wir nicht. Es gab nur einen Gedanken: Was kommt jetzt auf uns zu?

Den Gedanken hatte ich noch gar nicht zu Ende gedacht, da erschienen wieder ein Schaffner und ein Zollbeamter. Der Schaffner verschwand schnell wieder. Ein junger Zollbeamter, jetzt ein Bundesdeutscher, verlangte unsere Papiere. Sehr genau sah er sich alles an. Und er sah auch uns, ohne die steife Haltung der DDR-Zöllner, nacheinander an. „So, Sie kommen also aus der DDR und wollen in der Bundesrepublik bleiben?" fragte er.

Dabei schob er seine Dienstmütze ein wenig schräg, lehnte sich an die Abteiltür und wartete wohl auf eine Antwort. Ich nickte nur mit dem Kopf. Mein Mann und Anita sagten klar und deutlich ja. Jetzt wollte er wissen, warum wir die DDR verlassen hätten. Für einen Augenblick hatte ich das Gefühl, verhört zu werden. Also gab ich zur Antwort: „Wir haben die DDR aus politischen Gründen verlassen." Dies war ja auch die Wahrheit. Acht Jahre Kampf lagen hinter uns, und nun diese Frage! „Na ja", meinte der Zöllner, „zu uns kommen angeblich alle aus politischen Gründen." Ich hatte das Gefühl, von einem Schlag getroffen worden zu sein. Es war, als seien wir auch hier nicht erwünscht. Wir erhielten unsere Papiere zurück. Aber dann kam doch ein freundliches Lächeln von dem Beamten. Er wünschte uns eine gute Weiterfahrt und viel Glück beim neuen Start.

Jetzt waren wir also auch durch den bundesdeutschen Zoll. Unsere Namen hatte der Beamte aufgeschrieben, was sicher von statistischem Wert sein mochte. Wieder war es die alte Dame, die versuchte, die Stimmung zu lockern. Sie tröstete uns, indem sie uns erklärte, hier tue man ja auch nur seine Pflicht. Natürlich, das war einzusehen. Trotzdem war es für einen Augenblick wie eine kalte Dusche gewesen.

Wolfsburg näherte sich. Als der Zug an dem Bahnsteig zu stehen kam, standen Schwestern vom Deutschen Roten Kreuz bereit. Wer aus der DDR war, bekam auf Wunsch einen Becher heißen Kaffee. Unsere alte Dame kannte sich auch da gut aus. Sie ließ sich den Kaffee durchs Fenster geben. Dann erklärte sie der Schwester, sie benötige noch drei weitere Becher, wofür ich unsagbar dankbar war. Es war eine richtige Stärkung.

Von Wolfsburg bis Hannover war es nicht mehr weit. Die Fahrt verging wie im Fluge. Unsere Reisebegleiterin erzählte von sich und wir von uns. Die ganze Strecke waren wir unter uns. In mir stieg das Gefühl echter Geborgenheit auf. Kurz vor Hannover hoben wir unsere beiden Koffer aus dem Gepäcknetz. Was wir in diesen Koffern hatten, war alles, was wir besaßen. Ein bißchen Wäsche zum Wechseln und ein paar persönliche Dinge, an denen wir besonders hingen.

Hier sollten wir nun abgeholt werden. Aber wer würde auf uns warten, und wie würde es weitergehen? Mein Mann machte den Vorschlag, uns beim Deutschen Roten Kreuz zu melden. Von dort würde man uns schon weiterhelfen, für den Fall, daß das Telegramm eine Finte gewesen war, um uns auch in der Bundesrepublik zu terrorisieren.

Ankunft auf dem Bahnhof in Hannover: Waltraud Krüger und Claus P. Clausen, der Vorsitzende des Vereins „Hilferufe von drüben".

Der Zug kam zum Stehen, und wir stiegen aus. Vor uns ein großes Schild mit der Aufschrift: „Hannover". Wir standen auf dem Boden der Bundesrepublik Deutschland. Einfach wunderbar! Um uns herum viele Menschen. Gerade hob mein Mann die Koffer an, um zum Ausgang zu gehen, da wurde der Name Krüger ganz laut und mehrfach gerufen. Erst jetzt sahen wir eine Gruppe von Menschen auf uns zukommen. Sekunden später lagen wir uns in den Armen. Wir wußten nicht, wie uns geschah. Viele Hände streckten sich uns entgegen. Immer wieder kamen die Worte: „Herzlich willkommen!" Blumen über Blumen bekamen wir. Wir konnten die vielen Sträuße kaum halten. Aber noch immer wußten wir nicht, mit wem wir es zu tun hatten.

Einen solchen Empfang hatten wir nicht erwartet. Noch stand der Zug auf dem Bahnsteig. Unsere Begleiterin, die alte Dame, war am Fenster des Abteils und wischte sich die Tränen aus den Augen. Anita reichte ihr einen der Blumensträuße. Wir riefen ihr zu, sie möge gesund bleiben und eine gute Reise!

Langsam leerte sich der Bahnsteig. Nun sahen wir Fotografen und Kameraleute. Das Zweite Deutsche Fernsehen war zum Empfang erschienen. Mit ihm Mitglieder der Gesellschaft für Menschenrechte und des Vereins „Hilferufe von drüben". Das waren also die Menschen, die über Jahre sich durch Veröffentlichungen für unsere Freilassung eingesetzt hatten. Jetzt, wo wir dies wußten, kamen die Freudentränen. Wir lagen uns immer und immer wieder in den Armen und weinten. Es war, als würde sich eine schwere Last in ein Nichts auflösen.

Dann kam von einem Journalisten die Frage, ob wir Hunger hätten. Wie aus einem Mund kam von uns ein Nein. Aber das schienen alle zu überhören. Ein junger Mann griff unsere Koffer und führte uns in das Bahnhofshotel. Dort hatte man sich auf unsere Ankunft vorbereitet. Überall standen Blumen, und der Mittagstisch war gedeckt. Erschöpft, aber sehr glücklich, setzten wir uns an den Tisch, wo uns erst einmal ein Glas Sekt gereicht wurde. Gemeinsam stießen wir auf die glückliche Ankunft im Westen an. Ich hatte große Mühe, die erste Stunde zu überstehen. Immer wieder Fragen von Journalisten, dann Fotoaufnahmen und wieder Fragen. Soweit es möglich war, beantwortete ich alle Fragen. Wir waren im Westen doch nicht so vergessen, wie es die Staatssicherheit uns zum Abschied gesagt hatte.

Während wir in der DDR acht Jahre um unsere Ausreise gekämpft hatten und dafür in der Haftanstalt gequält und gefoltert worden waren, in dieser Zeit hatten Menschenrechtsorganisationen für unsere Freiheit gekämpft. Das hatten wir nie für möglich gehalten. Ein Journalist gab mir eine Akte mit allen Briefen, die er als Kopie von Menschen bekommen hatte, die mit uns dachten und fühlten. Es waren viele, die sich um uns gesorgt hatten. In der DDR hatten wir nur wenig davon erfahren, aber jetzt, jetzt konnten wir weiter nichts als danken.

Jetzt waren wir frei. Frei, so wie wir es gewollt und wofür

wir alles aufgegeben haben. Ob uns die Freunde, die jetzt anwesend waren, auch beim Start helfen würden? Sicher war im Augenblick nur eines: Die Überwachung und die Unterdrückung hatten nun ein Ende. Jetzt kam es darauf an, was wir aus dieser Freiheit machten. Kämpfen sind wir ja gewöhnt, und das ist auch hier notwendig.

Sie hatten schon nicht mehr an die Ausreise geglaubt. Aber nach achtjährigem Kampf war es doch Wirklichkeit geworden: Familie Krüger nach ihrer Ankunft in Hannover.

227

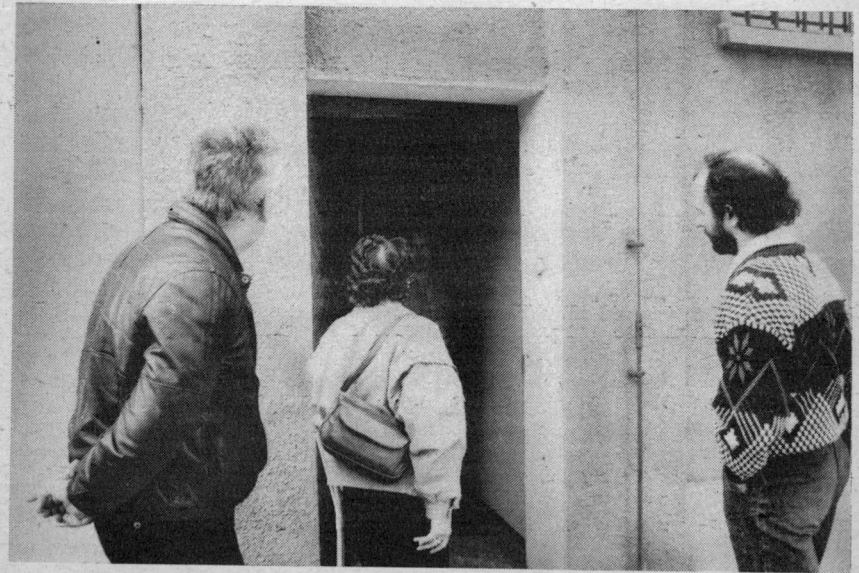

Oben: Der ehemalige Stasi-Knast am Moritzplatz in Magdeburg.
Unten: Nach zehn Jahren, im März 1990, betritt Familie Krüger die Stasi-U-Haftanstalt als Besucher. Welche Gefühle mögen sie begleiten?

Der Freiluftaufenthalt war schon eine Vergünstigung für die Häftlinge. Allerdings wurde man in einen Pferch gesteckt, der die Ausmaße eines Hundezwingers hatte.

Welche Erinnerungen werden bei Frau Krüger an dieser Stätte wieder wach?
Die erlittenen Demütigungen, Erniedrigungen und den Psycho-Terror durch
die Wachmannschaften kann man verdrängen, aber man wird das alles zeit-
lebens nicht vergessen.

Eine zusätzliche Seelenpein: Von diesen Käfigen aus hörte man das Lachen und Rufen von Kindern, die auf einem Schulhof in unmittelbarer Nachbarschaft herumtollten.

Zelle 19 war gefürchtet bei den Häftlingen der Stasi-U-Haft am Moritzplatz. Ex-Eingesessene berichteten, daß man hier tagelang im Dunkeln sitzen mußte, nicht wußte, ob es Tag oder Nacht ist.

Über welche Schicksale wüßten diese Mauern zu berichten?

Zum guten Schluß: Eine der lachenden Jungfrauen an der Paradiespforte des Domes zu Magdeburg, ein Bildwerk um 1240–1250.

ICH LIEBE EUCH DOCH ALLE

Befehle und Lageberichte des MfS.
Januar–November 1989.
Herausgegeben von
Armin Mitter und Stefan Wolle

*2. Auflage
(50.–150. Tausend)
1990. 252 Seiten – 13,7 cm × 20,0 cm
b.r DDR 11,80 M, Ausland 12,– DM
ISBN 3-86163-001-X
Erscheinungstermin: April 1990*

Was früher nur ausgewählte Mitglieder des Politbüros zu lesen bekamen, präsentiert BasisDruck jetzt der breiten Öffentlichkeit: geheimste Befehle Mielkes und Berichte zur Lage in der DDR von Januar bis November 1989. Im Auftrag des Runden Tisches recherchierten die Herausgeber Armin Mitter und Stefan Wolle im inneren Zentrum der Stasi-Macht in der Berliner Normannenstraße.

*Bestellungen richten Sie bitte
an eine Buchhandlung.*

BASISDRUCK
VERLAGSGESELLSCHAFT mbH

Postfach 52 · Berlin 1026

Volker Handloik

LEICHTMETALL

*1990. Ca. 250 Seiten – 21 cm × 29,6 cm –
br. DDR 25,– M; Ausland 25,– DM
Co-Produktion mit
Edition Kunst der Comics, Thurn
ISBN 3-86163-004-4
Erscheinungstermin: Juni 1990*

Diese erste, alle wichtigen Zeichner umfassende, Ausgabe von Comics aus der DDR veranschaulicht auf eindrucksvolle Weise, daß es den Funktionären des alten Regimes trotz vielfältigster Reglementierungsmaßnahmen im kulturellen Bereich nicht gelungen ist, die Phantasie und Kreativität der vor allem jungen Künstler auszulöschen. Offiziell jahrelang negiert, hat sich in den letzten Jahren in der DDR eine Comic-Szene entwickelt, die aufgrund ihrer besonderen Existenzbedingungen zu außergewöhnlichen Ausdrucksformen gefunden hat.

*Bitte wenden Sie sich
an eine Buchhandlung.*

BASISDRUCK
VERLAGSGESELLSCHAFT mbH

Postfach 52 · Berlin 1026